中等职业教育规划教材

保育师口语与沟通

主　编　　万红彦　张宏超　祝宪聪
副主编　　刘　梅　杜文文　官明娟
　　　　　崔爱丽　张洪敏

中国海洋大学出版社
·青岛·

图书在版编目（CIP）数据

保育师口语与沟通 / 万红彦，张宏超，祝宪聪主编. 青岛：中国海洋大学出版社，2024. 12. -- ISBN 978-7-5670-4075-5

Ⅰ. H193.2

中国国家版本馆 CIP 数据核字第 2024K5R599 号

BAOYUSHI KOUYU YU GOUTONG

保育师口语与沟通

出版发行 中国海洋大学出版社
社　　址 青岛市香港东路23号　　**邮政编码** 266071
网　　址 http://pub.ouc.edu.cn
出 版 人 刘文菁
责任编辑 孟显丽　郝倩倩
电　　话 0532-85902342
印　　制 日照日报印务中心
版　　次 2024 年 12 月第 1 版
印　　次 2024 年 12 月第 1 次印刷
成品尺寸 185 mm × 260 mm
印　　张 12.25
字　　数 276 千
印　　数 1—1000
定　　价 48.00 元
订购电话 0532-82032573（传真）

发现印装质量问题，请致电 0633-2298958，由印刷厂负责调换。

前言

PREFACE

本书依据教育部《职业教育专业目录（2021年）》，并参照《幼儿园工作规程》《保育师国家职业技能标准》等编写而成，立足保教人员的专业定位，注重幼儿保育专业的针对性，结合中等职业学校学生的实际状况，以任务情境为切入点，联系保育教育实际，系统阐述了保育师口语的基础理论、技能技巧，力求做到理论与实践相结合、讲解与训练结合，突出实用性、指导性和操作性。

我们紧扣《保育师口语与沟通》课程标准（课）、《保育师国家职业技能标准》《幼儿园教师专业标准》《幼儿园工作规程》（岗）、《中小学和幼儿园教师资格考试大纲（试行）》（面试部分）《幼儿教育培训师》（证）与专业技能比赛（赛）要求，结合教学实践探索，对教材内容进行了项目式、任务化整合。

本书在编写上有以下特点。

一、全程思政沁润，落实立德树人

在进行保育师口语训练时，结合"四有"好老师的要求，进行思政育人设计。将思政育人目标设定为，学生富有中国心、饱含中国情、体现中国魂，通过"点线面"思政设计模式，挖掘教学模块的"思政教育点"，梳理"思政教育线"，整合"思政教育面"，以课堂教育为主线，使学生热爱祖国语言，萌发文化自信和爱国情怀，培养学生正确的价值观念和优秀的道德品质，精益求精、精雕细琢的工匠精神，使其热爱幼教事业，具有科学的儿童观、教师观、教育观，形成良好的职业认同感。

二、任务引领，理实一体教学

根据保育师岗位工作实际，结合课程内容特点，结合《保育师国家职业技能标准》《幼儿园教师专业标准》《幼儿园工作规程》等文件精神，设置普通话基础训练、技能技巧训练、职业用语训练，由基础到专业，循序渐进，层层递进，让学生在理论与实践学习中发挥主体作用，逐渐掌握保育师口语技能，让学生在故事里修德，在课程中成长，在岗位上闪光。

三、立体化学习，资源丰富

本书顺应数字化学习趋势，配置了丰富的教学资源，比如知识拓展、二维码音频资料等，借助各类学习资源，帮助学生提高学习效率。

本书是集体智慧的结晶，在此向各位领导、专家、教师对本书的指导表示衷心的感谢，也感谢编写团队青岛平度市职业教育中心学校万红彦、张宏超、祝宪聪，青岛西海岸新区高级职业技术学校刘梅，青岛幼儿师范学校杜文文，山东省平度师范学校官明娟、崔爱丽，青岛平度市澳门路幼儿园张洪敏园长的辛苦付出。由于编者能力有限，书中难免存在疏漏或不当之处，诚请广大读者批评指正。

编　者

2024年6月

目录

CONTENTS

项目一

普通话语音

项目导航

普通话是保育师必须掌握的职业语言，合格的保育师必须会用普通话和幼儿进行交流。在幼儿园，保育师作为幼儿学习和生活的指导者，其普通话水平会对幼儿语言能力的发展起到关键性的作用。保育师只有使用规范的语言，才能对幼儿产生正面的示范作用。

保育师必须以普通话为职业语言，使用标准的、规范的普通话，做到发音准确，不使用方言。本项目将阐述认识普通话、声母发音及辨正训练、韵母发音及辨正训练、声调发音及辨正训练、语流音变规律等知识点。

学习目标

◎了解普通话的含义、学习普通话的重要性和学好普通话的方法。

◎掌握普通话的声母、韵母的发音部位、发音方法和方音辨正。

◎掌握声调的发音方法和方音辨正。

◎掌握普通话的语流音变规律。

◎了解普通话测试的内容及等级要求。

知识导图

- 普通话语音
  - 认识普通话
    - 普通话的含义
    - 学习普通话的重要性
    - 学好普通话的方法
  - 声母发音训练
    - 声母的分类
    - 声母的发音
    - 声母的辨正
  - 韵母发音训练
    - 韵母的分类
    - 韵母的发音
    - 韵母的辨正
  - 声调发音训练
    - 声调的定义和作用
    - 调值和调类
    - 声调的发音
    - 声调的辨正
  - 语流音变训练
    - 变调
    - 轻声
    - 儿化
    - 语气词“啊”的音变
  - 普通话水平测试
    - 普通话水平测试的性质和意义
    - 普通话水平测试的方式、内容和范围
    - 普通话水平测试试卷构成和评分标准
    - 普通话水平测试等级标准
    - 计算机辅助普通话水平测试操作程序及注意事项

任务一　认识普通话

学习目标

◎了解普通话的含义。

◎认识学习普通话的重要性。

◎了解学好普通话的方法。

课前练读

潜力 qián	乘机 chéng	混淆 xiáo	包扎 zā
畚箕 běn	匕首 bǐ	比较 jiào	驰骋 chěng

处理 chǔ	档案 dàng	订正 dìng	发酵 jiào
蛮横 hèng	氛围 fēn	符合 fú	给予 jǐ

案例导航

小林是广东人，有一次去北方某地的幼儿园进行参观学习。在户外活动时间，小林对小朋友说："老师想吻吻（问问）你们……"话还没说完，一个个小朋友把可爱的小脸蛋凑到了小林跟前……小林立即明白了，又是自己不标准的普通话惹的祸，看来自己真得好好学习普通话了。

分析：案例中的小林把问（wèn）说成了吻（wěn），小朋友误认为老师要亲吻他们，造成了不必要的误会。

知识链接

一、什么是普通话

普通话是中华人民共和国国家通用语言，是现代汉民族的共同语。1956年2月6日，国务院发布《关于推广普通话的指示》，正式确定普通话"以北京语音为标准音，以北方话为基础方言，以典范的现代白话文著作为语法规范"。

（一）以北京语音为标准音

普通话以北京语音为标准音，是指普通话语音采用北京语音系统，但并不吸收北京话土音，不包括北京土话中的不具有区别意义的、过多使用的轻声、儿化现象以及特殊的土音成分。

（二）以北方话为基础方言

普通话以通行于广大北方方言区的词语为词汇规范的标准。汉民族共同语是在北方话的基础上形成的，北方话流通地域最广，使用人口最多。北方方言的词汇系统在各地的差异相对较小。

（三）以典范的现代白话文著作为语法规范

普通话的语法规范以北方话为基础，以五四运动以来典范的现代白话文著作中的语法用例为语法标准。典范的现代白话文著作使用的是经过作者反复推敲加工的、比较成熟的书面语，具有普遍性、确定性和稳固性，不但语法有明确的规范性，词汇有广泛的通用性，而且文字简练、明白，修辞恰当，逻辑性强。

二、为什么要学习普通话

推广普通话是我国的一项重要的基本国策，学习、推广和普及普通话对个人、集体、国家都有重要而深远的意义。

（一）便于沟通交流

中国幅员辽阔，人口众多，有56个民族，130多种语言，约30种文字。一个地域辽阔、人口众多、资源丰富的国家，应该有一种通用的语言。中国各地方言分歧严重，不同方言区的人们交往时，经常语言不通，这给我国人民的政治、经济和文化生活带来了种种不便，甚至成为彼此交流的障碍。为此，《中华人民共和国宪法》第一章第十九条明确规定："国家推广全国通用的普通话。"普通话的推广和普及，有利于克服语言隔阂，更好地沟通交流，促进社会交往。

（二）提高竞争力

掌握普通话可以为自己的职业发展打下基础，流利的普通话是许多用人单位招聘时重要的考察标准之一。

从毕业生求职面试的情况来看，有不少求职的毕业生衣着整洁，落落大方，又操着一口流利的普通话，回答问题有理有节，面试通过的概率就高。反之，有的毕业生操一口家乡方言，说话口齿不清，他们的面试结果就会受到很大的影响。

（三）普通话是教师的职业语言

教师是人类灵魂的工程师，担负着教育人、塑造人的历史重任。这一职业要求教师必须具有良好的语言能力，而普通话口语表达是教师开展工作的主要方式和手段，也是教师一刻也离不开的特殊工具。

2001年我国第一部语言文字专门法律《中华人民共和国国家通用语言文字法》开始施行。该法第十九条对一些特殊行业的人群提出明确要求："凡以普通话作为工作语言的岗位，其工作人员应当具备说普通话的能力。以普通话作为工作语言的播音员、节目主持人和影视话剧演员、教师、国家机关工作人员的普通话水平，应当分别达到国家规定的等级标准。"《幼儿园管理条例》规定："幼儿园应当使用全国通用的普通话。"

在幼儿园，保育师作为幼儿学习和生活的指导者，其普通话水平会对幼儿语言能力的发展起到关键性的作用。有研究发现，幼儿在4岁之前，语言发展机制会根据其所在地区的语言习惯形成稳定性。从这个方面来看，幼儿语言的发展在很大程度上会受到教师普通话水平的直接影响。保育师只有使用规范的语言，才能对幼儿产生正面的示范作用。保育师必须以普通话为职业语言，使用标准的、规范的普通话，做到发音准确，不使用方言。

三、怎样学好普通话

语言习惯的改变是件不容易的事，从习惯于使用方言过渡到能熟练自如地使用普通话，需要下一番苦功。只要掌握必要的普通话知识和规律，勤学苦练，持之以恒，就一定能学得会，说得好。那么，怎样学好普通话呢？

（一）克服畏惧心理，树立坚定信念

刚开始学说普通话时，偶尔会因为不自然、跑调、出错等原因引起他人的"嘲笑"，使自己产生畏难情绪，不敢在公众场合说普通话。要想说一口流利的普通话，首先要克服畏惧心理，树立信心。不要害怕别人的"嘲笑"，只要敢于开口学说普通话，就迈出了成功的第一步。

（二）攻克语音关，掌握正确学习方法

语音是语言的物质外壳。汉语方言与普通话之间的差异突出表现在语音方面，学习普通话、提高口语表达能力的重点、难点就是掌握语音知识。如果没有语音知识作为基础，就难以对自己不准确的发音进行科学的分析和纠正。掌握了语音知识，就能知道每个音、每个字的正确发音是什么，音与音、字与字之间的发音差别是什么，从而提高辨别和判断语音的能力，掌握正确的发音方法。如果普通话发音不符合标准，提高口语表达效果和水平都将无从谈起。

在掌握语音知识的基础上，还要掌握正确的学习方法，做到“四多”。

第一要多听。听，是人们认识声音的唯一渠道，是学好语音的重要前提和基础。作为一名初学普通话的学生，要多听电视台、广播电台的播音员的发音，培养辨音能力。

第二要多读。多朗读规范的书面材料，读一些标有注音的读物，也可以跟着普通话老师或普通话录音读。在朗读练习时，应从一个词、一句话读起，一丝不苟，坚持练习，不断提高朗读水平。

第三要多说。学习普通话，不是听一听就能学好的，必须打消顾虑，张开嘴，勤练习，平常与人交流时也要使用普通话，养成习惯。

第四要多记。在练习普通话的过程中，发现与自己的发音习惯不一致的读音，要及时记录下来，通过查词典，明确读音，反复朗读，逐个记住。

知识拓展

七大方言区

（1）北方方言：汉民族共同语的基础方言，使用人口最多，主要分布在长江以北地区，西南地区，湖北、湖南、江西部分地区，以北京话为代表。

（2）粤方言：主要分布在广东中部、西南部和广西东部、南部，以广州话为代表。

（3）吴方言：主要分布在上海、江苏东南部和浙江大部分地区，以苏州话、上海话为代表。

（4）湘方言：主要分布在湖南的大部分地区，以长沙话为代表。

（5）赣方言：主要分布在江西中部和北部、湖北东南部，以南昌话为代表。

（6）客家方言：主要分布在广东东部和北部、福建西部、江西南部和广西东南部，以广东梅县话为代表。

（7）闽方言：主要分布在福建和海南的大部分地区、广东东部、雷州半岛部分地区、浙江南部部分地区、广西少数地区以及台湾省大部分地区。

任务训练

请用普通话朗读下面的短文。

海滨仲夏夜（节选）

峻青

夕阳落山不久，西方的天空，还燃烧着一片橘红色的晚霞。大海，也被这霞光染成了红色，而且比天空的景色更要壮观。因为它是活动的，每当一排排波浪涌起的时候，那映照在浪峰上的霞光，又红又亮，简直就像一片片霍霍燃烧着的火焰，闪烁着，消失了。而后面的一排，又闪烁着，滚动着，涌了过来。

天空的霞光渐渐地淡下去了，深红的颜色变成了绯红，绯红又变成浅红。最后，当这一切红光都消失了的时候，那突然显得高而远了的天空，则呈现出一片肃穆的神色。最早出现的启明星，在这蓝色的天幕上闪烁起来了。它是那么大，那么亮，整个广漠的天幕上只有它在那里放射着令人注目的光辉，活像一盏悬挂在高空的明灯。

夜色加浓，苍空中的“明灯”越来越多了。而城市各处的真的灯火也次第亮了起来，尤其是围绕在海港周围山坡上的那一片灯光，从半空倒映在乌蓝的海面上，随着波浪，晃动着，闪烁着，像一串流动着的珍珠，和那一片片密布在苍穹里的星斗互相辉映，煞是好看。

在这幽美的夜色中，我踏着软绵绵的沙滩，沿着海边，慢慢地向前走去。海水，轻轻地抚摸着细软的沙滩，发出温柔的刷刷声。晚来的海风，清新而又凉爽。我的心里，有着说不出的兴奋和愉快。

夜风轻飘飘地吹拂着，空气中飘荡着一种大海和田禾相混合的香味儿，柔软的沙滩上还残留着白天太阳炙晒的余温。那些在各个工作岗位上劳动了一天的人们，三三两两地来到这软绵绵的沙滩上，他们浴着凉爽的海风，望着那缀满了星星的夜空，尽情地说笑，尽情地休憩。

任务评价

任务学习情况评价表

教学评价							
评价维度	评价标准	赋分	评价主体				得分
			自评 20%	师评 40%	互评 20%	平台 20%	
专业知识	1.了解什么是普通话（10分） 2.了解为什么学习普通话（10分） 3.了解怎样才能学好普通话（10分）	30					
专业能力	1. 认识到学习普通话对保育师工作的重要性（20分） 2. 敢于开口学说普通话（30分）	50					
专业素养	1. 热爱祖国语言文化，积极推广普通话（10分） 2. 热爱保育师工作，积极学习普通话（10分）	20					

任务二　声母发音训练

学习目标

◎了解声母的分类及发音方法。
◎能读准普通话的声母。
◎正确辨别普通话和方言中声母的发音。

课前练读

勾当 gòu	骨气 gǔ	龟裂 jūn	果脯 fǔ
和面 huó	馄饨 tun	嫉妒 jí	脊梁 jǐ
教室 jiào	腈纶 jīng	夹克 jiā	缴纳 jiǎo
精髓 suǐ	靓妆 jìng	籼米 xiān	拒载 zài

案例导航

小李和小王是大学同学，这天小李到小王工作的城市出差，临时决定去看看小王。小王见到小李高兴地说："能见到你我太高兴了，真是让我shǐ niào（始料）不及。"小李一脸愕然地看着小王……

分析：普通话声母n和l在有些方言区容易混淆，案例中的小王因为把声母l发成了n，而让小李产生了误解。

知识链接

一、普通话声母的分类

声母指音节开头的部分，一般为辅音。普通话共有21个辅音声母，1个零声母。普通话辅音声母可以按照以下方式进行分类。

（一）根据发音部位分类

发音部位指发音时气流通过口腔受到阻碍的位置。根据辅音声母发音部位的不同，普通话声母可以分为7类。

1. 双唇音

由上唇和下唇闭合构成气流阻碍而发出的音。普通话的双唇音声母有3个：b、p、m。

2. 唇齿音

由上齿和下唇靠近构成气流阻碍而发出的音。普通话的唇齿音声母只有1个：f。

3. 舌尖前音

由舌尖抵住或接近齿背构成气流阻碍而发出的音，也叫平舌音。普通话的舌尖前音声母有3个：z、c、s。

4. 舌尖中音

由舌尖与上齿龈构成气流阻碍而发出的音。普通话的舌尖中音声母有4个：d、t、n、l。

5. 舌尖后音

由舌尖与硬腭前部构成气流阻碍而发出的音，也叫翘舌音。普通话的舌尖后音声母有4个：zh、ch、sh、r。

6. 舌面前音

由舌面前部与硬腭前部构成气流阻碍而发出的音。普通话的舌面前音声母有3个：j、q、x。

7. 舌面后音

由舌面后部与硬腭、软腭的交界处构成气流阻碍而发出的音。普通话的舌面后音声母有3个：g、k、h。

（二）根据发音方法分类

声母的发音方法是指发音时喉头、口腔和鼻腔节制气流的方式和状况。可以从形成阻碍和克服阻碍的方式、声带是否振动、呼出气流的强弱三个方面来观察。

1. 根据形成阻碍和克服阻碍的方式

根据形成阻碍和克服阻碍的方式，可以把21个辅音声母分为5类。

（1）塞音——上下发音部位完全形成闭塞，堵住气流，然后气流突然冲破阻碍，爆破成声。普通话中的塞音声母有6个：b、p、d、t、g、k。

（2）擦音——发音器官的两个部位接近，形成一道窄缝，气流从窄缝中挤出，摩擦成声。普通话中的擦音声母有6个：f、h、x、sh、s、r。

（3）塞擦音——发音时发音部位紧闭，软腭上升，堵住气流通道，气流冲出时，将阻塞部位冲开一条窄缝，从缝隙中挤出，摩擦成声。塞擦音的前一半是塞音，后一半是擦音，两者紧密结合发出的音。普通话中的塞擦音声母有6个：j、p、zh、ch、z、c。

（4）鼻音——发音部位完全闭塞，封闭口腔通路，软腭下垂，打开鼻腔通路，气流振动声带，从鼻腔里出来，发出声音。普通话中的鼻音声母有2个：m、n。

（5）边音——发音时，舌尖抵住上齿龈，振动声带，让气流从舌头两边通过。普通话中的边音声母只有1个：l。

2. 根据发音时声带是否振动

根据发音时声带是否振动，可以把21个辅音声母分为清音和浊音2类。

（1）清音——指发音时声带不振动的音。普通话中共有17个清音声母，分别是b、p、d、t、g、k、f、h、j、q、x、zh、ch、sh、z、c、s。

（2）浊音——指发音时声带振动的音。普通话中共有4个浊音声母，分别是：m、n、l、r。

3. 根据发音时气流的强弱

根据发音时气流的强弱，可以把声母中的塞音和塞擦音分为送气音和不送气音2类。

（1）送气音——发音时，呼出的气流比较强。普通话辅音声母中有6个送气音，分别是p、t、k、q、ch、c。

（2）不送气音——发音时，呼出的气流比较弱。普通话辅音声母中有6个不送气音，分别是：b、d、g、j、zh、z。

二、普通话声母的发音

（一）双唇音b、p、m

1. b—双唇、不送气、清、塞音

双唇闭合，形成阻碍，软腭上升，关闭鼻腔通道；然后双唇突然打开，爆发成声，声带不振动。例如：

辨别 biàn bié　　包办 bāo bàn　　奔波 bēn bō　　褒贬 bāo biǎn
标兵 biāo bīng　　颁布 bān bù　　卑鄙 bēi bǐ　　本部 běn bù

2. p—双唇、送气、清、塞音

成阻和持阻阶段与b相同，不同的是在发p时，双唇打开有一股较强的气流冲出来。例如：

评判 píng pàn　　攀爬 pān pá　　琵琶 pí pa　　乒乓 pīng pāng
澎湃 péng pài　　偏僻 piān pì　　品牌 pǐn pái　　匹配 pǐ pèi

3. m—双唇、浊、鼻音

发m时，双唇紧闭，软腭下垂阻住气流，让气流从鼻腔通过，声带振动。例如：

美妙 měi miào　　命名 mìng míng　　密码 mì mǎ　　美满 měi mǎn
明媚 míng mèi　　埋没 mái mò　　牧民 mù mín　　迷茫 mí máng

（二）唇齿音f

f—唇齿、清、擦音

下唇接近上齿，留一缝隙，软腭上升，堵塞鼻腔通道，使气流从唇齿的缝隙摩擦而出，声带不振动。例如：

丰富 fēng fù　　芬芳 fēn fāng　　奋发 fèn fā　　非凡 fēi fán
反复 fǎn fù　　方法 fāng fǎ　　纷飞 fēn fēi　　肺腑 fèi fǔ

（三）舌尖前音z、c、s

1. z—舌尖前、不送气、清、塞擦音

舌尖抵住下齿背，软腭上升，堵塞鼻腔通道，然后舌尖微微离开下齿背，形成一道窄缝，较弱的气流从缝隙中摩擦而出，声带不振动。例如：

自尊 zì zūn　　自在 zì zài　　总则 zǒng zé　　罪责 zuì zé
坐姿 zuò zī　　走卒 zǒu zú　　藏族 zàng zú　　造作 zào zuo

2. c—舌尖前、送气、清、塞擦音

c的发音部位和发音方法与z基本相同，不同的是发c时破除阻碍的气流较强。例如：

猜测 cāi cè　　层次 céng cì　　草丛 cǎo cóng　　苍翠 cāng cuì

措辞 cuò cí　　粗糙 cū cāo　　仓促 cāng cù　　参差 cēn cī

3. s—舌尖前、清、擦音

舌尖靠近下齿背，留一条窄缝，软腭上升，堵塞鼻腔通道，让气流从窄缝摩擦而出，声带不振动。例如：

思索 sī suǒ　　诉讼 sù sòng　　三思 sān sī　　色素 sè sù

松散 sōng sǎn　　搜索 sōu suǒ　　酸涩 suān sè　　洒扫 sǎ sǎo

（四）舌尖中音 d、t、n、l

1. d—舌尖中、不送气、清、塞音

舌尖抵住上齿龈，软腭上升，堵塞鼻腔通道；气流到达口腔后冲破阻碍，爆发成声，声带不振动。例如：

答对 dá duì　　等待 děng dài　　短笛 duǎn dí　　道德 dào dé

淡定 dàn dìng　　担当 dān dāng　　调动 diào dòng　　地段 dì duàn

2. t—舌尖中、送气、清、塞音

成阻和持阻阶段与d相同，不同的是在发t时，舌尖离开上齿龈会有一股较强的气流冲出。例如：

团体 tuán tǐ　　体贴 tǐ tiē　　疼痛 téng tòng　　探讨 tàn tǎo

梯田 tī tián　　淘汰 táo tài　　挑剔 tiāo ti　　谈吐 tán tǔ

3. n—舌尖中、浊、鼻音

舌尖抵住上齿龈，软腭下垂，打开鼻腔通道，声带振动，气流从鼻腔通过。例如：

恼怒 nǎo nù　　扭捏 niǔ niē　　袅娜 niǎo nuó　　能耐 néng nai

牛奶 niú nǎi　　泥泞 ní nìng　　南宁 nán níng　　农奴 nóng nú

4. l—舌尖中、浊、边音

舌尖抵住上齿龈，软腭上升，堵塞鼻腔通道，让气流从舌头两边通过，声带振动。例如：

玲珑 líng lóng　　浏览 liú lǎn　　联络 lián luò　　裸露 luǒ lù

来临 lái lín　　劳累 láo lèi　　留恋 liú liàn　　冷落 lěng luò

（五）舌尖后音 zh、ch、sh、r

1. zh—舌尖后、不送气、清、塞擦音

舌尖上翘抵住硬腭前部，软腭上升，堵塞鼻腔通道，然后舌尖微微离开硬腭，形成一道窄缝，较弱的气流从缝隙中摩擦而出，声带不振动。例如：

注重 zhù zhòng　　辗转 zhǎn zhuǎn　　政治 zhèng zhì　　战争 zhàn zhēng

专注 zhuān zhù　　招展 zhāo zhǎn　　支柱 zhī zhù　　庄重 zhuāng zhòng

2. ch—舌尖后、送气、清、塞擦音

ch的发音部位和发音方法与zh基本相同，不同的是在离开硬腭前部时有一股较强的气流摩擦而出。例如：

长城 cháng chéng　　驰骋 chí chěng　　踌躇 chóu chú　　查处 chá chǔ

车窗 chē chuāng　　出差 chū chāi　　超产 chāo chǎn　　穿插 chuān chā

3. sh—舌尖后、清、擦音

舌尖翘起接近硬腭前部，留一道窄缝，软腭上升，堵塞鼻腔通道，让气流从窄缝中摩擦而出，声带不振动。例如：

实施 shí shī　　闪烁 shǎn shuò　　审慎 shěn shèn　　神圣 shén shèng
事实 shì shí　　树梢 shù shāo　　上市 shàng shì　　税收 shuì shōu

4. r—舌尖后、浊、擦音

r的发音部位和发音方法与sh基本相同，不同的是发r时声带振动。例如：

荣辱 róng rǔ　　忍让 rěn ràng　　荏苒 rěn rǎn　　软弱 ruǎn ruò
柔软 róu ruǎn　　仍然 réng rán　　如若 rú ruò　　容忍 róng rěn

（六）舌面前音j、q、x

1. j—舌面前、不送气、清、塞擦音

舌面前部上抬抵住硬腭前部，软腭上升，堵塞鼻腔通道，较弱的气流冲开阻碍，形成一道窄缝，让气流摩擦而出，声带不振动。例如：

积极 jī jí　　经济 jīng jì　　捷径 jié jìng　　究竟 jiū jìng
奖金 jiǎng jīn　　境界 jìng jiè　　进军 jìn jūn　　拒绝 jù jué

2. q—舌面前、送气、清、塞擦音

q的发音部位和发音方法与j基本相同，差别在于除阻时气流较强。例如：

情趣 qíng qù　　亲切 qīn qiè　　牵强 qiān qiǎng　　确切 què qiè
亲情 qīn qíng　　秋千 qiū qiān　　齐全 qí quán　　恰巧 qià qiǎo

3. x—舌面前、清、擦音

舌面前部抬起靠近硬腭前部，形成一道窄缝，软腭上升，堵塞鼻腔通道，让气流从窄缝摩擦而出，声带不振动。例如：

喧嚣 xuān xiāo　　虚心 xū xīn　　遐想 xiá xiǎng　　学习 xué xí
喜讯 xǐ xùn　　消息 xiāo xi　　新兴 xīn xīng　　小学 xiǎo xué

（七）舌面后音g、k、h

1. g—舌面后、不送气、清、塞音

舌面后部抬起抵住硬腭和软腭交界处，软腭上升堵塞鼻腔通道，然后舌根突然离开软腭，解除阻碍，爆发成声，声带不振动。例如：

巩固 gǒng gù　　高歌 gāo gē　　规格 guī gé　　灌溉 guàn gài
尴尬 gān gà　　骨骼 gǔ gé　　改观 gǎi guān　　归功 guī gōng

2. k—舌面后、送气、清、塞音

k的发音部位、发音方法和g大致相同，不同的是舌根离开软腭时有一股较强的气流冲出。例如：

开阔 kāi kuò　　空旷 kōng kuàng　　刻苦 kè kǔ　　慷慨 kāng kǎi
旷课 kuàng kè　　困苦 kùn kǔ　　坎坷 kǎn kě　　可口 kě kǒu

3. h—舌面后、清、擦音

舌面后部抬起接近硬腭和软腭交界处，留一窄缝，软腭上升，堵塞鼻腔通道，让气流摩擦而出，声带不振动。例如：

后悔 hòu huǐ	辉煌 huī huáng	航海 háng hǎi	欢呼 huān hū
火花 huǒ huā	浑厚 hún hòu	缓和 huǎn hé	呼唤 hū huàn

三、普通话声母的辨正

对于大部分声母，不同方言区的人都能读准，但也有个别声母受方言语音习惯的影响，发音不准。

（一）发准舌尖前音和舌尖后音

声母中的舌尖前音和舌尖后音是人们学习普通话的一大难点。全国很多方言区的人都会出现前音、后音不分的情况。

在山东方言中，部分地区往往把舌尖前音发成齿间音。即在发舌尖前音z、c、s时，把舌尖伸出，放在上下齿之间，发出的音就成了齿间音。要想纠正齿间音，可以在发z、c、s时，将上下齿轻轻咬住，阻止舌尖伸出，有意识地练习正确的发音。

舌尖后音也叫翘舌音，是声母学习的难点。有些方言区没有zh、ch、sh声母，把舌尖后音也即翘舌音zh、ch、sh，混读成了舌尖前音z、c、s。这些方言区主要包括吴方言、闽方言、粤方言、客家方言分布的区域，山东济宁、聊城、烟台、威海和青岛莱西，以及东北地区。要想发准翘舌音，要注意翘舌音的发音部位，掌握翘舌的要领。

【正音练习1】

总之，种子总是种子，它能长成苍松翠柏，茁壮成长，耸峙山巅；也许会生出小草，自生自灭，不为人知。

【正音练习2】

找到不念早到，遭到不念早稻；
乱草不念乱吵，制造不念自造；
收不念搜，昌不念仓，张不念脏；
栽花不念摘花，自立不念智力；
暂时不念占时，大字不念大智；
一层不念一成，草木不念炒木；
参加不念掺加，四十不念事实；
三哥不念山哥，塞子不念筛子；
俗语不念熟语，散光不念闪光；
撒网不念纱网，三山不念山山。

（二）读准声母j、q、x

声母j、q、x是舌面前音，而在一些南方方言中往往把它们发成舌叶音，这是不正确的。

闽方言、粤方言等地区会出现声母j、q、x与zh、ch、sh混用的情况，例如把“支持”读成“机器”，把“不少”读成“不小”。而北方方言、吴方言和湘方言地区的一些人则常常把j、q、x发成z、c、s，有人曾因为发音错误而造成误会。例如：

有个南方人乘火车到郑州出差办事，第二天清早到洗脸间洗脸。当时，洗脸的人很多，好不容易轮到这位南方人时，走过来了一位老人。南方人见来人是老者，就客气地让开，说："您老人家先死（洗）吧！"老人一听愣住了，心想，这人怎么这样无礼！还没等老人做出反应，南方人因怕另有人占了位置，忙说："您不死（洗），我就先死（洗）了。"老人这次忍不住了，恼火地说："你这是什么话？"南方人说："我叫你先死（洗）脸呀！"老人指着南方人说："你叫我死什么脸？你说清楚！"南方人尽量控制着不发火，说："老人家，我好心叫你死（洗），你不死（洗）就算了，我死（洗）就是！"老人推了南方人一把，说："你死！你死！你快死！"

这个故事中的南方人把普通话的声母"x"发成了"s"，把"洗"说得近似"死"了，造成了不必要的误会。

【正音练习1】

编制——编辑	密植——密集	电扇——电线
专长——砖墙	不是——不细	戏法——司法

【正音练习2】

积极	紧急	坚决	亲切	秋千
牵强	虚心	详细	学习	新鲜

（三）正确区分d和j、t和q的发音

受方言的影响，有些人不能正确区分d和j、t和q的发音，往往把声母是d的音节发成声母为j的音节，把声母是t的音节发成声母为q的音节。例如，把"单调"（dān diào）读成（dān jiào），"梯田"（tī tián）读成（qī qián）。要想纠正这个语音缺陷，就必须从声母的发音入手。声母d、t属于舌尖中音，发音时要求舌尖先抵住上齿龈；而声母j、q属于舌面前音，发音时要求舌面隆起抵住硬腭前部。只要掌握了它们的发音部位，正确区分d和j、t和q的发音就不难了。

【正音练习1】

断定	地点	单调	搭档	大酒店	叮当	跌倒
体贴	团体	挑剔	谈天	调停	秋天	秋千

【正音练习2】

田建贤前天从前线回到家乡田家店，只见家乡变化万千，连绵不断的青山，一望无边的棉田，高压电线通向天边。

（四）正确区分n和l的发音

声母n、l不分的现象在赣方言、闽方言以及西北、西南、江淮方言中普遍存在。

有的方言n和l完全混淆，如兰州话。有的是部分混淆，如成都、厦门、南京等地区都存在这个问题。例如，"吕老师"与"女老师"相混，"隆重"与"浓重"相混。

n和l这两个音都是舌尖中音，发音部位相同，但发音方法不同，一个是鼻音，一个是边音。发n时，软腭下垂，打开鼻腔通道，气流从鼻腔通过；发l时，软腭上升，堵塞鼻腔通道，气流从舌头两边通过。

【正音练习1】

练一练，念一念，n和l要分辨。

l是边音，n是鼻音。

你来练，我来念；
不怕累，不怕难；
齐努力，攻难关。

【正音练习2】

河边有棵柳，柳下一头牛，牛要去顶柳，柳条缠住了牛的头。

（五）零声母辨音

（1）在某些方言里，读以ɑ、o、e开头的零声母音节时，常常在前头加一个舌面后鼻音ng。例如，将“安”读成“ngɑn”，“欧”读成“ngou”，“恩”读成“ngen”。要想纠正，直接将舌面后鼻音去掉发元音就行了。

（2）在一些方言中，读以“u”开头的零声母音节时，往往把“u”读成浊唇齿擦音“v”。例如，“文、为、网、五、外”。在发音时，只要将双唇收拢成圆形就能发出正确的语音。

【正音练习1】

安全	昂扬	恩情	欧洲	懊悔
暗示	遏制	恩爱	偶然	案例

【正音练习2】

娃娃	婉转	温顺	论文	老翁
魁伟	外快	嗡嗡	狂妄	喔喔

知识拓展

零声母音节

零声母音节就是指那些没有辅音声母，只有韵母构成的音节。零声母音节没有前置辅音，以元音开头，声音较响亮。以ɑ、o、e、i、u、ü开头的音节都是零声母音节。

任务训练

1. 读准声母是舌尖前音与舌尖后音的字词

猜测	财产	参差	参谋	残存	惭愧
层次	插座	茶几	差不多	差错	差事
筹措	丑陋	出租	橱窗	揣测	传授
扫帚	沙漠	删除	珊瑚	山东	闪烁
善良	稍微	少年	少数	哨所	奢侈
舌头	舍弃	设施	社会	涉及	审查
甚至	慎重	牲畜	省略	剩余	失策
师傅	石榴	食品	遭受	噪音	责难
增长	憎恶	赠送	渣滓	扎实	诈骗
榨取	债券	崭新	占领	站岗	张罗
章程	掌握	帐篷	障碍	招呼	沼泽

造就——照旧　　早稻——找到
杂技——札记　　新村——新春
阻力——主力　　资源——支援
初步——粗布　　木材——木柴
仓促——仓储　　肃立——树立
推辞——推迟　　姿势——知识
午睡——五岁　　蚕丝——尝试
诗人——私人　　桑叶——商业
助词——蛀齿　　三角——山脚

2. 绕口令练习

学时事（zh、ch、sh）

史老师，讲时事，常学时事长知识，
时事学习看报纸，报纸登的是时事，
常看报纸要多思，心里装着天下事。

叔叔锄竹笋（zh、ch、sh）

朱家一株竹，竹笋初长出，朱叔处处锄，
锄出笋来煮，锄完不再出，朱叔没笋煮，竹株又干枯。

子词丝（z、c、s）

四十四个字和词，
组成一首子词丝的绕口词。
桃子、李子、梨子、栗子、橘子、柿子、槟子和榛子，
栽满院子、村子和寨子。
刀子、斧子、锯子、凿子、锤子、刨子和尺子，
做出桌子、椅子和箱子。
名词、动词、数词、量词、代词、副词、助词和连词，
造成语词、诗词和唱词。
蚕丝、生丝、熟丝、缫丝、染丝、晒丝、纺丝和织丝，
自制粗丝、细丝人造丝。

四是四，十是十（s、sh）

四是四，十是十，
十四是十四，四十是四十，

不要把十四说成实事，
也不要把四十说成是细席。
要想说对四，舌头碰牙齿，
要想说对十，舌头别伸直，
要想说对四和十，多多练习十和四。

短刀（d、t）

断头台倒吊短单刀，歹徒登台偷短刀，
断头台塌盗跌倒，对对短刀叮当掉。

打特盗（d、t）

调到敌岛打特盗，特盗太刁投短刀，
挡推顶打短刀掉，踏盗得刀盗打倒。

谭老汉买蛋和炭（d、t）

谭家谭老汉，挑担到蛋摊，买了半担蛋。
挑担到炭摊，买了半担炭，满担是蛋炭。
老汉忙回赶，回家炒蛋饭，进门跨门槛，
脚下绊一绊，跌了谭老汉，破了半担蛋，
翻了半担炭，脏了木门槛。老汉看一看，
急得满头汗，连说怎么办，蛋炭完了蛋，
老汉怎吃蛋炒饭。

漆匠和锡匠（j、q、x）

七巷一个漆匠，西巷一个锡匠，
七巷漆匠偷了西巷锡匠的锡，
西巷锡匠拿了七巷漆匠的漆，
七巷漆匠气西巷锡匠偷了漆，
西巷锡匠讥七巷漆匠拿了锡，
请问漆匠和锡匠，谁拿谁的锡，
谁偷谁的漆？

稀奇稀奇真稀奇（j、q、x）

稀奇稀奇真稀奇，蟋蟀踩死大母鸡，
气球碰坏大机器，蚯蚓身长七丈七，
八十岁的老头躺在摇篮里。

牛郎恋刘娘（n、l）

牛郎年年恋刘娘，刘娘连连念牛郎，
牛郎恋刘娘，刘娘念牛郎，郎念娘来娘恋郎。

3. 读准声母是d、t、j、q的字词

电灯	大地	导弹	对等	淘汰	弹跳	天堂	吞吐
季节	将军	将近	矫健	窃取	侵权	齐全	确切
带头	党团	动听	地毯	特地	停顿	推断	屠刀
郊区	急切	俊俏	奖券	抢救	奇迹	曲解	强加

任务评价

任务学习情况评价表

教学评价							
评价维度	评价标准	赋分	评价主体				得分
			自评 20%	师评 40%	互评 20%	平台 20%	
专业知识	1. 了解普通话声母分类（10分） 2. 掌握普通话声母发音部位和发音方法（10分） 3. 掌握普通话声母方音辨正（10分）	30					
专业能力	1. 能准确读出普通话21个辅音声母的发音（20分） 2. 能正确纠正方言中声母的发音（30分）	50					
专业素养	1. 热爱祖国语言文化，积极推广普通话（10分） 2. 热爱保育师工作，积极学好普通话（10分）	20					

任务三　韵母发音训练

学习目标

◎了解韵母的分类及发音方法。

◎能读准普通话的韵母。

◎正确辨别普通话和方言中韵母的发音。

课前练读

和泥 huó	粳米 jīng	模样 mú	载体 zài
剽悍 piāo	溃脓 huì	溃烂 kuì	连累 lěi
量杯 liáng	淋病 lìn	喷香 pèn	落枕 lào
角色 jué	剽窃 piāo	绢花 juàn	请帖 tiě

案例导航

小刘来自农村，受方言影响，他一直不能正确区分韵母“eng”和“ong”、“ing”和“iong”的发音，每次在电脑和手机上用拼音打字时，不仅经常出错，还影响工作效率。为此，他没少挨领导批评，这让小刘很苦恼。

分析：案例中的小刘要想提高自己的工作效率，就必须正确区分普通话韵母“eng”和“ong”、“ing”和“iong”的发音。

知识链接

一、普通话韵母的分类

韵母是汉语音节中声母后面的部分。普通话有39个韵母，主要由元音构成。有的韵母由单个元音充当，有的韵母由两个或三个元音复合而成，还有的韵母由元音加上鼻辅音n或ng构成。（表1-1）韵母是普通话音节中必不可少的成分。普通话一个音节中可以没有声母（零声母音节），但不能没有韵母及声调。

普通话韵母可以分为韵头、韵腹、韵尾三个部分，其中韵腹是必不可少的，是韵母的主干。

（一）按照韵母的内部结构分类

按照韵母的内部结构，韵母可以分为单韵母、复韵母和鼻韵母三类。

1. 单韵母

单韵母又称单元音韵母，是由一个元音构成的韵母。单韵母一共有10个：ɑ、o、

e、ê、i、u、ü、-i（前）、-i（后）、er。

2. 复韵母

复韵母又称复元音韵母，是由两个或三个元音组合而成的韵母。复韵母一共有13个，根据主要元音的位置可分为三小类。

（1）前响复韵母：ai、ei、ao、ou。

（2）后响复韵母：ia、ie、ua、uo、üe。

（3）中响复韵母：iao、iou、uai、uei。

3. 鼻韵母

鼻韵母又称鼻音韵母，是由一个或两个元音与鼻辅音韵尾n或ng组合构成的韵母。鼻韵母一共有16个，前鼻音韵母有8个：an、en、in、ian、uan、uen、üan、ün。后鼻音韵母有8个：ang、eng、ong、iang、ing、iong、uang、ueng。

（二）按照韵母开头的元音发音口形分类

按照韵母开头的元音发音口形的不同，韵母可以分为开口呼、齐齿呼、合口呼、撮口呼韵母四类，又叫“四呼”。

1. 开口呼韵母

不是i、u、ü或不以i、u、ü开头的韵母属于开口呼韵母。普通话共有15个开口呼韵母：a、o、e、ê、-i（前）、-i（后）、er、ai、ei、ao、ou、an、en、ang、eng。

2. 齐齿呼韵母

凡韵腹是i或以i开头的韵母均属于齐齿呼韵母。普通话共有9个齐齿呼韵母：i、ia、ie、iao、iou、ian、in、iang、ing。

3. 合口呼韵母

凡韵腹是u或以u开头的韵母均属于合口呼韵母。普通话共有10个合口呼韵母：u、ua、uo、uai、uei、uan、uen、uang、ueng、ong。

4. 撮口呼韵母

凡韵腹是ü或以ü开头的韵母均属于撮口呼韵母。普通话共有5个撮口呼韵母：ü、üe、üan、ün、iong。

表1-1　普通话韵母表

按口形分 按结构分	开口呼	齐齿呼	合口呼	撮口呼
单韵母	-i（前）　-i（后）	i	u	ü
	a			
	o			
	e			
	ê			
	er			

续表

按口形分 / 按结构分	开口呼	齐齿呼	合口呼	撮口呼
复韵母		ia	ua	
			uo	
		ie		üe
	ai		uai	
	ei		uei	
	ao	iao		
	ou	iou		
鼻韵母	an	ian	uan	üan
	en	in	uen	ün
	ang	iang	uang	
	eng	ing	ueng	
			ong	iong

注：《汉语拼音方案》规定，iou、uei、uen前面加辅音声母的时候，写成iu、ui、un。

二、普通话韵母的发音

（一）单韵母

由一个元音构成的韵母叫单韵母。普通话共有10个单韵母，发单韵母时，要先摆好口型再发音，口型不能动。

1. 舌面单韵母

舌面单韵母是由舌面起主要作用的单个元音充当韵母，普通话中有7个舌面单韵母。

（1）ɑ：舌面、央、低、不圆唇元音。

发音要领：口大开，舌面下降到最低处，唇形不圆，软腭抬起，避免气流从鼻腔通过，声带振动。例如：

喇叭 lǎ ba　　大厦 dà shà　　哪怕 nǎ pà　　沙发 shā fā

麻辣 má là　　打岔 dǎ chà　　马达 mǎ dá　　打靶 dǎ bǎ

（2）o：舌面、后、半高、圆唇元音。

发音要领：口微开，舌位半高，舌头后缩，舌根隆起，升至半高，唇拢圆，声带振动。例如：

泼墨 pō mò　　佛陀 fó tuó　　磨破 mó pò　　薄膜 báo mó

脉脉 mò mò　　薄弱 bó ruò　　伯伯 bó bo　　活泼 huó pō

（3）e：舌面、后、半高、不圆唇元音。

发音要领：发音状况与o基本相同，区别在于嘴唇不圆，舌位比o略高、略前。例如：

隔阂 gé hé　　舍得 shě dé　　折射 zhé shè　　特色 tè sè

客车 kè chē　　车辙 chē zhé　　可乐 kě lè　　苛刻 kē kè

（4）ê：舌面、前、半低、不圆唇元音。

发音要领：口腔半开，舌位半低，舌头前伸，舌头抵住下齿背，唇形不圆，嘴角向两边展开。

用韵母ê单独注音的只有一个语气词“欸”，ê的主要用途是与i、ü组成复韵母ie、üe。

（5）i：舌面、前、高、不圆唇元音。

发音要领：舌头向前伸，舌面前部上升，接近硬腭，舌尖抵住下齿背，嘴角向两边微展，呈扁平状，声带振动。例如：

秘密 mì mì　　笔记 bǐ jì　　脾气 pí qi　　稀奇 xī qí

记忆 jì yì　　谜底 mí dǐ　　利益 lì yì　　地基 dì jī

（6）u：舌面、后、高、圆唇元音。

发音要领：口微开，双唇拢圆，留小孔。发音时，舌头往后缩，舌面后部接近软腭，气流通过窄缝但不发生摩擦，声带振动。例如：

补助 bǔ zhù　　读物 dú wù　　出租 chū zū　　突出 tū chū

瀑布 pù bù　　鼓舞 gǔ wǔ　　酷暑 kù shǔ　　督促 dū cù

（7）ü：舌面、前、高、圆唇元音。

发音要领：发音状况与i基本相同，不同的是发ü时唇形拢圆。例如：

旅居 lǚ jū　　区域 qū yù　　语序 yǔ xù　　须臾 xū yú

序曲 xù qǔ　　屈居 qū jū　　絮语 xù yǔ　　聚居 jù jū

2. 舌尖单韵母

（1）-i（前）：舌尖前、高、不圆唇元音。

发音要领：口略开，舌尖前伸靠近上齿背，形成窄缝，气流通过窄缝，但不发生摩擦，唇形不圆，声带振动。这个韵母在普通话里只出现在z、c、s声母的后面。例如：

字词 zì cí　　私自 sī zì　　此次 cǐ cì　　刺死 cì sǐ

子嗣 zǐ sì　　孜孜 zī zī　　次子 cì zǐ　　恣肆 zì sì

（2）-i（后）：舌尖后、高、不圆唇元音。

发音要领：口略开，舌尖上翘靠近硬腭前部，形成窄缝，气流通过窄缝，但不发生摩擦，唇形不圆，声带振动。这个韵母在普通话里只出现在zh、ch、sh、r声母的后面。例如：

只是 zhǐ shì　　值日 zhí rì　　实施 shí shī　　制止 zhì zhǐ

事实 shì shí　　知识 zhī shi　　史诗 shǐ shī　　日食 rì shí

3. 卷舌单韵母

er：卷舌、央、中、不圆唇元音。

发音要领：er是在e的基础上加上卷舌动作而成。即在发e的同时轻轻卷起舌尖，声带振动，r不是韵尾，只是表示卷舌动作的符号。er不能和声母相拼，只能自成音节。例如：

儿童 ér tóng　　耳朵 ěr duo　　二十 èr shí　　而且 ér qiě

（二）复韵母

复韵母是由两个或三个元音复合构成的。复韵母的发音不是几个元音的简单相加，而是由一个元音的舌位、唇形，向另一个元音的舌位、唇形滑动的过程。普通话共有13个复韵母，根据主要元音所处的位置，复韵母可以分为前响复韵母、中响复韵母、后响复韵母。

1. 前响复韵母

前响复韵母共有4个：ai、ei、ao、ou，是由2个元音复合而成。它们的共同特点是前一个元音清晰响亮，后一个元音轻短模糊，音质不太固定，只表示舌位滑动的方向。例如：

ai：拍卖 pāi mài　采摘 cǎi zhāi　白菜 bái cài　爱戴 ài dài
ei：配备 pèi bèi　肥美 féi měi　北美 běi měi　蓓蕾 bèi lěi
ao：号召 hào zhào　操劳 cāo láo　糟糕 zāo gāo　吵闹 chǎo nào
ou：筹谋 chóu móu　丑陋 chǒu lòu　欧洲 ōu zhōu　口头 kǒu tóu

2. 后响复韵母

后响复韵母共有5个：ia、ie、ua、uo、üe，也是由2个元音复合而成。它们的共同特点是前面的元音发得轻短，只表示舌位从那里开始移动，后面的元音发得清晰响亮。

ia：下家 xià jiā　加价 jiā jià　假牙 jiǎ yá　压价 yā jià
ie：谢谢 xiè xie　结业 jié yè　趔趄 liè qie　贴切 tiē qiè
ua：花袜 huā wà　垮台 kuǎ tái　耍滑 shuǎ huá　娃娃 wá wa
uo：阔绰 kuò chuò　错落 cuò luò　硕果 shuò guǒ　蹉跎 cuō tuó
üe：雪月 xuě yuè　雀跃 què yuè　约略 yuē lüè　决绝 jué jué

3. 中响复韵母

中响复韵母共有4个：iao、iou、uai、uei，是由3个元音复合而成。它们共同的发音特点是开头的元音不响亮且较短促，中间的元音响亮清晰，收尾的元音轻短模糊。

iao：巧妙 qiǎo miào　吊销 diào xiāo　苗条 miáo tiao　飘渺 piāo miǎo
iou：优秀 yōu xiù　绣球 xiù qiú　求救 qiú jiù　久留 jiǔ liú
uai：外快 wài kuài　怀揣 huái chuāi　摔坏 shuāi huài　愉快 yú kuài
uei：荟萃 huì cuì　魁伟 kuí wěi　摧毁 cuī huǐ　归队 guī duì

（三）鼻韵母

鼻韵母是以n、ng作韵尾的韵母。普通话中共有16个鼻韵母，分为2类。

1. 前鼻音韵母

前鼻音韵母是指鼻韵母中以n作韵尾的韵母，普通话中的前鼻音韵母有8个。

an：坦然 tǎn rán　烂漫 làn màn　贪婪 tān lán　感叹 gǎn tàn
en：认真 rèn zhēn　根本 gēn běn　人参 rén shēn　振奋 zhèn fèn
in：辛勤 xīn qín　信心 xìn xīn　濒临 bīn lín　拼音 pīn yīn
ün：芸芸 yún yún　军训 jūn xùn　逡巡 qūn xún　均匀 jūn yún
ian：简便 jiǎn biàn　天堑 tiān qiàn　艰险 jiān xiǎn　鲜艳 xiān yàn

uan：宽泛 kuān fàn	贯穿 guàn chuān	专款 zhuān kuǎn	婉转wǎn zhuǎn
üan：全权 quán quán	源泉 yuán quán	悬崖 xuán yá	圆圈 yuán quān
uen：论文 lùn wén	昆仑 kūn lún	混沌 hùn dùn	春笋 chūn sǔn

2. 后鼻音韵母

后鼻音韵母是指鼻韵母中以ng作韵尾的韵母，普通话中的后鼻音韵母有8个。

ang：账房 zhàng fáng	肮脏 āng zāng	沧桑 cāng sāng	帮忙 bāng máng
eng：升腾 shēng téng	承蒙 chéng méng	丰盛 fēng shèng	风筝 fēng zheng
ing：精明 jīng míng	评定 píng dìng	叮咛 dīng níng	清静 qīng jìng
ong：从容 cóng róng	共同 gòng tóng	总统 zǒng tǒng	轰动 hōng dòng
iang：两样 liǎng yàng	响亮 xiǎng liàng	踉跄 liàng qiàng	湘江 xiāng jiāng
uang：狂妄 kuáng wàng	状况 zhuàng kuàng	装潢 zhuāng huáng	窗框chuāng kuàng
ueng：水瓮 shuǐ wèng	嗡嗡 wēng wēng	蓊郁 wěng yù	老翁 lǎo wēng
iong：炯炯 jiǒng jiǒng	汹涌 xiōng yǒng	穷凶 qióng xiōng	英勇 yīng yǒng

三、普通话韵母的辨正

（一）读准单韵母，正确区分e和o

单韵母的发音要求发音过程中舌位和唇形始终保持不变，若有一点变化，就不是纯正的单韵母了，所以发音时要保持固定的口形。例如：单韵母o正确发音应是先摆好口形再发音，口形不能动。而在一些方言区的人在发o时口形和舌位都发生变化，把o发成复韵母uo。

单韵母e和o的发音部位基本相同，但唇形不同，发e时口形不圆，而发o时是圆唇。一些方言区的人把o发成不圆唇的e。例如，“磨墨”mó mò，读成mé mè；“山坡”shān pō，读成shān pē。

要想正确区分e和o的发音，首先要按照发音要求发好单韵母o，注意o和e唇形的不同。另外，还可以利用普通话声韵拼合规律来区分。声母b、p、m、f只和单韵母o相拼，而不和e相拼。

【正音练习1】

博得　波折　破格　隔膜　刻薄　恶魔

磨墨　薄膜　婆婆　伯伯　脉脉　破获

【正音练习2】

（1）村东有条清水河，河岸有个小山坡。大伙坡上挖红薯，闹闹嚷嚷笑呵呵。忽听河里一声响，河水溅起一尺多。谁不小心掉下河？一位姑娘回答我：不是有人掉下河，是个红薯滚下坡。

（2）打南坡走过来个老婆婆，两手托着俩笸箩。左手托着的笸箩装的是菠萝，右手托着的笸箩装的是萝卜。你说说，是老婆婆左手托着的笸箩装的菠萝多，还是老婆婆右手托着的笸箩装的萝卜多？说得对，送给你一笸箩菠萝；说得不对，既不给菠萝，也不给萝卜，罚你替老婆婆把装菠萝的笸箩和装萝卜的笸箩，送到大北坡。

（二）发准复韵母

普通话的复韵母比较丰富，共13个，占全部韵母的1/3。有些方言的元音韵尾比较少，如有些方言没有ai、ei、ao、ou这一类复韵母，说这些方言的人把它们读成单韵母；同样，uai、uei、iao、iou等复韵母中的ai、ei、ao、ou也做了相应改变，念成了单元音。

【正音练习】

摆手 bǎi shǒu——把手 bǎ shou

小麦 xiǎo mài——小妹 xiǎo mèi

分派 fēn pài——分配 fēn pèi

眉头 méi tóu——埋头 mái tóu

被子 bèi zi——稗子 bài zi

镁光 měi guāng——买光 mǎi guāng

怀想 huái xiǎng——回想 huí xiǎng

怪人 guài rén——贵人 guì rén

未来 wèi lái——外来 wài lái

病后 bìng hòu——病号 bìng hào

勾结 gōu jié——高洁 gāo jié

消息 xiāo xi——休息 xiū xi

（三）防止丢失鼻音韵尾n和ng

普通话里的前鼻音韵母有韵尾n，后鼻音韵母有韵尾ng。而一些方言常常把鼻音韵尾丢失。例如，发前鼻音韵母时，舌尖没有抵到上齿龈，鼻和嘴同时发音，成了鼻化音。而发后鼻音韵母时，舌面后部也没有抬起抵到软腭上，发成了鼻化音。

要发准鼻韵母，首先要发准鼻音n、ng，然后在发鼻韵母时，有意识地在发音过程的最后发出鼻音，完成从口音到鼻音的转化。

【正音练习1】

栏杆　愤恨　生成　年检　两项　近亲　零星

转换　装框　圆圈　松动　门诊　厂商　明镜

【正音练习2】

八班长姓潘，五班长姓关，潘班长要管关班长，关班长要管潘班长。都是班长，潘班长管不了那关班长，关班长也管不了那潘班长。

（四）正确区分eng和ong、ing和iong

在一些方言中，eng和ong、ing和iong往往不能正确区分。例如，“灯笼”dēng long，要么读成dēng leng，要么读成dōng long；“大风”dà fēng读成dà fōng；“红旗”hóng qí读成héng qí；“行凶”xíng xiōng读成xíng xīng等。要想纠正这个问题，首先要掌握这四个后鼻音韵母的规范发音，eng和ing不圆唇，ong和iong圆唇。其次，可以运用普通话声韵拼合规律。在普通话中，b、p、m、f四个声母与eng相拼，不与ong相拼。

【正音练习1】

更正——公正　恒星——红星　供应——公用　公正——公众

征用——中用	龙灯——隆冬	耕种——公众	工整——工种
征程——忠诚	正式——重视	征途——中途	真正——珍重
保证——保重	行为——雄伟		

【正音练习2】

青龙洞中龙做梦，青龙做梦出龙洞，做了千年万载梦，龙洞困龙在深洞。自从来了新愚公，愚公捅开青龙洞，青龙洞中涌出龙，龙去农田做农工。

知识拓展

普通话声韵拼合规律

（1）双唇音声母b、p、m与舌尖中音d、t能与开口呼、齐齿呼、合口呼韵母相拼，不能与撮口呼韵母相拼。双唇音与合口呼相拼只限于u。

（2）唇齿音f，舌面后音g、k、h，舌尖前音z、c、s和舌尖后音zh、ch、sh、r等声母能与开口呼、合口呼韵母相拼，不能与齐齿呼和撮口呼韵母相拼。唇齿音与合口呼相拼只限于u。

（3）舌面前音声母j、q、x只能与齐齿呼、撮口呼韵母相拼，不能与开口呼、合口呼韵母相拼。

（4）舌尖中音n、l与四呼韵母都能相拼。

（5）四呼中都有零声母音节。

任务训练

1. 读准下列双音节词

报道	报到	报告	报销	操劳	钞票	嘲笑	吵闹
唠叨	高超	高潮	高考	高烧	号召	骄傲	教导
教条	疗效	潦草	渺小	瞧瞧	侨胞	巧妙	逃跑
抽空	抽屉	抽象	稠密	筹备	筹建	仇恨	绸子
丑恶	斗争	斗志	豆腐	豆浆	豆子	否定	否决
否认	否则	钩子	勾结	沟通	构成	构思	构想
悲哀	卑鄙	北方	背包	背后	贝壳	倍数	备用
被动	吹牛	垂直	摧残	翠绿	脆弱	堆积	兑换
队伍	对岸	非常	飞船	肥料	匪徒	诽谤	废除
贲门	本门	本身	本分	本金	本心	濒临	缤纷
沉闷	沉浸	沉稳	春分	春心	纯真	蠢人	村镇
存根	存身	寸阴	分身	纷纭	粉尘	愤恨	奋进
昂扬	帮忙	帮腔	榜样	仓皇	沧桑	苍凉	苍茫
猖狂	常常	厂长	厂房	厂商	畅想	唱腔	创伤
闯将	当场	党章	荡漾	方向	放荡	放养	刚强

2. 读准eng、ing、ong、iong

（1）eng/ing，ong/iong。

成功	称颂	称雄	成虫	承重	奉送	耕种	亨通
惊动	惊恐	精通	警钟	敬重	净重	轻松	冷冻
凌空	零用	灵通	领空	萌动	能动	蓬松	凭空
行宫	形容	行动	行踪	英雄	英勇	应用	

（2）ong/iong，eng/ing。

冲锋	崇敬	憧憬	洪峰	龙灯	聪明	动静	工程
工龄	功能	恭敬	供应	公证	共鸣	送行	送命
通风	通行	通病	通明	童声	同等	同盟	同情
凶猛	凶横	勇猛	永恒	永生	用兵	中型	忠诚

3. 前鼻音韵母与后鼻音韵母的对比练习

近邻 jìn lín	濒临 bīn lín	萌生 méng shēng
叮咛 dīng níng	增长 zēng zhǎng	澄清 chéng qīng
呻吟 shēn yín	封面 fēng miàn	命令 mìng lìng
门诊 mén zhěn	深沉 shēn chén	辛勤 xīn qín
承蒙 chéng méng	声称 shēng chēng	经营 jīng yíng
赠送 zèng sòng	证明 zhèng míng	森林 sēn lín
痕迹 hén jì	横行 héng xíng	

信服 xìn fú——幸福 xìng fú

金鱼 jīn yú——鲸鱼 jīng yú

红心 hóng xīn——红星 hóng xīng

频繁 pín fán——平凡 píng fán

人民 rén mín——人名 rén míng

陈旧 chén jiù——成就 chéng jiù

深思 shēn sī——生丝 shēng sī

申明 shēn míng——声明 shēng míng

审视 shěn shì——省市 shěng shì

亲生 qīn shēng——轻声 qīng shēng

4. 绕口令练习

（1）粉红墙上画凤凰，先画一个红凤凰，再画一个黄凤凰。黄凤凰上面画上红，红凤凰上面画上黄，红凤凰成了红黄凤凰，黄凤凰成了黄红凤凰。粉红墙上分不清，哪个是红凤凰，哪个是黄凤凰。

（2）红红和公公一起晒谷种。谷种重背不动，累得公公腰像一张弓，抬得红红脸儿红。红红喊冬冬，冬冬帮公公，红红、冬冬、公公一起晒谷种。

（3）冬冬和锋锋，晴空放风筝。冬冬放蜻蜓，锋锋放雄鹰。迎面空中起东风，蜻蜓、雄鹰乘风行。

任务评价

任务学习情况评价表

教学评价							
评价维度	评价标准	赋分	评价主体				得分
			自评 20%	师评 40%	互评 20%	平台 20%	
专业知识	1. 了解普通话韵母分类（10分） 2. 掌握普通话韵母发音部位和发音方法（10分） 3. 掌握普通话韵母方音辨正（10分）	30					
专业能力	1. 能准确读出普通话韵母的发音（20分） 2. 能正确纠正方言中韵母的发音（30分）	50					
专业素养	1. 热爱祖国语言文化，积极推广普通话（10分） 2. 热爱保育师工作，积极学习普通话（10分）	20					

任务四　声调发音训练

学习目标

◎了解声调的调值和调类。

◎了解声调的正确发音。

◎正确辨别普通话和方言中声调的发音。

课前练读

字帖 tiè	仍然 réng	通缉 jī	编辑 jí
围绕 rào	鲜血 xuè	炫耀 xuàn	眩晕 xuàn yùn
穴位 xué	矩形 jǔ	筵席 yán	压轴戏 zhòu
人才济济 jǐ	心广体胖 pán	乳臭未干 xiù	牵强附会 qiǎng

案例导航

爸爸正在厨房做饭，发现盐没有了，就让小明去楼下的商店买包盐回来。小明不一会儿工夫，就拿着一包香烟回来了。爸爸问他："让你买的烟（盐）呢？"小明不解地说："这不就是烟嘛。"爸爸听了哭笑不得。

分析："盐"和"烟"的声母和韵母完全相同，但它们的声调不同，意义也就完全不一样了。案例中的爸爸把"盐"读成了"烟"，小明错误地理解成了买"烟"。

知识链接

要想学好普通话，除了学好声母、韵母外，也要学好声调。各方言与普通话在声调上存在很大的差异，所以，掌握声调是学好普通话的关键。

一、声调的定义和作用

声调也叫字调，是指一个音节发音时能区别意义的音高的高低升降的变化形式。在汉语里，一个音节可以没有声母，但韵母和声调是必不可少的。

声调是音节结构不可缺少的组成部分，它和声母、韵母一样具有区别意义的作用。例如："火车"（huǒ chē）和"货车"（huò chē），"看书"（kàn shū）和"砍树"（kǎn shù），虽然每组声母、韵母相同，但它们的声调不同，意义也就不同了。

二、调值和调类

（一）调值

调值是指声调的实际读音，也就是音节的高低、升降、曲直、长短的实际变化形式。普通话有四种调值，其声调变化形式通常用"五度标记法"来表示。（图1-1）

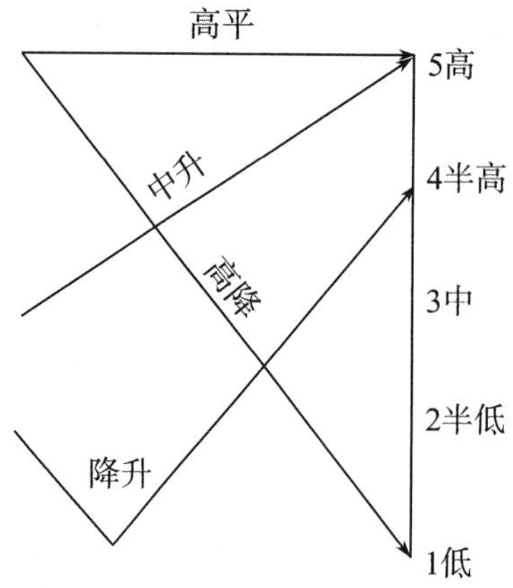

图1-1　普通话调值五度标记图

五度标记法将声调的音高分为五度，在竖线上标明；竖线左边分别用横线、斜线、曲线来表示不同调值的音高变化，线条左端为音高起点，右端为音高终点。普通话有四种基本调值：55高平调、35中升调、214降升调、51全降调。

（二）调类

调类是声调的分类。一种语言里有几个不同的声调，就有几个不同的调类。普通话中共有四个调类，称为阴平、阳平、上声、去声。

调值为55的归为一类，叫阴平，例如“春天”；调值为35的归为一类，叫阳平，例如“纯洁”；调值为214的归为一类，叫上声，例如“粉笔”；调值为51的归为一类，叫去声，例如“备课”。四种调类俗称一声、二声、三声、四声。

三、声调的发音

声调的发音主要是音高的变化，它是声带松紧调节的结果，在这一过程中也有音长和气息调节的作用。

（一）阴平

阴平是高平调，调值55，声调高而平。起止音高都是5度，声带绷到最紧，整个音程都在高位运行，要保持高音始终如一，不能松懈与下降。例如：

花心 huā xīn	颁发 bān fā	春天 chūn tiān	参观 cān guān
播音 bō yīn	出差 chū chāi	春耕 chūn gēng	操心 cāo xīn

（二）阳平

阳平是中升调，调值35，由中音升到高音。发音时声音由中音3度不断上升到高音5度，声带从不松不紧开始，逐步绷紧，直至最紧。声音走向是直线上升，不能下滑拐弯。例如：

国民 guó mín	同学 tóng xué	沉着 chén zhuó	符合 fú hé
怀疑 huái yí	联盟 lián méng	徘徊 pái huái	裁决cái jué

（三）上声

上声是降升调，先降后升，又称为曲调，调值214，由半低音降到低音，然后再上升到半高音。发音时声音由半低音2度下降至低音1度再上升到半高音4度。声带从略微有些紧张开始，立刻松弛下来，稍稍延长，然后迅速绷紧，但没有绷到最紧。例如：

水桶 shuǐ tǒng	美好 měi hǎo	鼓掌 gǔ zhǎng	脸谱 liǎn pǔ
起码 qǐ mǎ	请帖 qǐng tiě	辗转 zhǎn zhuǎn	稿纸 gǎo zhǐ

（四）去声

去声是高降调，调值51，由最高音降到最低音。发音时起音是高音，声音由5度迅速下降到最低的1度，声带从紧绷开始到完全松弛为止，声音从高到低，音长最短。例如：

刹那 chà nà	胜利 shèng lì	快乐 kuài lè	爆破 bào pò
覆盖 fù gài	判定 pàn dìng	借鉴 jiè jiàn	按照 àn zhào

四、声调的辨正

普通话的声调只有4个种类，大多数方言也是4个声调，可是调值与普通话的差别很大。要想读准每一个调值，讲好普通话，必须了解方言中的调值与普通话之间的差别。

（一）阴平的辨正

阴平的调值为55，又高又平，但沈阳、成都等方言区的人却发成了44的调值；青岛等方言区的人把高平调读成了降升调，例如，把“山东shān dōng”的“东”发成类似“董dǒng”的音；南京、南昌、绍兴等方言区的人把55的调值发成了类似51的调值。

（二）阳平的辨正

阳平是中升调，调值为35。河北滦州市及内蒙古等方言区的人将阳平读成平调；济南、青岛等方言区的人把阳平35的调值读成降调，例如把“按时àn shí”的“时”发成类似“示shì”的音。

（三）上声的辨正

上声是降升调，调值为214。山东大部分方言区的人发降升调时，听起来像高平调。例如：发“导演dǎo yǎn”里的“演”听起来像“烟yān”，“厂长chǎng zhǎng”里的“长”听起来像“张zhāng”。还有些方言区的人因为发音习惯，往往将214的调值读成211，前长后短，导致声调不完整。

（四）去声的辨正

去声是高降调，调值为51。特点是从最高5度降到最低1度，也是4种调值中下降幅度最大的一种。去声在大多数方言中也读降调，只是降的起点有高有低，但相同的是下降幅度都很小。因此，不少人受方言的影响，在读普通话的去声时，发音时间往往很短。或起点低于5度，有的读成31，有的读成21；或尾音下降不到1度，有的读成53，有的读成42。

知识拓展

标调歌

一个音节一个调，声调符号像顶帽。
声调符号标在哪？只在韵母头上标。
a母出现别放过，没有a母找o、e。
i、u并列标在后，i上标调把点抹。

任务训练

1. 双音节同调训练

（1）阴平–阴平

商标 shāng biāo	开车 kāi chē	欢呼 huān hū
资金 zī jīn	丰收 fēng shōu	突出 tū chū

（2）阳平–阳平

牛羊 niú yáng	兰陵 lán líng	文学 wén xué
人才 rén cái	习俗 xí sú	循环 xún huán

（3）上声–上声

洗澡 xǐ zǎo	举手 jǔ shǒu	导体 dǎo tǐ
水果 shuǐ guǒ	简短 jiǎn duǎn	许可 xǔ kě

（4）去声–去声

路面 lù miàn 快去 kuài qù 创造 chuàng zào
现在 xiàn zài 地震 dì zhèn 夜校 yè xiào

2. 双音节异调训练

（1）阴平–阳平

新闻 xīn wén 青年 qīng nián 非常 fēi cháng
科学 kē xué 丘陵 qiū líng 方言 fāng yán

（2）阴平–上声

金属 jīn shǔ 多少 duō shǎo 星体 xīng tǐ
标本 biāo běn 高雅 gāo yǎ 发展 fā zhǎn

（3）阴平–去声

科技 kē jì 书面 shū miàn 拍摄 pāi shè
督促 dū cù 压迫 yā pò 脱落 tuō luò

（4）阳平–阴平

时间 shí jiān 提出 tí chū 难听 nán tīng
台阶 tái jiē 云梯 yún tī 浮雕 fú diāo

（5）阳平–上声

浏览 liú lǎn 良好 liáng hǎo 没有 méi yǒu
雄伟 xióng wěi 球场 qiú chǎng 狭窄 xiá zhǎi

（6）阳平–去声

沉重 chén zhòng 疲倦 pí juàn 怀念 huái niàn
狂妄 kuáng wàng 流畅 liú chàng 谈话 tán huà

（7）上声–阴平

股东 gǔ dōng 厂家 chǎng jiā 老翁 lǎo wēng
可惜 kě xī 解剖 jiě pōu 导师 dǎo shī

（8）上声–阳平

语言 yǔ yán 美元 měi yuán 紧急 jǐn jí
女儿 nǚ’ ér 否决 fǒu jué 腐蚀 fǔ shí

（9）上声–去声

朗诵 lǎng sòng 简要 jiǎn yào 脑力 nǎolì
恳切 kěn qiè 喜悦 xǐ yuè 转变 zhuǎn biàn

（10）去声–阴平

用心 yòng xīn 召开 zhào kāi 内科 nèi kē
电灯 diàn dēng 窃听 qiè tīng 印刷 yìn shuā

（11）去声–阳平

下旬 xià xún 谢绝 xiè jué 富强 fù qiáng
确实 què shí 化学 huà xué 质疑 zhì yí

（12）去声-上声

刻苦 kè kǔ	物理 wù lǐ	破产 pò chǎn
带领 dài lǐng	饲养 sì yǎng	外语 wài yǔ

3. 读准下列绕口令

黄毛猫偷吃红糖包（阴平、阳平）

王家有只黄毛猫，偷吃汪家红糖包，
汪家打死王家的黄毛猫，
王家要汪家赔黄毛猫，
汪家要王家赔红糖包。

珍珍绣锦枕（阴平、阳平、上声）

珍珍绣锦枕，绣枕用金针，
双蝶枕上争，珍珍的锦枕赠亲人。

梁木匠和梁瓦匠（阴平、阳平、上声、去声）

梁木匠，梁瓦匠，俩梁有事齐商量，
梁木匠天亮晾衣裳，梁瓦匠天亮量高粱，
梁木匠晾衣裳受了凉，
梁瓦匠量高粱少了粮，
梁瓦匠思量梁木匠受了凉，
梁木匠体谅梁瓦匠少了粮。

小柳和小妞（阴平、阳平、上声）

路东住着刘小柳，路南住着牛小妞，
刘小柳拿着大皮球，牛小妞抱着大石榴，
刘小柳把大皮球送给牛小妞，
牛小妞把大石榴送给刘小柳。

拖拉机（阴平、阳平、去声）

一台拖拉机，拉着一张犁，
拖拉机拉犁犁翻地，翻地翻得深又细，
拖拉机出的力，犁翻的地，
你说是犁犁的地，还是拖拉机翻的地？

铜钉和铜板（阴平、阳平、上声、去声）

铜钉和铜板，铜钉钉铜板，铜板钉铜钉，
钉钉铜，铜钉钉。

老史捞石（阴平、阳平、上声、去声）

老师老是叫老史去捞石，
老史老是没有去捞石，老史老是骗老师，
老师老是说老史不老实。

任务评价

任务学习情况评价表

教学评价							
评价维度	评价标准	赋分	评价主体				得分
			自评 20%	师评 40%	互评 20%	平台 20%	
专业知识	1. 了解声调的定义及作用（10分） 2. 了解调值和调类（10分） 3. 了解不同方言区声调的辨正（10分）	30					
专业能力	1. 认识声调在学习普通话中的重要性（20分） 2. 掌握声调的正确发音（30分）	50					
专业素养	1. 热爱祖国语言文化，积极推广普通话（10分） 2. 热爱保育师工作，积极学习普通话（10分）	20					

任务五　语流音变训练

学习目标

◎了解普通话语流音变的含义及主要类别。
◎掌握几种音变的特点及变读规律。
◎在普通话口语实践中，能正确运用语流音变。

课前练读

眯缝 mī feng	苗条 miáo tiao	难为 nán wei	木匠 mù jiang
脾气 pí qi	便宜 pián yi	漂亮 piào liang	铺盖 pū gai
脑袋 nǎo dai	能耐 néng nai	念头 niàn tou	清楚 qīng chu
亲家 qìng jia	热闹 rè nao	盘算 pán suan	暖和 nuǎn huo

案例导航

赵老师是新来的班主任。一天，他对班长说："你去办公室把那根竹棍（gun）拿来教室，咱们上课用。"过了很长时间，班长才回来，说："老师，你办公室里没有竹棍（gun），只有这一根竹棍儿（gunr）。"老师不好意思地说："这就是我要的竹棍（gun）。"

分析："竹棍"不儿化表示物体比较粗壮，儿化之后表示物体是细小的，赵老师说的"竹棍"不是儿化音，所以学生找不到赵老师说的竹棍（gun）。

知识链接

我们在说话或朗读的时候，不是孤立地把一个一个的音节发出来，而是把一连串的音节组成的词或句子说出来。相邻的音节在语流中不免互相影响，产生语音变化，这种语音变化就叫音变。要想讲好普通话，除了发准声母、韵母、声调外，还必须注意普通话里的音变现象。

普通话的音变主要包括变调、轻声、儿化、语气词"啊"的音变。

一、变调

普通话的音节连续发出时，其中有些音节的调值会受到后面音节的影响，从而发生改变，这种现象叫变调。普通话的四个声调中，阴平、阳平、去声的变化并不明显，变化最显著的是上声以及一些具体的字词，如"一""不"。

（一）上声的变调

上声单念或放在词语末尾时，声调不变。以下几种情况，上声要变调。

（1）上声在非上声（阴平、阳平、去声）前，变为半上，即调值由214变为21。

在阴平前：	北方	响声	产生	转机
	始终	累积	海滨	广播
在阳平前：	海洋	祖国	选择	散文
	语言	普及	阐明	改良
在去声前：	准确	采用	巩固	处分
	法律	感谢	整顿	朗诵

（2）两个上声相连，前一个上声变为阳平，调值为35。

美好	主讲	领导	采取
把手	勇敢	语法	野草

手指　　　　旅馆　　　　总理　　　　雨水

（3）三个上声相连，应先以词或语节为单位分成二一结构或一二结构。

二一结构中，前两个音节变阳平，调值35。

产品好　　演讲稿　　展览馆　　管理组　　整理好　　勇敢者

一二结构中，第一个音节变半上，调值21；第二个音节变阳平，调值35；第三个音节不变调。

小组长　　好导演　　纸雨伞　　厂党委　　纸老虎　　女选手

（4）如果四个以上的上声相连，也以词或语节为单位先分成若干部分，再按以上规律变调。

例如：

产品 | 展览　　　　岂有 | 此理

我很 | 了解你

我有 | 两把 | 小雨伞

（二）“一”“不”的变调

1.“一”的变调

（1）在普通话里，“一”的本调是阴平，调值是55。“一”在单念，在词句末尾，表示序数、基数时，读本调。例如：

一班　　　　第一名　　　　友谊第一　　　　一、二、三

（2）“一”在去声前变阳平，调值为35。例如：

一定　　一样　　一遍　　一刻　　一日　　一向

一再　　一概　　一件　　一道　　一份　　一味

（3）“一”在非去声（阴平、阳平、上声）前变去声，调值为51。例如：

在阴平前

一心　　一天　　一身　　一颗　　一通

一般　　一边　　一生　　一端　　一朝

在阳平前

一行　　一群　　一名　　一瓶　　一席

一同　　一条　　一时　　一团　　一齐

在上声前

一曲　　一早　　一举　　一首　　一桶

一尺　　一种　　一碗　　一所　　一朵

（4）“一”夹在相同的动词中间读轻声。例如：

写一写　　看一看　　走一走　　动一动

笑一笑　　听一听　　说一说　　比一比

2.“不”的变调

（1）“不”在单念、在词句末尾时，在非去声（阴平、阳平、上声）之前读原调去声，调值为51。

单念或在词句末尾：不，我就不。

在阴平前：不公　不惜　不休　不依

在阳平前：不曾　不行　不时　不平

在上声前：不止　不好　不想　不管

（2）“不”在去声前由去声变为阳平，调值为35。例如：

不孝　不适　不在　不配　不善

不论　不错　不断　不屑　不料

（3）“不”夹在词语中间读轻声。例如：

差不多　好不好　挡不住　打不开

行不行　写不写　来不及　用不着

【练一练】

1. 上声的变调训练

（1）在阴平字前。

表彰　普通　紧张　产生　比拼

讲师　主观　火车　柳州　老师

（2）在阳平字前。

感情　散文　美人　选择　以前

普及　舞台　本能　旅行　理由

（3）在去声字前。

保证　表面　敏锐　整个　美丽

假设　感谢　巩固　掌握　抵制

（4）两个上声字相连。

审美　只好　理解　水果　感染

导演　所以　甲板　打倒　品种

（5）三个上声字相连。

耍笔杆　草稿纸　小海鸟　水彩笔

选举法　冷处理　马场长　好总理

2.“一”、“不”的变调训练

一瞬　一概　一天　一家　一面

一再　一头　一端　一旁　一本

不安　不成　不止　不啻　不禁

不平　不许　不怕　不妙　不满

一尘不染　一往无前　一丝不苟　一成不变

不顾一切　说一不二　不露声色　不求甚解

3. 朗读下面的片段和诗歌，读准变调的地方

（1）有一朵蒲公英长大了，妈妈就送给它一把雪白雪白的小伞。妈妈说：“去飞吧。”蒲公英不好意思地说：“我……我不会飞呀。”妈妈说：“不会就去学嘛。”于是，蒲公英离开妈妈去学飞了。

（2）养鸟是我的一个癖好。

（3）有只小猪长得胖头胖脑，走起路来一晃一摇。大家瞧不起他，叫他笨笨猪。

（4）诗歌。

题秋江独钓图

〔清〕王士祯

一蓑一笠一扁舟，一丈丝纶一寸钩。
一曲高歌一樽酒，一人独钓一江秋。

二、轻声

在一连串音节组成的词或句子里，某一些音节失去它原有的声调，读得又轻又短，这种现象叫作轻声。例如，“子”的声调为上声，但在“凳子”一词中，“子”就变成轻声了。

（一）轻声的作用

（1）轻声具有区别词义的作用。例如：

东西（dōng xi），泛指各种具体、抽象的事物。

东西（dōng xī），方向，指东边和西边。

妻子（qī zi），指的是男人的配偶。

妻子（qī zǐ），指的是妻子和儿女。

兄弟（xiōng di），专指弟弟。

兄弟（xiōng dì），指哥哥和弟弟两个人。

（2）轻声具有区别词性的作用。例如：

地道（dì dao），形容词，纯正的。

地道（dì dào），名词，地下通道。

大意（dà yi），形容词，疏忽。

大意（dà yì），名词，主要的意思。

对头（duì tou），名词，对手，仇敌。

对头（duì tóu），形容词，正确，合适。

（二）读轻声的词

（1）结构助词“的、地、得”，动态助词“着、了、过”，语气助词“吧、嘛、呢、啊、吗、了”等。例如：

红的　　我的　　愉快的　　打得好

慢慢地说着　　走了　　来过

走哇　　好吧　　来呀　　是吗

怎么呢　　同志啊　　快点儿嘛

（2）构成名词的虚语素“子、巴、头”，量词“个”，以及代表多数的“们”和代词中的“么”。例如：

儿子　石头　尾巴　锅巴　他们　什么　这个

（3）用在名词、代词后面表示方位的语素或词“上、下、里、边”等。例如：

天上　地下　屋里　右边　花园里　广场上

（4）附在动词后边的趋向动词“去、来、开”等。例如：

出去　进来　躲开　下去　说起来　转过来　走出去

（5）单音节动词或名词重叠后面的一个音节；双音节动词重叠，每个词的后一个音节。例如：

说说　写写　谢谢　宝宝　妈妈　休息休息　研究研究

（6）部分双音节单纯词的第二个音节。例如：

玻璃　骆驼　啰唆　疙瘩　葡萄

（7）一些常用的普通双音节词，第二个音节习惯上读轻声。例如：

关系　眼睛　规矩　学生　大夫　便宜　客气

【练一练】

1. 读准下列词语的轻声音节

白净	包涵	拨弄	簸箕	打点
打发	打量	灯笼	提防	动静
干事	骨头	寡妇	记号	夹子
精神	空子	口袋	痢疾	连累
麻利	模糊	痞子	片子	亲家
实在	拾掇	舒坦	爽快	思量
挑剔	小气	秀才	养活	招牌
字号				

2. 读准下面的绕口令

集体装在心里头

小铁头，小柱头，学习英雄有劲头。
放学后，抬砖头，跑了东头跑西头。
抬砖头，几筐头，送到猪场砌墙头。
墙头高，过人头，乐得他俩直点头。
人人夸小哥俩：集体装在心里头！

小车拉石头

大车拉小车，
小车拉石头。
石头掉下来，
砸了小脚趾头。

簸秕谷子

簸了谷秕子簸秕谷子。
先簸谷秕子，
后簸秕谷子，
会簸谷秕子。
必会簸秕谷子，
不会簸谷秕子。
必不会簸秕谷子。

大嫂子和大小子

一个大嫂子，
一个大小子，
大嫂子跟大小子比包饺子，
看是大嫂子包的饺子好，
还是大小子包的饺子好。
再看大嫂子包的饺子少，
还是大小子包的饺子少。
大嫂子包的饺子又小又好又不少，
大小子包的饺子又小又少又不好。

三哥三嫂子

三哥三嫂子，
请借给我三斗三升酸枣子，
等我明年树上摘了新枣子，
再把借的这三斗三升酸枣子，
如数还您三哥三嫂子。

三、儿化

（一）儿化的特点

普通话单独读er的字非常少，常用的只有“儿、而、二、耳、尔”等几个。但er这个音可以同其他韵母结合起来，改变原来韵母的读音，成为卷舌的韵母，这种语音现象叫作儿化。儿化了的韵母就叫儿化韵。儿化韵的“儿”不是一个单独的音节，而是在一个音节的末尾附加的卷舌动作，使这个音节因儿化而发生音变。比如“花儿”，就是发韵母ua的同时，在a的基础上加一个卷舌动作而发出来的音。儿化音节虽然用两个汉字表示，但并不是两个音节，读的时候要念成一个音节。拼写的时候，只需要在原来韵母的后面加上一个r即可，如“花儿”的拼写为huar。

（二）儿化的作用

（1）儿化具有区别词性的作用。有些词本来属于动词或形容词，儿化后便成为名词。例如：

画（动词）　　画儿（名词）
盖（动词）　　盖儿（名词）
活（形容词）　活儿（名词）
包（动词）　　包儿（名词）

（2）儿化具有区别词义的作用。例如：

眼（眼睛）　　眼儿（小孔）
头（脑袋）　　头儿（领头的）
信（书信）　　信儿（消息）
后门（后面的门）　后门儿（非正常途径）

（3）表示细小、亲切、喜爱或轻蔑的感情色彩。例如：

小孩儿　小鸟儿　竹棍儿　带儿　树枝儿
小球儿　细丝儿　小狗儿　脸蛋儿　小嘴儿
这算什么人儿呀！

（三）个别儿化词的特殊音变现象

自个儿gěr——两个gè
谜儿mèir——谜mí语
中间儿jiànr——中间jiān
相片儿piānr——相片piàn
桑葚儿rènr——桑葚shèn
核儿húr——核hé桃

（四）该不该读儿化的三种情况

（1）有“儿”儿化：词尾“儿”要读儿化的。例如：一块儿、一会儿、哪儿、这儿、干活儿、盖盖儿。

（2）有“儿”不“化”：词尾“儿”不读儿化的。（多在诗歌、歌词、散文等文学语言中，“儿”读轻声）例如：

风儿、云儿、花儿、红鸟儿叫。
弯弯的月亮小小的船，小小的船儿两头尖。
我要把最美的歌儿献给你。

（3）无“儿”儿化：词尾没有“儿”字，也要读儿化的。（若不儿化，就听着别扭，不成词，以下加“.”的字儿化）例如：

小人书　老头　小孩　玩命　贪玩　黄花鱼　冰棍　人缘　顺杆爬　没味　饭馆　玩意　黄牌警告　名牌　小白脸　大婶　伙伴　玩完　娘俩　刘海　大伙（大家）　嗓门　脸蛋　模特　一点　一对（配偶）　对半

【练一练】

1. 读准下列儿化词

刀把儿 dāo bàr	号码儿 hào mǎr	戏法儿 xì fǎr
在哪儿 zài nǎr	找茬儿 zhǎo chár	打杂儿 dǎ zár
板擦儿 bǎn cār	名牌儿 míng páir	鞋带儿 xié dàir
壶盖儿 hú gàir	小孩儿 xiǎo háir	加塞儿 jiā sāir
快板儿 kuài bǎnr	老伴儿 lǎo bànr	蒜瓣儿 suàn bànr
脸盘儿 liǎn pánr	脸蛋儿 liǎn dànr	收摊儿 shōu tānr
栏杆儿 lán gānr	笔杆儿 bǐ gǎnr	门槛儿 mén kǎnr
药方儿 yào fāngr	赶趟儿 gǎn tàngr	香肠儿 xiāng chángr
瓜瓤儿 guā rángr	掉价儿 diào jiàr	一下儿 yī xiàr
豆芽儿 dòu yár	小辫儿 xiǎo biànr	照片儿 zhào piānr
扇面儿 shàn miànr	差点儿 chà diǎnr	一点儿 yī diǎnr
雨点儿 yǔ diǎnr	聊天儿 liáo tiānr	拉链儿 lā liànr
冒尖儿 mào jiānr	坎肩儿 kǎn jiānr	牙签儿 yá qiānr
露馅儿 lòu xiànr	心眼儿 xīn yǎnr	鼻梁儿 bí liángr
透亮儿 tòu liàngr	花样儿 huā yàngr	脑瓜儿 nǎo guār
大褂儿 dà guàr	麻花儿 má huār	笑话儿 xiào huar
牙刷儿 yá shuār	一块儿 yī kuàir	茶馆儿 chá guǎnr
饭馆儿 fàn guǎnr	火罐儿 huǒ guànr	打转儿 dǎ zhuànr
拐弯儿 guǎi wānr	好玩儿 hǎo wánr	大腕儿 dà wànr
蛋黄儿 dàn huángr	打晃儿 dǎ huàngr	烟卷儿 yān juǎnr
手绢儿 shǒu juànr	出圈儿 chū quānr	包圆儿 bāo yuánr
人缘儿 rén yuánr	绕远儿 rào yuǎnr	杂院儿 zá yuànr
刀背儿 dāo bèir	摸黑儿 mō hēir	老本儿 lǎo běnr
花盆儿 huā pénr	嗓门儿 sǎng ménr	把门儿 bǎ ménr
哥们儿 gē mēnr	纳闷儿 nà mènr	后跟儿 hòu gēnr
高跟儿鞋 gāo gēnr xié	别针儿 bié zhēnr	一阵儿 yī zhènr
走神儿 zǒu shénr	小人儿书 xiǎo rénr shū	大婶儿 dà shěnr
杏仁儿 xìng rénr	刀刃儿 dāo rènr	钢镚儿 gāng bèngr
夹缝儿 jiá fèngr	脖颈儿 bó gěngr	半截儿 bàn jiér
小鞋儿 xiǎo xiér	旦角儿 dàn juér	主角儿 zhǔ juér
跑腿儿 pǎo tuǐr	一会儿 yī huìr	耳垂儿 ěr chuír
墨水儿 mò shuǐr	围嘴儿 wéi zuǐr	串味儿 chuàn wèir
打盹儿 dǎ dǔnr	胖墩儿 pàng dūnr	冰棍儿 bīng gùnr
没准儿 méi zhǔnr	瓜子儿 guā zǐr	石子儿 shí zǐr
没词儿 méi cír	挑刺儿 tiāo cìr	墨汁儿 mò zhīr
锯齿儿 jù chǐr	记事儿 jì shìr	针鼻儿 zhēn bír

垫底儿 diàn dǐr　玩意儿 wán yìr　有劲儿 yǒu jìnr
送信儿 sòng xìnr　脚印儿 jiǎo yìnr　花瓶儿 huā píngr
打鸣儿 dǎ míngr　图钉儿 tú dīngr　门铃儿 mén língr
蛋清儿 dàn qīngr　火星儿 huǒ xīngr　人影儿 rén yǐngr
毛驴儿 máo lǘr　小曲儿 xiǎo qǔr　痰盂儿 tán yúr
合群儿 hé qúnr　模特儿 mó tèr　逗乐儿 dòu lèr
唱歌儿 chàng gēr　挨个儿 āi gèr　打嗝儿 dǎ gér
饭盒儿 fàn hér　在这儿 zài zhèr　碎步儿 suì bùr
没谱儿 méi pǔr　儿媳妇儿 ér xí fur　梨核儿 lí húr
泪珠儿 lèi zhūr　有数儿 yǒu shùr　门洞儿 mén dòngr
胡同儿 hú tòngr　抽空儿 chōu kòngr　酒盅儿 jiǔ zhōngr
小熊儿 xiǎo xióngr　红包儿 hóng bāor　灯泡儿 dēng pàor
半道儿 bàn dàor　手套儿 shǒu tàor　叫好儿 jiào hǎor
口罩儿 kǒu zhàor　绝招儿 jué zhāor　口哨儿 kǒu shàor
蜜枣儿 mì zǎor　鱼漂儿 yú piāor　火苗儿 huǒ miáor
跑调儿 pǎo diàor　面条儿 miàn tiáor　豆角儿 dòu jiǎor
开窍儿 kāi qiàor　衣兜儿 yī dōur　老头儿 lǎo tóur
年头儿 nián tóur　小偷儿 xiǎo tōur　门口儿 mén kǒur
纽扣儿 niǔ kòur　线轴儿 xiàn zhóur　小丑儿 xiǎo chǒur
顶牛儿 dǐng niúr　抓阄儿 zhuā jiūr　棉球儿 mián qiúr
加油儿 jiā yóur　火锅儿 huǒ guōr　做活儿 zuò huór
大伙儿 dà huǒr　邮戳儿 yóu chuōr　小说儿 xiǎo shuōr
被窝儿 bèi wōr　耳膜儿 ěr mór　粉末儿 fěn mòr

2. 与搭档练习趣味对话

甲：要学好普通话，发音很重要。

乙：说得对。

甲：比如，普通话里的儿化，就需要特别注意。

乙：什么是儿化呀？

甲：比如说，在外面见到你了："小孩儿，上哪儿玩儿去呀？"

乙：我怎么成小孩儿了？

甲：打比方，不是真的。

乙：好，再来一次。

甲："小孩儿，上哪儿玩儿去呀？"

乙："我上胡同口儿买一根儿冰棍儿。"

甲：你看，这里头的小孩儿、哪儿、玩儿、口儿、根儿、棍儿，都儿化了。

乙：这就是儿化呀！我看不用儿化也行。

甲：恐怕不行。

乙：怎么不行？

甲：好，我们再来表演表演。

乙：开始吧。

甲："小孩！"

乙：这是日本人的说法。

甲："你上哪玩去呀？"

乙：还是个大舌头，"我上胡同口买一根冰棍"。

甲：好大的冰棍——少说也有这么长。

乙：听着是不舒服。儿化音既然这么好听，说话的时候，干吗不都儿化呀？

甲：都儿化也不行。

乙：怎么不行？

甲：好，我问你："你是哪国人儿？"

乙：我是韩国人儿。

甲：你去哪儿？

乙：我去天安门儿。

甲：你怎么去呀？

乙：我坐"嘀嘀儿"。

甲：好嘛，真成小孩儿了。

3. 绕口令练习

小姑娘儿

小姑娘儿，红脸蛋儿，清早起来梳小辫儿。又擦胭脂儿又抹粉儿，画上两片儿红嘴唇儿。粉红袄儿，疙瘩襻儿，活里儿活面儿的小坎肩儿。大花儿的裙裤儿真丝绸儿，鹿皮的皮靴儿擦红油儿。

小哥儿俩

小哥儿俩，红脸蛋儿，胖乎乎儿，一块玩儿。
小哥儿俩，一个班儿，一路上学，唱着歌儿。
学造句儿，一串串儿；唱小曲儿，一段段儿。
学画画儿，不贪玩儿。画小猫儿，钻圆圈儿；
画小狗儿，蹲小庙儿；画小鸡儿，吃小米儿：
画个小虫儿，顶火星儿。小哥儿俩，一股劲儿，
努力学习，不分心儿。这一对儿，小哥儿俩，
真是父母，好宝贝儿。

练字音儿

进了门儿，倒杯水儿，
喝了两口儿运运气儿，
顺手儿拿起小唱本儿，
唱一曲儿，又一曲儿，
练完嗓子练嘴皮儿。
绕口令儿，练字音儿，
还有单弦儿牌子曲儿，
小快板儿，大鼓词儿，
越说越唱越带劲儿。

四、语气词“啊”的音变

语气词“啊”单独念“ɑ”；用在句子末尾时，由于受到前面音节末尾音素的影响，常常发生语音变化。

（1）前面音节末尾的音素是ɑ、o、e、ê、i、ü时，读“yɑ”，可以写作“呀”，也可以写作“啊”。例如：

真的是他呀？

是我呀！

快点儿喝呀！

你写不写呀！

快洗呀！

好大的雨呀！

（2）前面音节末尾的音素是u（ɑo、iɑo中的o实际读音为u）时，读wɑ，可写作“哇”，也可写作“啊”。例如：

谁在哭哇？

他的话讲得可真好哇！

她的手可真巧哇！

还不快走哇！

（3）前面音节末尾的音素是n时，读nɑ，可写作“哪”，也可写作“啊”。例如：

快看哪！

我正说你们哪！

上面的山哪！

要拿出你的真心哪！

（4）前面音节末尾的音素是ng时，读ngɑ，仍写作“啊”。例如：

这篇文章真长啊！

你这么做不行啊！

你哭有什么用啊！

你快听啊！

（5）前面音节末尾的音素是舌尖前元音-i时，读［z］①ɑ，仍写作“啊”。例如：

这是你写的字啊！

你来了几次啊？

不好意思啊！

（6）前面音节末尾的音素是舌尖后元音-i时，读作rɑ，仍写作“啊”。例如：

不要浪费纸啊！

他真是个好老师啊！

你快点吃啊！

【练一练】

1.“啊”的变调练习

（1）等你回家呀！

（2）还要再上一个坡呀！

（3）还这么小哇！

（4）他跳得真高哇！

（5）这件事可不简单哪！

（6）买这么多冷饮哪！

（7）小点儿声啊！

（8）人民教师真光荣啊！

（9）这是第几次啊！

（10）什么了不起的事啊！

2. 读下列选段，注意“啊”的音变

（1）你快瞧这幅画儿啊，上面的山啊，水啊，树啊，房子啊，田野啊，画得多像啊。看啊，那画面上的小孩儿玩得多欢啊！还有牛啊，羊啊，猪啊，鸡啊，鸭啊，都跟活的似的，这画儿画得可真好啊！

（2）他这时高兴得不知说什么好啊！他还说什么呢？人类的语言的确有不够表达情感的时候……生宝觉得生活多么有意思啊！太阳多红啊！天多蓝啊！庄稼人多可爱啊！他心里产生了一种向前探索的强烈欲望。

知识拓展

形容词重叠的变调

（1）单音节形容词重叠后儿化时，第二个音节不论本调是什么，一般可以变成阴平，调值为55。例如：

好好儿（的）　　宽宽儿（的）　　快快儿（的）　　短短儿（的）

（2）单音节形容词的叠音后缀，除非叠字本身是阴平，不需要变调，其他各调一般可以变成阴平，调值为55。例如：

---

①z，国际音标，浊齿龈擦音，一般放在“［ ］”里。

毛茸茸　　　　　红彤彤　　　　　亮堂堂　　　　　绿油油

（3）双音节形容词重叠后，第二个音节变为轻声，第三、第四个音节一般可以变为阴平，调值为55。例如：

利利索索　　　　漂漂亮亮　　　　明明白白　　　　老老实实

形容词重叠的三种形式都带有很强的口语色彩，在书面语中（特别是非儿化时）一般不变调。

任务训练

朗读下面的短文，注意文中的音变现象。

桂林山水

陈淼

人们都说："桂林山水甲天下。"我们乘着木船，荡舟漓江，来观赏桂林的山水。

我看见过波澜壮阔的大海，欣赏过水平如镜的西湖，却从没看见过漓江这样的水。漓江的水真静啊，静得让你感觉不到它在流动；漓江的水真清啊，清得可以看见江底的沙石；漓江的水真绿啊，绿得仿佛那是一块无瑕的翡翠。船桨激起的微波扩散出一道道水纹，才让你感觉到船在前进，岸在后移。

我攀登过峰峦雄伟的泰山，游览过红叶似火的香山，却从没看见过桂林这一带的山。桂林的山真奇啊，一座座拔地而起，各不相连，像老人，像巨象，像骆驼，奇峰罗列，形态万千；桂林的山真秀啊，像翠绿的屏障，像新生的竹笋，色彩明丽，倒映水中；桂林的山真险啊，危峰兀立，怪石嶙峋，好像一不小心就会栽倒下来。

这样的山围绕着这样的水，这样的水倒映着这样的山，再加上空中云雾迷蒙，山间绿树红花，江上竹筏小舟，让你感到像是走进了连绵不断的画卷，真是"舟行碧波上，人在画中游"。

任务评价

任务学习情况评价表

教学评价							
评价维度	评价标准	赋分	评价主体				得分
			自评 20%	师评 40%	互评 20%	平台 20%	
专业知识	1. 了解普通话音变的含义及主要类别（10分） 2. 掌握变调、轻声、儿化及"啊"的特点及变读规律（20分）	30					
专业能力	1. 在普通话口语实践中，能正确运用语流音变（20分） 2. 通过训练，规范发音（30分）	50					
专业素养	1. 热爱祖国语言文化，积极推广普通话（10分） 2. 热爱保育师工作，积极学习普通话（10分）	20					

任务六　普通话水平测试训练

学习目标

◎了解普通话水平测试的考试方式及水平等级。
◎了解普通话水平测试的内容及评分标准。
◎掌握普通话水平测试操作流程及需要注意的问题。

课前练读

质量 zhì liàng	智慧 zhì huì	秩序 zhì xù	重量 zhòng liàng
铁匠 tiě jiàng	指甲 zhǐ jia	主意 zhǔ yì	创伤 chuāng shāng
拱手 gǒng shǒu	沼气 zhǎo qì	悲惨 bēi cǎn	体裁 tǐ cái
烟囱 yān cōng	编纂 biān zuǎn	矿藏 kuàng cáng	勒索 lè suǒ

案例导航

高三的第一个学期，学生们都参加了普通话水平测试。成绩出来后，大部分学生都达到了二级甲等以上的水平。小丁看到自己的成绩非常吃惊，明明自己的普通话水平在班级属于中上水平，这次却没达到二级甲等的水平，这让他非常沮丧。

分析：虽然有的学生平时的普通话基础不错，但在普通话水平测试的过程中，可能会因为测试流程不熟练导致失误过多，也可能因为心理紧张导致出错率较高。只要熟悉测试要求和技巧，并勤学苦练，相信每一位学生都能取得好成绩。

知识链接

“推广全国通用的普通话”是《中华人民共和国宪法》的规定，是我国一项基本的语言政策，学习和说好普通话是对保育师的职业要求。

一、普通话水平测试的性质和意义

普通话水平测试1994年正式实施，2000年颁布的《中华人民共和国国家通用语言文字法》第十九条规定：“凡以普通话作为工作语言的岗位，其工作人员应当具备说普通话的能力。以普通话作为工作语言的播音员、节目主持人和影视话剧演员、教师、国家机关工作人员的普通话水平，应当分别达到国家规定的等级标准；对尚未达到国家规定的普通话等级标准的，分别情况进行培训。”第二十四条规定：“国务院语言文字工作部门颁布普通话水平测试等级标准。”2003年教育部颁布《普通话水平测试管理规定》，2021年颁布新修订的《普通话水平测试管理规定》，为测试管理提供了基本依据。除了《中华人民共和国国家通用语言文字法》规定的测试人群，《普通话水平测试管理规定》还把“行业主管部门规定的其他应该接受测试的人员”和“师范类专业、播音与主持艺术专业、影视话剧表演专业以及其他与口语表达密切相关专业的学生”纳入测试对象，并规定“社会其他人员可自愿申请参加测试”。普通话水平测试既是一项法律规定性测试，同时又是一项社会服务性测试。

普通话水平测试不是语言知识的测试，而是着重测查应试人运用国家通用语言的规范、熟练程度的专业测试。该测试以语音为测查重点。

普通话水平测试的重要依据是《普通话水平测试等级标准》《普通话水平测试大纲》和《普通话水平测试实施纲要》。

二、普通话水平测试的方式、内容和范围

《普通话水平测试大纲》规定本测试定名为“普通话水平测试”（PUTONGHUA SHUIPINGCESHI，缩写为PSC）。普通话水平测试以口试方式进行，测查应试人的普通话规范程度、熟练程度，认定其普通话水平等级。

普通话水平测试的内容包括普通话语音、词汇和语法。

普通话水平测试的范围是国家测试机构编制的《普通话水平测试用普通话词语表》《普通话水平测试用普通话与方言词语对照表》《普通话水平测试用普通话与方言常见语法差异对照表》《普通话水平测试用朗读作品》《普通话水平测试用话题》。

三、普通话水平测试试卷构成和评分标准

普通话水平测试试卷包括4个组成部分，满分为100分。

（一）读单音节字词

读单音节字词（100个音节，不含轻声、儿化音节），限时3.5分钟，共10分。

1. 目的

测查应试人声母、韵母、声调读音的标准程度。

2. 要求

（1）100个音节中，70%选自《普通话水平测试用普通话词语表》表一，30%选自表二。

（2）100个音节中，每个声母出现次数一般不少于3次，每个韵母出现次数一般不少于2次，4个声调出现次数大致均衡。

（3）音节的排列要避免同一测试要素连续出现。

3. 评分

（1）语音错误，每个音节扣0.1分。

（2）语音缺陷，每个音节扣0.05分。

（3）超时1分钟以内，扣0.5分；超时1分钟以上（含1分钟），扣1分。

（二）读多音节词语

读多音节词语（100个音节），限时2.5分钟，共20分。

1. 目的

测查应试人声母、韵母、声调和变调、轻声、儿化读音的标准程度。

2. 要求

（1）词语的70%选自《普通话水平测试用普通话词语表》表一，30%选自表二。

（2）声母、韵母、声调出现的次数与读单音节字词的要求相同。

（3）上声与上声相连的词语不少于3个，上声与非上声相连的词语不少于4个，轻声不少于3个，儿化不少于4个（应为不同的儿化韵母）。

（4）词语的排列要避免同一测试要素连续出现。

3. 评分

（1）语音错误，每个音节扣0.2分。

（2）语音缺陷，每个音节扣0.1分。

（3）超时1分钟以内，扣0.5分；超时1分钟以上（含1分钟），扣1分。

（三）朗读短文

朗读短文（1篇，400个音节），限时4分钟，共30分。

1. 目的

测查应试人使用普通话朗读书面作品的水平。在测查声母、韵母、声调读音标准程度的同时，重点测查连读音变、停连、语调以及流畅程度。

2. 要求

（1）短文从《普通话水平测试用朗读作品》中选取。

（2）评分以朗读作品的前400个音节（不含标点符号和括注的音节）为限。

3. 评分

（1）每错1个音节，扣0.1分；漏读或增读1个音节，扣0.1分。

（2）声母或韵母的系统性语音缺陷，视程度扣0.5分、1分。

（3）语调偏误，视程度扣0.5分、1分、2分。

（4）停连不当，视程度扣0.5分、1分、2分。

（5）朗读不流畅（包括回读），视程度扣0.5分、1分、2分。

（6）超时扣1分。

（四）命题说话

命题说话，限时3分钟，共40分。

1. 目的

测查应试人在无文字凭借的情况下说普通话的水平，重点测查语音标准程度、词汇语法规范程度和自然流畅程度。

2. 要求

（1）说话话题从《普通话水平测试用话题》中选取，由应试人从给定的2个话题中选定1个话题，连续说一段话。

（2）应试人单向说话。如发现应试人有明显背稿、离题、说话难以继续等表现时，主试人应及时提示或引导。

3. 评分

（1）语音标准程度，共25分。分六档。

一档：语音标准，或极少有失误。扣0分、1分、2分。

二档：语音错误在10次以下，有方音但不明显。扣3分、4分。

三档：语音错误在10次以下，但方音比较明显；或语音错误在10～15次之间，有方音但不明显。扣5分、6分。

四档：语音错误在10～15次之间，方音比较明显。扣7分、8分。

五档：语音错误超过15次，方音明显。扣9分、10分、11分。

六档：语音错误多，方音重。扣12分、13分、14分。

（2）词汇、语法规范程度，共10分。分三档。

一档：词汇、语法规范。扣0分。

二档：词汇、语法偶有不规范的情况（1～2次）。每次扣1分。

三档：词汇、语法屡有不规范的情况。扣3分、4分。

（3）自然流畅程度，共5分。分三档。

一档：语言自然流畅。扣0分。

二档：语言基本流畅，口语化较差，有背稿子的表现。扣0.5分、1分。

三档：语言不连贯，语调生硬。扣2分、3分。

说话不足3分钟，酌情扣分：缺时1分钟以内（含1分钟），扣1分、2分、3分；缺时1分钟以上，扣4分、5分、6分；说话不满30秒（含30秒），本测试项成绩计为0分。

四、普通话水平测试等级标准

国家语言文字工作部门发布的《普通话水平测试等级标准》是确定应试人普通话水平等级的依据。应试人测试成绩达到等级标准，由国家测试机构颁发相应的普通话水平测试等级证书。

普通话水平划分为三个级别，每个级别内划分两个等级。

97分及以上，为一级甲等；

92分及以上但不足97分，为一级乙等；

87分及以上但不足92分，为二级甲等；

80分及以上但不足87分，为二级乙等；

70分及以上但不足80分，为三级甲等；

60分及以上但不足70分，为三级乙等。

《普通话水平测试等级标准（试行）》关于各等级的普通话水平描述如下（表1–2）。

表1-2　普通话水平测试等级标准（试行）

等级	标准
一级甲等	朗读和自由交谈时，语音标准，词汇、语法正确无误，语调自然，表达流畅。测试总失分率在3%以内。
一级乙等	朗读和自由交谈时，语音标准，词汇、语法正确无误，语调自然，表达流畅。偶然有字音、字调失误。测试总失分率在8%以内。
二级甲等	朗读和自由交谈时，声韵调发音基本标准，语调自然，表达流畅。少数难点音（平翘舌音、前后鼻尾音、边鼻音等）有时出现失误。词汇、语法极少有误。测试总失分率在13%以内。
二级乙等	朗读和自由交谈时，个别调值不准，声韵母发音有不到位现象。难点音（平翘舌音、前后鼻尾音、边鼻音、fu-hu、z-zh-j、送气不送气、i-u不分、保留浊塞音和浊塞擦音、丢介音、复韵母单音化等）失误较多。方言语调不明显。有使用方言词、方言语法的情况。测试总失分率在20%以内。
三级甲等	朗读和自由交谈时，声韵母发音失误较多，难点音超出常见范围，声调调值多不准。方言语调较明显。词汇、语法有失误。测试总失分率在30%以内。
三级乙等	朗读和自由交谈时，声韵调发音失误多，方音特征突出。方言语调明显。词汇、语法失误较多。外地人听其谈话有听不懂的情况。测试总失分率在40%以内。

五、计算机辅助普通话水平测试操作程序及注意事项

计算机辅助普通话水平测试就是通过由国家语言文字工作部门认定的计算机辅助普通话水平测试系统，部分代替人工评测，对普通话水平测试中读单音节字词、读多音节词语、朗读短文三项进行评定分数的工作（命题说话由测试员评定分数）。与之前全部依靠测试员人工评测应试人语音标准程度相比，该系统的评测结果更客观、准确，运行效率更高，更便于管理。

从2007年1月起，计算机辅助普通话水平测试在全国多个省市开展试点工作，计算机辅助普通话水平测试及信息管理系统正式应用于国家普通话水平测试。目前，全国普通话水平测试已基本实现计算机辅助测试。

（一）计算机辅助普通话水平测试流程

1. 候测室

参加普通话水平测试的考生应在规定测试时间之前30分钟到候测室报到，考生交验准考证、身份证。测试前15分钟，由考务人员通知考生准备测试，在备测室入口处，抽取座位号。

2. 备测室

应试人员入座准备，每个座位号前有一份测试试卷，考生在备测室准备试题内容，不得在备测室内大声喧哗，备测时间为10分钟。

得到考务人员上机测试的通知后，进入测试室进行测试。

3. 测试室

考生进入测试室后即可按照考试机页面提示开始测试。

测试过程中除必要的操作外，考生不得随意设置和操作计算机；测试过程中若出现死机等异常现象，考生应报告管理人员进行处理，不要擅自处理；测试结束后考生应摘下耳机，轻声离开测试室。

（二）计算机辅助普通话水平测试操作流程

国家普通话水平智能测试系统是参加普通话测试考生的考试应用软件，在考试过程中，考生可以按照测试程序的提示，逐步完成考试内容及相关操作。

完整的操作流程为，考生登录——核对考生信息——试音——考试——提交试卷。

第一步：佩戴耳麦

考生入座后，考试机屏幕上会提示佩戴耳麦；考生戴上耳麦，将麦克风调节到离嘴2~3厘米的距离，注意麦克风在左侧；耳麦为头戴式或后挂式，考生需注意佩戴；戴好耳麦后，即可点击“下一步”按钮。

第二步：登录

屏幕出现登录界面后，考生填入自己的准考证号；准考证号的前几位系统会自动显示，考生只需填写最后四位；填写完成后，点击“进入”按钮登录。

第三步：核对个人信息

考生登录成功后，考试机屏幕上会显示考生个人信息；考生认真核对所显示信息是否与自己相符，核对无误后，单击“确认”按钮继续；核对时若发现错误，可以点击“返回”按钮重新登录。

第四步：试音

进入试音页面后，考生会听到系统的提示语，提示语结束后，以适中的音量和语速朗读文本框中的个人信息，进行试音；若试音失败，请提高朗读音量重新进行试音。试音结束，系统会弹出“试音结束”的对话框。点击对话框中的“确认”按钮，进入正式测试程序。

第五步：测试

测试开始时，每一题都会有语音提示，请在语音提示结束并听到“嘟”的一声后再开始朗读试题内容；测试时第一题、第二题试题要横向朗读；朗读试题时注意不要漏行、错行；完成每项试题后请立即点击右下角“下一题”按钮，防止录入太多空白音影响成绩。

朗读过程中不要说与试题内容无关的话，有问题请举手示意。

（三）计算机辅助普通话水平测试注意事项

请考生正确戴上耳麦，并根据提示音进行试音；测试结束离开座位时，注意摘下耳麦；试音时，要以正常、适中音量朗读试音文字，正式测试的时候朗读音量要与试音时保持一致；进行测试的过程中，手不要触摸麦克，同时避免麦克与面部接触。

测试试题为横向排列，考生朗读时注意横读，不要漏行；测试过程中，考生不要说与测试无关的内容，以免影响测试成绩；考生读完每一题后，应及时点击“下一题”进入下一部分测试，以免录入太多的空白杂音影响测试成绩。

第四题说话部分由人工评分，请考生注意不离题、不背稿、不缺时，不用重复的语句或无效语料填充时间；说话满3分钟后，即可停止答题，结束测试。

知识拓展

普通话水平测试用必读轻声词语表

说明：

1. 本表根据《普通话水平测试用普通话词语表》编制。

2. 本表供普通话水平测试第二项——读多音节词语（100个音节）测试使用。

3. 本表共收词545条（其中“子”尾词206条），按汉语拼音字母顺序排列。

4. 条目中的非轻声音节只标本调，不标变调；条目中的轻声音节，注音不标调号，如：“明白míng bai”。

a

1 爱人 ài ren
2 案子 àn zi

b

3 巴掌 bā zhang
4 把子 bǎ zi
5 把子 bà zi
6 爸爸 bà ba
7 白净 bái jing
8 班子 bān zi
9 板子 bǎn zi
10 帮手 bāng shou
11 梆子 bāng zi
12 膀子 bǎng zi
13 棒槌 bàng chui
14 棒子 bàng zi
15 包袱 bāo fu
16 包涵 bāo han
17 包子 bāo zi
18 豹子 bào zi
19 杯子 bēi zi
20 被子 bèi zi
21 本事 běn shi
22 本子 běn zi
23 鼻子 bí zi
24 比方 bǐ fang
25 鞭子 biān zi
26 扁担 biǎn dan
27 辫子 biàn zi
28 别扭 biè niu
29 饼子 bǐng zi
30 拨弄 bō nong
31 脖子 bó zi
32 簸箕 bò ji
33 补丁 bǔ ding
34 不由得 bù yóu de
35 不在乎 bù zài hu
36 步子 bù zi
37 部分 bù fen

c

38 裁缝 cái feng
39 财主 cái zhu
40 苍蝇 cāng ying
41 差事 chāi shi
42 柴火 chái huo
43 肠子 cháng zi
44 厂子 chǎng zi
45 场子 chǎng zi
46 车子 chē zi
47 称呼 chēng hu
48 池子 chí zi
49 尺子 chǐ zi
50 虫子 chóng zi
51 绸子 chóu zi
52 除了 chú le
53 锄头 chú tou
54 畜生 chù sheng
55 窗户 chuāng hu
56 窗子 chuāng zi
57 锤子 chuí zi
58 刺猬 cì wei
59 凑合 còu he
60 村子 cūn zi

d

61 耷拉 dā la
62 答应 dā ying
63 打扮 dǎ ban
64 打点 dǎ dian
65 打发 dǎ fa
66 打量 dǎ liang
67 打算 dǎ suan
68 打听 dǎ ting
69 大方 dà fang
70 大爷 dà ye
71 大夫 dài fu
72 带子 dài zi
73 袋子 dài zi
74 耽搁 dān ge
75 耽误 dān wu

76 单子 dān zi
77 胆子 dǎn zi
78 担子 dàn zi
79 刀子 dāo zi
80 道士 dào shi
81 稻子 dào zi
82 灯笼 dēng long
83 提防 dī fang
84 笛子 dí zi
85 底子 dǐ zi
86 地道 dì dao
87 地方 dì fang
88 弟弟 dì di
89 弟兄 dì xiong
90 点心 diǎn xin
91 调子 diào zi
92 钉子 dīng zi
93 东家 dōng jia
94 东西 dōng xi
95 动静 dòng jing
96 动弹 dòng tan
97 豆腐 dòu fu
98 豆子 dòu zi
99 嘟囔 dū nang
100 肚子 dǔ zi
101 肚子 dù zi
102 缎子 duàn zi
103 对付 duì fu
104 对头 dui tou
105 队伍 duì wu
106 多么 duō me

e

107 蛾子 é zi
108 儿子 ér zi
109 耳朵 ěr duo

f

110 贩子 fàn zi
111 房子 fáng zi
112 份子 fèn zi
113 风筝 fēng zheng
114 疯子 fēng zi
115 福气 fú qi
116 斧子 fǔ zi

g

117 盖子 gài zi
118 甘蔗 gān zhe
119 杆子 gān zi
120 杆子 gǎn zi
121 干事 gàn shi
122 杠子 gàng zi
123 高粱 gāo liang
124 膏药 gāo yao
125 稿子 gǎo zi
126 告诉 gào su
127 疙瘩 gē da
128 哥哥 gē ge
129 胳膊 gē bo
130 鸽子 gē zi
131 格子 gé zi
132 个子 gè zi
133 根子 gēn zi
134 跟头 gēn tou
135 工夫 gōng fu
136 弓子 gōng zi
137 公公 gōng gong
138 功夫 gōng fu
139 钩子 gōu zi
140 姑姑 gū gu
141 姑娘 gū niang
142 谷子 gǔ zi
143 骨头 gǔ tou
144 故事 gù shi
145 寡妇 guǎ fu
146 褂子 guà zi
147 怪物 guài wu
148 关系 guān xi
149 官司 guān si
150 罐头 guàn tou
151 罐子guàn zi
152 规矩 guī ju
153 闺女 guī nü
154 鬼子 guǐ zi
155 柜子 guì zi
156 棍子 gùn zi
157 锅子 guō zi
158 果子 guǒ zi

h

159 蛤蟆 há ma
160 孩子 hái zi
161 含糊 hán hu
162 汉子 hàn zi
163 行当 háng dang
164 合同 hé tong
165 和尚 hé shang
166 核桃 hé tao
167 盒子 hé zi
168 红火 hóng huo
169 猴子 hóu zi
170 后头 hòu tou
171 厚道 hòu dao
172 狐狸 hú li
173 胡琴 hú qin

174 糊涂 hú tu　175 皇上 huáng shang　176 幌子 huǎng zi
177 胡萝卜 hú luó bo　178 活泼 huó po　179 火候 huǒ hou
180 伙计 huǒ ji　181 护士 hù shi

j

182 机灵 jī ling　183 脊梁 jǐ liang　184 记号 jì hao
185 记性 jì xing　186 夹子 jiā zi　187 家伙 jiā huo
188 架势jià shi　189 架子 jià zi　190 嫁妆 jià zhuang
191 尖子 jiān zi　192 茧子 jiǎn zi　193 剪子 jiǎn zi
194 见识 jiàn shi　195 毽子 jiàn zi　196 将就 jiāng jiu
197 交情 jiāo qing　198 饺子 jiǎo zi　199 叫唤 jiào huan
200 轿子 jiào zi　201 结实 jiē shi　202 街坊 jiē fang
203 姐夫 jiě fu　204 姐姐 jiě jie　205 戒指 jiè zhi
206 金子 jīn zi　207 精神 jīng shen　208 镜子 jìng zi
209 舅舅jiù jiu　210 橘子 jú zi　211 句子 jù zi
212 卷子 juàn zi

k

213 咳嗽 ké sou　214 客气 kè qi　215 空子 kòng zi
216 口袋 kǒu dai　217 口子 kǒu zi　218 扣子 kòu zi
219 窟窿kū long　220 裤子 kù zi　221 快活 kuài huo
222 筷子 kuài zi　223 框子 kuàng zi　224 困难 kùn nan
225 阔气 kuò qi

l

226 喇叭 lǎ ba　227 喇嘛 lǎ ma　228 篮子 lán zi
229 懒得 lǎn de　230 浪头 làng tou　231 老婆 lǎo po
232 老实 lǎo shi　233 老太太 lǎo tài tai　234 老头子 lǎo tóu zi
235 老爷 lǎo ye　236 老子 lǎo zi　237 姥姥 lǎo lao
238 累赘 léi zhui　239 篱笆 lí ba　240 里头 lǐ tou
241 力气 lì qi　242 厉害 lì hai　243 利落 lì luo
244 利索 lì suo　245 例子 lì zi　246 栗子 lì zi
247 痢疾 lì ji　248 连累 lián lei　249 帘子 lián zi
250 凉快 liáng kuai　251 粮食 liáng shi　252 两口子 liǎng kǒu zi
253 料子 liào zi　254 林子 lín zi　255 翎子 líng zi
256 领子 lǐng zi　257 溜达 liū da　258 聋子 lóng zi
259 笼子 lóng zi　260 炉子 lú zi　261 路子 lù zi
262 轮子 lún zi　263 萝卜 luó bo　264 骡子 luó zi
265 骆驼 luò tuo

m

266 妈妈 mā ma　267 麻烦 má fan　268 麻利 má li

269 麻子 má zi
270 马虎 mǎ hu
271 码头 mǎ tou
272 买卖 mǎi mai
273 麦子 mài zi
274 馒头 mán tou
275 忙活 máng huo
276 冒失 mào shi
277 帽子 mào zi
278 眉毛 méi mao
279 媒人 méi ren
280 妹妹 mèi mei
281 门道 mén dao
282 眯缝 mī feng
283 迷糊 mí hu
284 面子 miàn zi
285 苗条 miáo tiao
286 苗头 miáo tou
287 名堂 míng tang
288 名字 míng zi
289 明白 míng bai
290 蘑菇 mó gu
291 模糊 mó hu
292 木匠 mù jiang
293 木头 mù tou

n

294 那么 nà me
295 奶奶 nǎi nai
296 难为 nán wei
297 脑袋 nǎo dai
298 脑子 nǎo zi
299 能耐 néng nai
300 你们 nǐ men
301 念叨 niàn dao
302 念头 niàn tou
303 娘家 niáng jia
304 镊子 niè zi
305 奴才 nú cai
306 女婿 nǚ xu
307 暖和 nuǎn huo
308 疟疾 nüè ji

p

309 拍子 pāi zi
310 牌楼 pái lou
311 牌子 pái zi
312 盘算 pán suan
313 盘子 pán zi
314 胖子 pàng zi
315 狍子 páo zi
316 盆子 pén zi
317 朋友 péng you
318 棚子 péng zi
319 脾气 pí qi
320 皮子 pí zi
321 痞子 pǐ zi
322 屁股 pì gu
323 片子 piān zi
324 便宜 pián yi
325 骗子 piàn zi
326 票子 piào zi
327 漂亮 piào liang
328 瓶子 píng zi
329 婆家 pó jia
330 婆婆 pó po
331 铺盖 pū gai
332 欺负 qī fu
333 旗子 qí zi
334 前头 qián tou
335 钳子 qián zi
336 茄子 qié zi
337 亲戚 qīn qi
338 勤快 qín kuai
339 清楚 qīng chu
340 亲家 qìng jia
341 曲子 qǔ zi
342 圈子 quān zi
343 拳头 quán tou
344 裙子 qún zi

r

345 热闹 rè nao
346 人家 rén jia
347 人们 rén men
348 认识 rèn shi
349 日子 rì zi
350 褥子 rù zi

S

351 塞子 sāi zi
352 嗓子 sǎng zi
353 嫂子 sǎo zi
354 扫帚 sào zhou
355 沙子 shā zi
356 傻子 shǎ zi
357 扇子 shàn zi
358 商量 shāng liang
359 上司 shàng si
360 上头 shàng tou
361 烧饼 shāo bing
362 勺子 sháo zi
363 少爷 shào ye
364 哨子 shào zi
365 舌头 shé tou
366 身子 shēn zi
367 什么 shén me
368 婶子 shěn zi

369 生意 shēng yi　370 牲口 shēng kou　371 绳子 shéng zi
372 师父 shī fu　373 师傅 shī fu　374 虱子 shī zi
375 狮子 shī zi　376 石匠 shí jiang　377 石榴 shí liu
378 石头 shí tou　379 时候 shí hou　380 实在 shí zai
381 拾掇 shí duo　382 使唤 shǐ huan　383 世故 shì gu
384 似的 shì de　385 事情 shì qing　386 柿子 shì zi
387 收成 shōu cheng　388 收拾 shōu shi　389 首饰 shǒu shi
390 叔叔 shū shu　391 梳子 shū zi　392 舒服 shū fu
393 舒坦 shū tan　394 疏忽 shū hu　395 爽快 shuǎng kuai
396 思量 sī liang　397 算计 suàn ji　398 岁数 suì shu
399 孙子 sūn zi

t

400 他们 tā men　401 它们 tā men　402 她们 tā men
403 台子 tái zi　404 太太 tài tai　405 摊子 tān zi
406 坛子 tán zi　407 毯子 tǎn zi　408 桃子 táo zi
409 特务 tè wu　410 梯子 tī zi　411 蹄子 tí zi
412 挑剔 tiāo ti　413 挑子 tiāo zi　414 条子 tiáo zi
415 跳蚤 tiào zao　416 铁匠 tiě jiang　417 亭子 tíng zi
418 头发 tóu fa　419 头子 tóu zi　420 兔子 tù zi
421 妥当 tuǒ dang　422 唾沫 tuò mo

w

423 挖苦 wā ku　424 娃娃 wá wa　425 袜子 wà zi
426 晚上 wǎn shang　427 尾巴 wěi ba　428 委屈 wěi qu
429 为了 wèi le　430 位置 wèi zhi　431 位子 wèi zi
432 蚊子 wén zi　433 稳当 wěn dang　434 我们 wǒ men
435 屋子 wū zi

X

436 稀罕 xī han　437 席子 xí zi　438 媳妇 xí fu
439 喜欢 xǐ huan　440 瞎子 xiā zi　441 匣子 xiá zi
442 下巴 xià ba　443 吓唬 xià hu　444 先生 xiān sheng
445 乡下 xiāng xia　446 箱子 xiāng zi　447 相声 xiàng sheng
448 消息xiāo xi　449 小伙子 xiǎo huǒ zi　450 小气 xiǎo qi
451 小子 xiǎo zi　452 笑话 xiào hua　453 谢谢 xiè xie
454 心思 xīn si　455 星星 xīng xing　456 猩猩 xīng xing
457 行李 xíng li　458 性子 xìng zi　459 兄弟 xiōng di
460 休息 xiū xi　461 秀才 xiù cai　462 秀气 xiù qi
463 袖子 xiù zi　464 靴子 xuē zi　465 学生 xué sheng
466 学问 xué wen

y

467 丫头 yā tou
468 鸭子 yā zi
469 衙门 yá men
470 哑巴 yǎ ba
471 胭脂 yān zhi
472 烟筒 yān tong
473 眼睛 yǎn jing
474 燕子 yàn zi
475 秧歌 yāng ge
476 养活 yǎng huo
477 样子 yàng zi
478 吆喝 yāo he
479 妖精 yāo jing
480 钥匙 yào shi
481 椰子 yē zi
482 爷爷 yé ye
483 叶子 yè zi
484 一辈子 yī bèi zi
485 衣服 yī fu
486 衣裳 yī shang
487 椅子 yǐ zi
488 意思 yì si
489 银子 yín zi
490 影子 yǐng zi
491 应酬 yìng chou
492 柚子 yòu zi
493 冤枉 yuān wang
494 院子 yuàn zi
495 月饼 yuè bing
496 月亮 yuè liang
497 云彩 yún cai
498 运气 yùn qi

z

499 在乎 zài hu
500 咱们 zán men
501 早上 zǎo shang
502 怎么 zěn me
503 扎实 zhā shi
504 眨巴 zhǎ ba
505 栅栏 zhà lan
506 宅子 zhái zi
507 寨子 zhài zi
508 张罗 zhāng luo
509 丈夫 zhàng fu
510 帐篷 zhàng peng
511 丈人 zhàng ren
512 帐子 zhàng zi
513 招呼 zhāo hu
514 招牌 zhāo pai
515 折腾 zhē teng
516 这个 zhè ge
517 这么 zhè me
518 枕头 zhěn tou
519 镇子 zhèn zi
520 芝麻 zhī ma
521 知识 zhī shi
522 侄子 zhí zi
523 指甲 zhǐ jia（zhī jia）
524 指头 zhǐ tou（zhí tou）
525 种子 zhǒng zi
526 珠子 zhū zi
527 竹子 zhú zi
28 主意 zhǔ yi（zhú yi）
529 主子 zhǔ zi
530 柱子 zhù zi
531 爪子 zhuǎ zi
532 转悠 zhuàn you
533 庄稼 zhuāng jia
534 庄子 zhuāng zi
535 壮实 zhuàng shi
536 状元 zhuàng yuan
537 锥子 zhuī zi
538 桌子 zhuō zi
539 字号 zì hao
540 自在 zì zai
541 粽子 zòng zi
542 祖宗 zǔ zong
543 嘴巴 zuǐ ba
544 作坊 zuō fang
545 琢磨 zuó mo

普通话水平测试用儿化词语表

说明：

1. 本表参照《普通话水平测试用普通话词语表》及《现代汉语词典》编制。加*的是以上二者未收，根据测试需要而酌增的条目。

2. 本表仅供普通话水平测试第二项——读多音节词语（100个音节）测试使用。本表儿化音节，在书面上一律加“儿”，但并不表明所列词语在任何语用场合都必须儿化。

3. 本表共收词189条，按儿化音节的汉语拼音声母顺序排列。

4. 本表列出原形韵母和所对应的儿化韵，用＞表示条目中儿化音节的注音，只在基本形式后面加r，如“一会儿 yī huìr”，不标语音上的实际变化。

一		
a＞ar	刀把儿 dāo bàr	号码儿 hào mǎr
	戏法儿 xì fǎr	在哪儿 zài nǎr
	找茬儿 zhǎo chár	打杂儿 dǎ zár
	板擦儿 bǎn cār	
ai＞ar	名牌儿 míng páir	鞋带儿* xié dàir
	壶盖儿* hú gàir	小孩儿 xiǎo háir
	加塞儿 jiā sāir	
an＞ar	快板儿 kuài bǎnr	老伴儿 lǎo bànr
	蒜瓣儿 suàn bànr	脸盘儿 liǎn pánr
	脸蛋儿 liǎn dànr	收摊儿 shōu tānr
	栅栏儿 zhà lanr	包干儿 bāo gānr
	笔杆儿 bǐ gǎnr	门槛儿 mén kǎnr
二		
ang＞ar（鼻化）	药方儿 yào fāngr	赶趟儿 gǎn tàngr
	香肠儿 xiāng chángr	瓜瓤儿* guā rángr
三		
ia＞iar	掉价儿 diào jiàr	一下儿 yī xiàr
	豆芽儿 dòu yár	
ian＞iar	小辫儿 xiǎo biànr	照片儿 zhào piānr
	扇面儿 shàn miànr	差点儿 chà diǎnr
	一点儿 yī diǎnr	雨点儿 yǔ diǎnr
	聊天儿 liáo tiānr	拉链儿 lā liànr
	冒尖儿 mào jiānr	坎肩儿 kǎn jiānr
	牙签儿 yá qiānr	露馅儿 lòu xiànr
	心眼儿 xīn yǎnr	
四		
iang＞iar（鼻化）	鼻梁儿 bí liángr	透亮儿 tòu liàngr
	花样儿 huā yàngr	
五		
ua＞uar	脑瓜儿 nǎo guār	大褂儿 dà guàr
	麻花儿 má huār	笑话儿 xiào huar
	牙刷儿 yá shuār	
uai＞uar	一块儿 yī kuàir	
uan＞uar	茶馆儿 chá guǎnr	饭馆儿 fàn guǎnr
	火罐儿 huǒ guànr	落款儿 luò kuǎnr

打转儿 dǎ zhuànr　　拐弯儿 guǎi wānr

好玩儿 hǎo wánr　　大腕儿 dà wànr

六

uang＞uar（鼻化）　　蛋黄儿 dàn huángr　　打晃儿 dǎ huàngr

天窗儿 tiān chuāngr

七

üan＞üar　　烟卷儿 yān juǎnr　　手绢儿 shǒu juànr

出圈儿 chū quānr　　包圆儿 bāo yuánr

人缘儿 rén yuánr　　绕远儿 rào yuǎnr

杂院儿 zá yuànr

八

ei＞er　　刀背儿 dāo bèir　　摸黑儿 mō hēir

en＞er　　老本儿 lǎo běnr　　花盆儿* huā pénr

嗓门儿 sǎng ménr　　把门儿 bǎ ménr

哥们儿 gē menr　　纳闷儿 nà mènr

后跟儿 hòu gēnr　　高跟儿鞋* gāo gēnr xié

别针儿 bié zhēnr　　一阵儿 yī zhènr

走神儿 zǒu shénr　　大婶儿 dà shěnr

小人儿书 xiǎo rénr shū　　杏仁儿 xìng rénr

刀刃儿 dāo rènr

九

eng＞er（鼻化）　　钢镚儿 gāng bèngr　　夹缝儿 jiā fèngr

脖颈儿 bó gěngr　　提成儿 tí chéngr

十

ie＞ier　　半截儿 bàn jiér　　小鞋儿 xiǎo xiér

üe＞üer　　旦角儿 dàn juér　　主角儿 zhǔ juér

十一

uei＞uer　　跑腿儿 pǎo tuǐr　　一会儿 yī huìr

耳垂儿 ěr chuír　　墨水儿 mò shuǐr

围嘴儿 wéi zuǐr　　走味儿 zǒu wèir

uen＞uer　　打盹儿 dǎ dǔnr　　胖墩儿 pàng dūnr

砂轮儿 shā lúnr　　冰棍儿 bīng gùnr

没准儿 méi zhǔnr　　开春儿 kāi chūnr

ueng＞uer（鼻化）　　*小瓮儿 xiǎo wèngr

十二

-i（前）＞er　　瓜子儿 guā zǐr　　石子儿 shí zǐr

没词儿 méi cír　　挑刺儿 tiāo cìr

-i（后）＞er　　墨汁儿 mò zhīr　　锯齿儿 jù chǐr

记事儿 jì shìr

十三

i＞i：er　针鼻儿 zhēn bír　垫底儿 diàn dǐr

肚脐儿 dù qír　玩意儿 wán yìr

in＞i：er　有劲儿 yǒu jìnr　送信儿 sòng xìnr

脚印儿 jiǎo yìnr

十四

ing＞i：er（鼻化）　花瓶儿 huā píngr　打鸣儿 dǎ míngr

图钉儿 tú dīngr　门铃儿 mén língr

眼镜儿 yàn jìngr　蛋清儿 dàn qīngr

火星儿 huǒ xīngr　人影儿 rén yǐngr

十五

ü＞ü：er　毛驴儿 máo lǘr　小曲儿 xiǎo qǔr

痰盂儿 tán yúr

ün＞ü：er　合群儿 hé qúnr

十六

e＞er　模特儿 mó tèr　逗乐儿 dòu lèr

唱歌儿* chàng gēr　挨个儿 āi gèr

打嗝儿 dǎ gér　饭盒儿 fàn hér

在这儿 zài zhèr

十七

u＞ur　碎步儿 suì bùr　没谱儿 méi pǔr

媳妇儿 xí fur　梨核儿* lí húr

泪珠儿 lèi zhūr　有数儿 yǒu shùr

十八

ong＞or（鼻化）　果冻儿 guǒ dòngr　门洞儿 mén dòngr

胡同儿 hú tòngr　抽空儿 chōu kòngr

酒盅儿 jiǔ zhōngr　小葱儿 xiǎo cōngr

iong＞ior（鼻化）　*小熊儿 xiǎo xióngr

十九

ao＞aor　红包儿 hóng bāor　灯泡儿 dēng pàor

半道儿 bàn dàor　手套儿 shǒu tàor

跳高儿 tiào gāor　叫好儿 jiào hǎor

口罩儿 kǒu zhàor　绝着儿 jué zhāor

口哨儿 kǒu shàor　蜜枣儿 mì zǎor

二十

iao＞iaor　鱼漂儿 yú piāor　火苗儿 huǒ miáor

跑调儿 pǎo diàor　面条儿 miàn tiáor

豆角儿 dòu jiǎor　开窍儿 kāi qiàor

二十一

ou＞our　　衣兜儿 yī dōur　　老头儿 lǎo tóur
　　年头儿 nián tóur　　小偷儿 xiǎo tōur
　　门口儿 mén kǒur　　纽扣儿 niǔ kòur
　　线轴儿 xiàn zhóur　　小丑儿 xiǎo chǒur

二十二

iou＞iour　　顶牛儿 dǐng niúr　　抓阄儿 zhuā jiūr
　　棉球儿* mián qiúr　　加油儿 jiā yóur

二十三

uo＞uor　　火锅儿 huǒ guōr　　做活儿 zuò huór
　　大伙儿 dà huǒr　　邮戳儿 yóu chuōr
　　小说儿 xiǎo shuōr　　被窝儿 bèi wōr

（o）＞or　　耳膜儿* ěr mór　　粉末儿 fěn mòr

任务训练

根据普通话测试试卷样卷，完成普通话测试练习。

一、读单音节字词（100个音节，共10分，限时3.5 分钟）

房　夏　甩　运　贴　瑞　雪　儿　僧　原
夫　选　催　穷　端　垮　嫩　朽　碑　钱
戚　浦　侯　两　郭　雷　弯　测　虫　锦
膘　饿　勺　爹　巧　央　则　掩　廷　接
踹　凭　辨　局　知　码　租　勤　押　我
凑　准　盲　榨　窘　善　白　苦　床　就
堂　震　风　鸟　唱　荣　订　尺　掠　汪
购　您　莫　磁　涩　裁　统　债　敢　澳
陡　自　庄　律　颇　吏　矛　春　缓　梦
狂　跟　索　扔　巡　塔　辉　伞　刮　藻

二、读多音节词语（100个音节，共20分，限时2.5 分钟）

昂首　沙发　火车　西欧　死板　刷新　传染病
天体　胶片　邮戳儿　线圈　咳嗽　大娘　土匪
快乐　增长　掉价儿　青蛙　落日　从而　冠军
捐款　占用　老爷　配合　主人翁　上层　党委
佛像　荒谬　红包儿　波谷　另外　分泌　存在
案子　恰如　公民　虐待　光照　旦角儿　撇开
群众　闺女　亏损　英雄　区域　海市蜃楼

三、朗读短文（400个音节，共30分，限时4分钟）

我常常遗憾我家门前的那块丑石。它黑黝黝地卧在那里，牛似的模样；谁也不知道是什么时候留在这里的，谁也不去理会它。只是麦收时节，门前摊了麦子，奶奶总是说：这块丑石多占地面呀，抽空把它搬走吧。

它不像汉白玉那样的细腻，可以刻字雕花，也不像大青石那样的光滑，可以供来浣纱捶布；它静静地卧在那里，院边的槐荫没有庇覆它，花儿也不再在它身边生长。荒草便繁衍出来，枝蔓上下，慢慢地，它竟锈上了绿苔、黑斑。我们这些做孩子的，也讨厌起它来，曾合伙要搬走它，但力气又不足；虽时时咒骂它，嫌弃它，也无可奈何，只好任它留在那里了。

终有一日，村子里来了一个天文学家。他在我家门前路过，突然发现了这块石头，眼光立即就拉直了。他再没有离开，就住了下来；以后又来了好些人，都说这是一块陨石，从天上落下来已经有二三百年了，是一件了不起的东西。不久便来了车，小心翼翼地将它运走了。

这使我们都很惊奇！这又怪又丑的石头，原来是天上的呀！它补过天，在天上发过热，闪过光，我们的先祖或许仰望过它，它给了他们光明、向往、憧憬；而它落下来了，在污土里，荒草里，一躺就//是几百年了！

我感到自己的无知，也感到了丑石的伟大，我甚至怨恨它这么多年竟会默默地忍受着这一切！而我又立即深深地感到它那种不屈于误解、寂寞的生存的伟大。

四、命题说话（请在下列话题中任选一个，共40分，限时3分钟）

1. 我喜爱的动物（或植物）

2. 购物（消费）的感受

任务评价

任务学习情况评价表

教学评价							
评价维度	评价标准	赋分	评价主体				得分
			自评 20%	师评 40%	互评 20%	平台 20%	
专业知识	1. 了解普通话水平测试的考试方式及水平等级（10分） 2. 了解普通话水平测试的内容及评分标准（10分） 3. 掌握普通话水平测试的应试技巧（10分）	30					
专业能力	1. 熟练掌握普通话水平测试操作流程及需要注意的问题（20分） 2. 通过训练，达到幼儿保育师应达到的普通话水平等级（30分）	50					
专业素养	1. 热爱祖国语言文化，积极推广普通话（10分） 2. 热爱保育师工作，积极学习普通话，考取相应等级证书（10分）	20					

项目二

保育师口语技能基础训练

项目导航

很多长期从事幼儿教育和保育工作的老师，容易出现说话时间稍长就咽喉疼、嗓子沙哑等症状，部分老师还患上了慢性咽炎这种顽固性疾病。这主要是由于用嗓过度和不科学发声所导致的。作为一名需要经常高强度用嗓的保育师，只有学会科学的呼吸和发声方法，掌握系统的气息、共鸣、咬吐字运用方法，才能使自己的声音清晰洪亮、圆润动听，这样既能延长正常发声的时间，又能增强与幼儿交流时的亲和力。

保育师必须掌握正确的发声方法，养成良好的发声习惯，才能更好地适应幼儿园的教育教学工作。本项目将结合人体器官构造特点以及相互之间的作用关系，阐述呼吸气训练、共鸣训练、吐字辨音训练、态势语训练相关知识点。

学习目标

◎了解口语基本功训练的作用。

◎掌握口语基本功训练的原理与方法。

◎运用训练要领发声，提高吐字辨音能力，使声音圆润优美，提高学生专业素质。

◎在枯燥的练习中培养学生勤奋笃学的精神，培养学生爱岗敬业的精神。

知识导图

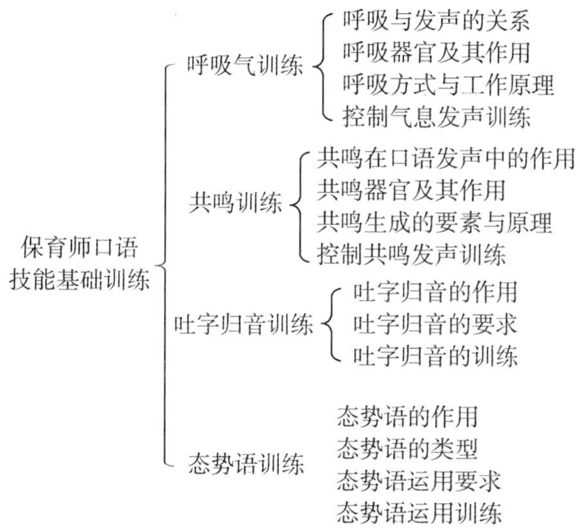

任务一　呼吸气训练

学习目标

◎了解发声的人体生理构造和呼吸原理。

◎掌握胸腹联合式呼吸方法。

◎认识到基本功训练的重要性，坚持高效练习，为做一名优秀的保育师打好基础，培养工匠精神。

案例导航

来自一名实习学生的困扰：亲爱的老师，我在幼儿园工作得很开心，我很喜欢这个工作，但是最近我有这样一个困扰：由于长时间讲话，我的嗓子从最开始有点疼，慢慢变得沙哑，直到现在我已经说不出话来了。小朋友本来很喜欢我，可是自从我的嗓子变得沙哑以后，他们就和我越来越疏远了。我问了几个小朋友，有的小朋友说我嗓子哑了，让我多休息，有的小朋友说我声音难听，他们不喜欢和我说话。老师，请问我怎样才能尽快恢复声音呢？恢复声音以后应该怎样保护好嗓子，避免再次出现这样的情况呢？

分析：

幼儿园老师嗓子容易沙哑的原因是什么？

为什么播音员的声音好听、持久，又不容易变得沙哑？

注重保护自己的嗓子，学习科学、系统的播音发声技能，养成良好的发声习惯。

知识链接

一名合格的保育师，要用词准确规范，语言清晰流畅，声音甜美柔和、亲切自然。说话时能运用科学、有效的方法，正确发声，保持声音的稳定性和持久性，只有这样才能适应幼儿园高强度的对话场景。

学生在学习发声的过程中，往往更多地关注实操和训练，忽略了对发声本体（人体器官）和发声科学原理的学习和研究，也忽略了各个系统之间的相互配合，从而导致学生在学习发声的过程中，缺乏专业理论和科学原理的支撑，只关注学习点而不注重各类发声器官的相互配合，形成了一种“半吊子”式的技能学习模式。课上有老师进行指导，学生知道某个发声技能点的训练方向，但由于缺乏系统认知，学生课下自己练习时可能找不到方向。因此在学习发声的过程中，我们必须引导学生了解各系统器官的构成和工作动态、工作原理，只有这样才能够帮助学生更好地开展自主学习，自我成长，也会大大节约教学时间，提高学生的学习质量。

一、呼吸与发声的关系

准确地说，人体的呼气过程是发声的动力来源，呼出的气体又是声音传播的介质。当从肺部呼出的气流经过喉部时，声带在气流的作用下发生振动，产生声音，这是喉原音，很微弱。当喉原音达到一定的频率，会引起呼出的气体进一步产生振动形成声波，声波在通过喉腔、咽腔、口腔、鼻腔这些共鸣腔体（气体运动通道）时，进一步引起共鸣腔体内空气的共振，甚至还通过气管中的气体反作用于胸腔，从而使得声波的振幅增大，声音得到增强，发出响亮的声音。（图2–1）

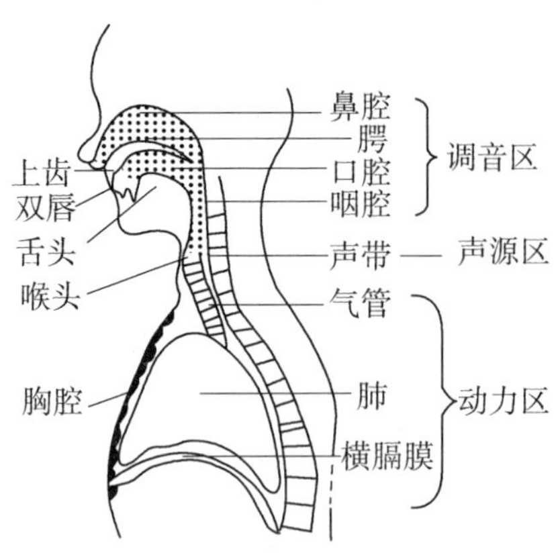

图2–1　发音器官示意图

二、呼吸器官及其作用简介

从发声的角度来定义，人体的呼吸器官主要包括口、鼻、咽、气管、支气管、肺、膈肌、肋间肌、腹肌以及其他相关肌肉群等，它们各自在呼吸过程中发挥着重要的作用。口、鼻是控制气体进出人体的通道进口与出口；咽、气管、支气管是控制气体流经的通道；肺是气体储存的气囊；膈肌、肋间肌、腹肌是调节控制人体呼吸的最关键的肌肉群。在呼吸过程中，我们还应当关注胸腔与腹腔对呼吸的影响。

三、呼吸方式与工作原理

（一）呼吸方式

1. 无意识呼吸和有意识呼吸

从用气发声的角度来看，可以把呼吸分为无意识呼吸和有意识呼吸，也可以称其为无控制的呼吸和有控制的呼吸。

无意识呼吸是指个体在没有主观意识参与的情况下进行的呼吸活动。在正常情况下，人们的呼吸是自动进行的，不需要意识的干预。无意识呼吸是由自主神经系统控制的，它可以根据身体的需要自动调节呼吸的频率和深度。这种呼吸方式在睡眠、昏迷或放松状态下最为明显，此时人们的呼吸是自然而流畅的，没有主观意识的参与、控制。

有意识呼吸是指个体在主观意识的参与下进行的呼吸活动。在这种呼吸方式中，人们会有意识地控制呼吸的深度、频率和节奏，以达到某种特定的目的或效果。例如，在冥想、瑜伽或深呼吸练习中，人们会刻意地关注自己的呼吸，并尝试通过调整呼吸来放松身心、减轻压力或改善身体状况。这种呼吸方式需要一定的练习和专注力，因为它需要个体在主观意识的指导下进行操作。用气发声的呼吸就属于这一呼吸范畴。

2. 常见的三种呼吸方式

常见的呼吸方式有三种：胸式呼吸、腹式呼吸、胸腹联合式呼吸。

胸式呼吸的特点是，以肋间肌的运动为主，膈肌活动较弱，呼吸时胸廓扩张较明显。具体来说，在吸气时，肋骨和胸骨会上提，横膈膜收缩不明显，使得胸腔扩大，胸腔压力小于外界，从而完成吸气过程。而在呼气时，肋骨和胸骨会下压，横膈膜放松，胸腔缩小，胸腔压力大于外界，从而完成呼气过程。胸式呼吸的缺点是由于它主要依赖胸部肌肉的运动来完成呼吸，不利于膈肌的上下移动，因此不利于深呼吸，也不能充分有效地呼出残留在肺部的二氧化碳。

腹式呼吸主要依赖于横膈膜的升降来引导呼吸运动。在吸气时，横膈膜会下降，这样会使我们的腹部隆起；而在呼气时，横膈膜则会上升，腹部则会收缩。这种呼吸方式能够帮助我们吸入更多的空气，同时也有助于放松身心、缓解压力。

胸腹联合式呼吸是人体依靠胸腔、横膈膜和腹部肌肉共同控制气息的呼吸方法。用这种方式呼吸时，胸腔、横膈肌和腹肌协同工作，以实现更有效、更平稳的呼吸。胸腹联合式呼吸的特点如下：由于胸腔、横膈膜和腹肌的联合参与，呼吸的活动范围较大，能够提供充足的气息支持；具有较强的伸缩性，能够灵活应对不同的发音和声音需求；能够操纵和支持声音，使声音更加均衡、平稳地呼出。

严格意义上讲，绝对的胸式呼吸或腹式呼吸是不存在的。人体的呼吸系统是一个整体联动系统，在呼吸过程中，所有呼吸器官都会参与工作；不同的是，呼吸器官会根据人体在不同运动场景下对氧气需求量的多少选择参与力度的大小。拿散步和跑步来作比较：人体在散步的过程中，腹部的肌肉参与呼吸的力度会小一些；而人体在奔跑的过程中，腹部的肌肉参与呼吸的力度就会大很多。目前，最科学、最有效的呼吸方式是胸腹联合式呼吸。这也是用气发声时所使用的呼吸方式，掌握这种呼吸方式是非常重要的。

（二）胸腹联合式呼吸原理

从宏观上来讲，用气发声时的呼吸过程是人体大脑中枢通过神经元控制肋间肌、膈肌、腹肌进行收缩或舒张运动，从而改变胸腔和肺容积大小，形成与体外环境的压力差，从而完成人体与环境之间气体交换的过程。整个过程又可以细分为呼气和吸气两个过程，三个控制点。（图2-2）

呼气过程：① 大脑意识信号通过神经元传递给肋间肌，肋间肌控制肋骨向下、向内收缩；② 大脑意识信号通过神经元传递给膈肌，膈肌向上做舒张运动；③ 大脑意识信号通过神经元传递给腹肌，腹肌控制腹腔向上、向内收缩。通过三个控制点的共同作用，胸腔和肺部容积缩小，使得肺内压力上升，高于人体外界大气压。这个压力差促使肺部空气被排出体外，完成呼气过程。

吸气过程：① 大脑意识信号通过神经元传递给肋间肌，肋间肌控制肋骨向上、向外扩张；② 大脑意识信号通过神经元传递给膈肌，膈肌向下做收缩运动；③ 大脑意识信号通过神经元传递给腹肌，腹肌控制腹腔向下、向外扩张。通过三个控制点的共同作用，胸腔和肺部容积扩大，使得肺内压力降低，低于人体外界大气压。这个压力差促使外界空气被动压入人体肺部，完成吸气过程。

每一位用气发声的工作者，都应该准确把握呼吸过程的原理，清晰感知呼吸过程中身体状态的变化，只有这样才能更好地推动呼吸训练，促进科学发声。

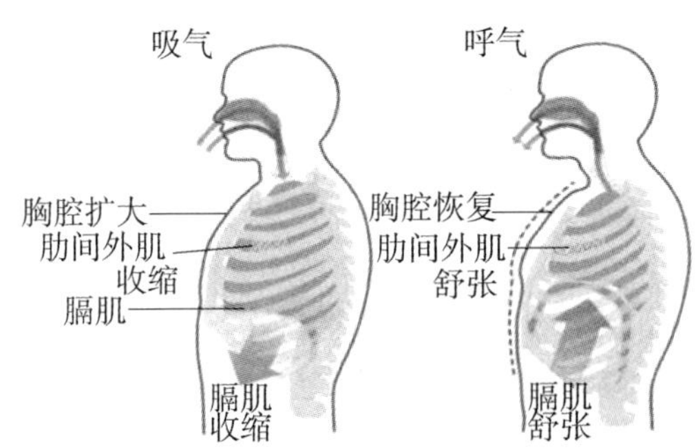

图2-2　胸腹联合式呼吸原理

四、控制气息发声训练

（一）胸腹联合式呼吸要领

呼气要领：呼气时，整个呼气过程中肋间肌控制肋骨持续向下、向里缓慢收缩运动，注意控制力度不要太大，同时腹肌做持续的缓慢收缩运动，牵制膈肌和两肋的回弹，控制气流缓缓呼出，膈肌和两肋在这种控制的感觉下，逐渐恢复自然状态。

吸气要领：吸气时，整个吸气过程中肋间肌控制肋骨持续向上、向外扩张运动，同时两肋向两侧扩张，腹肌控制腹腔向外、向下扩张，小腹部有膨胀感，气流从口、鼻同时吸入。

（二）胸腹联合式呼吸训练

胸腹联合式呼吸训练有以下常用的方法。

（1）慢呼慢吸：在不有意识吸入气息的状态下，张嘴开始练数八拍：1、2、3、4、5、6、7、8；2、2、3、4、5、6、7、8……中途不换气，不补气，节拍匀速，声音高度、响度保持不变。当感觉呼吸略微困难时，慢慢吸入空气。

（2）慢吸快呼：在不有意识吸入气息的状态下，张嘴开始快速读绕口令：左眼上有左上眼皮儿，右眼上有右上眼皮儿，左上眼皮儿打不着右下眼皮儿，右上眼皮儿打不着左下眼皮儿。当感觉呼吸略微困难时，慢慢吸入空气。

（3）快吸快呼训练：呼吸急而不促、快而不乱、长而不喘。可以进行快板练习：打竹板，响连天，老师、同学笑开颜，拍拍手，摸摸脸，我爱我的幼儿园。

（4）快吸慢呼训练："引"字练习，快速吸一口气，用气音慢慢发"引"字。

这些练习的核心是加强对呼吸肌控制的训练，从而增强发声动力。练习时需要注意以下几点。

（1）在进行胸腹联合式呼吸时，要注意放松身体，避免用力过度。

（2）注意把握呼气和吸气的要领。

（3）整个呼吸过程中关键要感知、体会对肋间肌、膈肌和腹肌的控制。

（4）在实际应用中，应根据具体情况调整呼吸方式和节奏，以达到最佳效果。

知识拓展

著名京剧表演艺术家梅兰芳先生对如何保护嗓音是这样概述的：

精神畅快，心气平和；
饮食有节，寒暖当心；
起居以时，劳逸均衡；
练嗓护嗓，都贵有恒；
由低升高，量力而行；
五音饱满，唱出剧情。

任务训练

1. 读熟绕口令

数枣

出东门，过大桥，大桥底下一树枣。
拿着杆子去打枣，青的多，红的少。
一个枣，两个枣，三个枣，四个枣，五个枣，
六个枣，七个枣，八个枣，九个枣，十个枣。
十个枣，九个枣，八个枣，七个枣，六个枣，
五个枣，四个枣，三个枣，两个枣，一个枣。

2. 贯口段子练习

报菜名

“有蒸羊羔、蒸熊掌、蒸鹿尾儿、烧花鸭、烧雏鸡、烧子鹅，卤猪、卤鸭、酱鸡、腊肉、松花、小肚儿、晾肉、香肠儿，什锦苏盘儿、熏鸡白肚儿、清蒸八宝猪、江米酿鸭子，罐儿野鸡、罐儿鹌鹑、卤什件儿、卤子鹅、山鸡、兔脯、菜蟒、银鱼、清蒸哈士蟆！烩腰丝、烩鸭腰、烩鸭条、清蒸鸭丝儿。黄心管儿，焖白鳝、焖黄鳝、豆豉鲇鱼、锅烧鲤鱼、锅烧鲇鱼、清蒸甲鱼、抓炒鲤鱼、抓炒对虾、软炸里脊、软炸鸡！

什锦套肠儿、麻酥油卷儿、卤煮寒鸦儿，熘鲜蘑、熘鱼脯、熘鱼肚、熘鱼骨、熘鱼片儿、醋熘肉片儿！烩三鲜儿、烩白蘑、烩全饤儿、烩鸽子蛋、炒虾仁儿、烩虾仁儿、烩腰花儿、烩海参、炒蹄筋儿、锅烧海参、锅烧白菜、炸开耳、炒田鸡，还有桂花翅子、清蒸翅子、炒飞禽、炸什件儿、清蒸江瑶柱。糖熘芡实米，拌鸡丝、拌肚丝、什锦豆腐、什锦丁儿，糟鸭、糟蟹、糟鱼、糟熘鱼片、熘蟹肉、炒蟹肉、清拌蟹肉，蒸南瓜、酿倭瓜、炒丝瓜、酿冬瓜、焖鸡掌儿、焖鸭掌儿、焖笋、烩茭白，茄干晒炉肉、鸭羹、蟹肉羹、三鲜木樨汤！

还有红丸子、白丸子、熘丸子、炸丸子、南煎丸子、苜蓿丸子、三鲜丸子、四喜丸子、鲜虾丸子、鱼脯丸子、饹炸丸子、豆腐丸子、汆丸子！一品肉、樱桃肉、马牙肉、红焖肉、黄焖肉、坛子肉。烀肉、扣肉、松肉、罐儿肉、烧肉、大肉、白肉、酱豆腐肉！红肘子、白肘子、水晶肘子、蜜蜡肘子、酱豆腐肘子、扒肘子！炖羊肉、烧羊肉、烤羊肉、煨羊肉、涮羊肉、五香羊肉、爆羊肉，汆三样儿、爆三样儿、烩银丝、烩散丹、熘白杂碎、三鲜鱼翅、栗子鸡、煎汆活鲤鱼、板鸭、筒子鸡！

任务评价

任务学习情况评价表

教学评价							
评价维度	评价标准	赋分	评价主体				得分
			自评 20%	师评 40%	互评 20%	平台 20%	
专业知识	1. 了解三种常见的呼吸方式（10分） 2. 了解胸腹联合式呼吸原理（10分） 3. 掌握呼吸控制需要注意的问题（10分）	30					
专业能力	1. 掌握胸腹联合式呼吸要领，坚实、响亮地发声（20分） 2. 体会呼吸肌的锻炼和发声之间的联系（20分） 3. 学会呼吸的控制和运用（10分）	50					
专业素养	1. 对保育工作有热情，积极学习专业知识（10分） 2. 乐于合作，主动与同伴交流练习，承担小组任务（10分）	20					

任务二　共鸣训练

学习目标

◎了解共鸣在口语交流中的作用和特点。

◎掌握发声共鸣的人体生理器官构造与发声共鸣原理。

◎掌握发声共鸣的基本控制方法及运用练习。

◎认识到基本功训练的重要性，坚持高效练习，为做一名优秀的保育师打好基础，培养工匠精神。

案例导航

小丽是一名年轻的幼儿园保育师，她说话的特点是鼻音太重，说话的声音显得沉闷、缺乏穿透力。在幼儿园保教活动中，很多幼儿经常会因为好奇而模仿她的声音，小丽觉得很尴尬。

分析：

小丽在发音时，声音走向不正确，未能科学、充分地使用胸腔、口咽腔、头腔等共鸣腔体，导致声音缺乏应有的共鸣效果。

知识链接

共鸣能够美化声音、提升音质。有共鸣的口语发声能够使声音更加洪亮、饱满、圆润，音色独特且情感表达丰富；而无共鸣的口语发声则可能导致声音单薄、无力，音色干涩、刺耳，情感表达不够丰富。因此，在口语表达中，我们应该积极学习和运用共鸣技巧，以提高自己的口语表达能力。这也是幼儿园保育师科学发声应当注意的一个重要方面。

一、共鸣在口语发声中的作用

共鸣在口语发声中扮演着至关重要的角色，其作用主要体现在以下几个方面。

（一）美化声音

共鸣可以美化和放大我们的声音，使声音更加洪亮、饱满和悦耳。在口语表达中，良好的共鸣技巧可以使我们的声音更具吸引力，增强表达的说服力。

（二）提升音质

共鸣对于改善声音质量具有重要意义。通过运用不同的共鸣腔体共鸣（如口腔共鸣、胸腔共鸣和头腔共鸣），我们可以调整声音的音色和音质，使其更加符合表达的需要。

（三）增强交流效果

共鸣可以帮助我们与对方建立情感上的连接，这种连接有助于增强交流的效果。通过共鸣，我们可以更好地理解对方的观点和感受，从而更有效地传达信息。

（四）促进理解和信任

在口语表达中，通过积极运用共鸣技巧，如听取对方观点、发散共鸣和表达共鸣，我们可以让对方感受到我们的理解和支持。这种共鸣有助于增强彼此之间的信任，使交流更加顺畅和深入。

在口语表达中，我们需要灵活调动各种共鸣的配比。例如，在需要表现坚定和有力的情感时，可以加强胸腔共鸣；在需要表现柔和和亲切的情感时，可以加强口腔共鸣。通过合理运用共鸣技巧，我们可以使声音更加丰富多彩，增强表现力。

二、共鸣器官及其作用

从发声的角度来看，人体的共鸣器官自下而上主要包括胸腔、气管、喉咽腔、口咽腔、鼻咽腔以及与之相关的控制肌肉群，它们既是一个统一的整体，又各自在发声共鸣过程中发挥着不同的作用。

胸腔共鸣：胸腔包括喉头以下的气管和支气管以及整个肺部。在低音区域，胸腔共鸣发挥最大作用。通过控制胸腔的扩张和收缩，可以改变共鸣腔的大小和形状，从而调节声音的音高和音色。

口腔共鸣：喉咽腔、口咽腔是声音从喉咙发出后经过的第一个共鸣区域，也是胸腔共鸣和头腔共鸣的基础。在发音时，口咽腔的形状和大小会直接影响声音的共鸣效果。例如，元音的发音就主要依赖口腔的共鸣作用。

头腔共鸣：头腔共鸣实质上主要发生在鼻咽腔区域。在高音区域，头腔共鸣发挥主要作用。通过控制相关器官的肌肉群调整鼻腔和鼻咽腔的形状和大小，可以引导声音进入鼻咽腔并产生共鸣效果，使声音更加明亮、富有穿透力。

三、共鸣生成的要素与原理

（一）共鸣生成的要素

从物理学的角度来看，共鸣生成的要素主要包括以下几个方面。

1. 频率匹配

共鸣首先要求两个或多个物体的振动频率相同或相近。在物理学中，当两个物体的振动频率相同时，其中一个物体的振动会引起另一个物体的振动，从而产生共振现象，也就是共鸣。在人体共鸣中，这表现为声带振动产生的基音与共鸣腔内空气的振动频率相匹配，从而增强声音效果。

2. 共鸣腔

共鸣腔是共鸣产生的空间条件。在人体中，共鸣腔主要包括胸腔、气管、喉咽腔、口咽腔、鼻咽腔等。这些共鸣腔通过调整其形状和大小，为声音提供了适合其频率的共鸣空间。从共鸣效果上看，共鸣腔有以下特点：第一，共鸣腔最好由坚硬的弹性材料制成，以确保声波在共鸣腔内得到充分反射。第二，共鸣腔必须具有一定的体积，体积越大，则音量越大。例如，小提琴和大提琴的体积差异导致它们在发出相同音高时，大提琴的音量通常更大。

3. 声波传播

简单来说，声波是声音在介质中的传播形式。声波的传播是共鸣产生的媒介。声波是空气的波动，它以一定的速度从声源向四面八方传播。在人体发声共鸣过程中，声波从声源（如声带）发出后，经过共鸣腔的作用，得到加强和放大，最终形成共鸣声音。

综上所述，共鸣生成的要素主要包括频率匹配、共鸣腔、声波传播等，这些要素共同作用，使得共鸣现象得以产生并发挥作用。人体发声共鸣同样需要这些要素的支撑，掌握这些要素会让我们对人体发声共鸣有更清楚、更深刻的认识，从而更好地调控共鸣、美化声音。

（二）人体发声共鸣原理与调节

1. 人体发声共鸣的原理

根据共鸣的要素，结合人体发声共鸣腔的生理构造，我们可以深入分析人体发声共鸣的生成原理。从生理构造上来看，人体发声的共鸣腔像一件形状不规则的管乐器，自下而上除了胸腔外，每一个共鸣腔都是相连、相通的。本书认为，胸腔共鸣的生成主要是由于声波（喉咽部声带振动与空气共同生成）向下反作用于气管和肺中的空气而引发气管与肺的振动，同时，由于胸腔内的气体与气管和肺内的气体振动频率相同或相近，从而引发胸腔共振；而口腔共鸣和头腔共鸣则主要是由于声波自喉咽部向上运动的过程中，在喉咽腔、口咽腔和鼻咽腔腔壁上进一步产生反射，从而得到加强和放大而生成。

2. 人体发声共鸣的调节

人体的共鸣腔体不是固定不变的。人体发声共鸣调节的核心是通过对影响共鸣的可控性器官进行控制，尽量扩大共鸣腔体积，从而产生良好共鸣，美化声音。人体发声共鸣调节的关键是对相关器官肌肉或肌肉群的调节。胸腔共鸣主要是通过控制肋间肌而控制胸腔的扩张，以增加低音区的共鸣，扩大音量。口腔共鸣比较复杂，概括起来说，在喉咽腔部位主要是通过控制声带和喉内肌、喉外肌，提高声带基音音色质量，控制喉头稳定，保持喉咽腔畅通。在口咽腔部位主要是控制口咽部肌肉群、唇、舌、腭肌，从而控制口咽腔的形状和大小，调节口腔共鸣，以增加中音区的共鸣，扩大音量。头腔共鸣主要是通过控制鼻孔扩张肌肉、腭肌，从而控制扩大鼻腔外通道，引导声音进入鼻咽腔并产生共鸣效果，使声音更加明亮、富有穿透力。在人体发声共鸣的调节中，咽腔和口腔的调节是最基础和最灵活的，口腔共鸣是最基础和最主要的。可以根据不同的工作场景，选择使用不同共鸣腔的作用，如在幼儿园保育工作中，室内活动时可以以口腔共鸣为主，而室外活动时由于人声嘈杂，为提高幼儿对声音的关注度，保育师可以适当增加头腔共鸣。人体在发声时，胸腔共鸣、口腔共鸣、头腔共鸣虽然作用不同，但它们是一个统一的整体，通常情况下的口语发音都是中、高、低音频密切结合在一起的统一体，而口腔和鼻腔通道分别承担了人体发声中低音和高音的对外输出。正确地调节这些共鸣腔的大小和形状，是获得优美声音的关键。

四、控制共鸣发声训练

（一）控制口腔共鸣训练

以下是八个口腔共鸣的练习方法，每个方法都旨在帮助学习者更好地控制和增强口腔共鸣的效果。

1. 提颧肌练习

方法：稍微用力向上提起颧肌，可以用微笑来体会。

效果：使口腔前部有展宽的感觉，鼻孔也会随之略微张大，有助于增强唇部的控制和口腔共鸣。

2. 打牙关练习

方法：口腔共鸣最关键的是打开后槽牙，不是张大嘴巴，感觉是“开口如半打哈欠，闭口如啃苹果”。

效果：发复韵母ao、iao、ang、eng等，体会声束沿上腭中线前滑，挂在前腭的感觉。

3. 挺软腭练习

方法：找半打哈欠的感觉来体会挺软腭。

效果：有助于扩大口腔后部空间，使声音更加宽厚、结实。

4. 松下巴练习

方法：让下巴自然放松，略微后收。

效果：下巴的位置对于口腔共鸣也有一定影响，正确的下巴位置有助于发音清晰，避免字音变扁。

5. 竖起后咽壁练习

方法：调节颈部姿势，使后咽壁竖起来，发单韵母i、u、e、o。

效果：体会上下贯通的共鸣感觉，练习时颈部角度要适中，才能把声音从喉咙中“吊”出来，使声音“站得住”。

6. 声束冲击练习

方法：发较短促的ba、bi、bu、pa、pi、pu、ma、mi、mu，或学发汽笛的长鸣“di——”。

效果：体会声束集中冲击硬腭前部的感觉和声音的力度，有助于增强对口腔内气流的控制和共鸣效果。

7. 朗读成语练习

方法：选择一些有韵律的成语，如“来日方长”“狼狈不堪”，以自然、流畅的方式朗读。

效果：在朗读时体会声音在口腔中的共鸣和回声，增强口腔共鸣效果。

这些练习方法各有侧重，可以结合自己的发音问题和需要，有针对性地选择练习。同时，建议结合专业口语老师的指导进行练习，以获得更好的练习效果。

（二）控制胸腔共鸣训练

1. 单音练习

方法：发音之前先做好闭口打哈欠状。在气息呼出的同时，胸腔打开，嘴里发长元音（如［iː］、［uː］、［ɑː］），并尽量拖长（30～60秒）。

想象：脑海中想象、体会胸腔打开状（如手风琴的风箱张开或雄鹰展翅）。

效果：多次反复练习就能获得胸腔共鸣的效果。

2. 长句段朗读练习

方法：采用胸腹联合式呼吸，发音之前做闻花状吸气一次，在气息呼出的同时，嘴里开始朗读句子或段落，尽量不要换气，坚持拖长至30～60秒。比如，朗读以下句子：

十年生死两茫茫，不思量，自难忘。千里孤坟，无处话凄凉。纵使相逢应不识，尘满面，鬓如霜。

夜来幽梦忽还乡，小轩窗，正梳妆。相顾无言，惟有泪千行。料得年年肠断处，明月夜，短松冈。

想象：脑海中想象并体会胸腔打开状或手风琴风箱打开状。

效果：坚持反复练习即可获得胸腔共鸣效果。

3. 喉头放松练习

方法：微微张开嘴巴，充分放松喉头。闭合声带，像金鱼吐泡泡一样轻轻地发气泡音，体会胸腔的震动。

效果：通过放松喉头，可以更容易感受到胸腔的共鸣。

4. 靠墙练习

方法：因为靠墙可以接触到后脊梁，能够更容易感觉到气息沿后背的走向。在此基础上，发“欧”“哞”“嗨”等音，胸腔的共鸣能和墙产生共振，更容易找到胸腔共鸣的感觉。

效果：通过靠墙练习，可以增强对胸腔共鸣的感知。

这些练习方法旨在帮助学习者更好地练习和掌握胸腔共鸣。记得要持之以恒地练习，才能取得良好的效果。

（三）控制头腔共鸣训练

1. 软腭下降练习

方法：把牙关打开，闭上嘴巴，发长m音。体会声波进入鼻腔后眉心处的振动。在体会到鼻腔通道的感觉后，先发m，然后慢慢打开口腔发a，体会双通道发音。也可以先发m再发ai、i、ao、u等音，进行体验感悟。

效果：通过关闭口腔入口，可以更容易感受到头腔的共鸣。

2. 鼻孔扩张肌练习

方法：闭上嘴巴，面部肌肉呈微笑状向两侧微微展开，用鼻子使劲向内吸气，仔细体会鼻翼的扩张。接下来的呼吸过程发ma，感受头腔的共鸣状态。

效果：通过鼻孔扩张肌训练，可以让鼻孔外通道更加通畅，更容易感受到头腔的共鸣。

3. 软腭与鼻孔扩张肌综合训练

方法：软腭保持略微降低的状态，畅通鼻咽腔通道，同时控制鼻孔扩张肌扩张鼻翼。在这个状态下，用以m和n开头的音进行练习，体会头腔共鸣。

例如：买卖、出门、妈妈、人民、姓名、奶奶、头脑、万能、南宁、温暖等。

效果：在对相关肌肉进行综合控制的同时，阅读能够更容易感受到头腔共鸣的词语，可以更好地利用口腔共鸣发音。

知识拓展

人类利用人体共鸣腔进行发声的历史十分悠久，它随着人类社会的发展而不断演变和进步。从上古时代模仿鸟兽的声音到现代复杂多变的口技表演，人体发声共鸣艺术始终保持着其独特的魅力和吸引力。人体发声共鸣艺术涉及口腔、喉腔、胸腔等多个部位的共鸣技巧。这些技巧需要长时间的训练和实践才能掌握。通过共鸣技巧的训练，表演者可以发出更加洪亮、悦耳的声音，使得表演更加生动和感人。

任务训练

1. 读熟绕口令（侧重口腔和头腔共鸣）

六叔和六舅

一出门走六步，
碰见了六叔和六舅，
好六叔，好六舅，
借我六升六斗好绿豆，
秋收后，
打了豆，
再还给六叔、六舅六升六斗好绿豆。

2. 诗词朗诵（侧重口腔和胸腔共鸣）

忆秦娥·娄山关

毛泽东

西风烈，
长空雁叫霜晨月。
霜晨月，
马蹄声碎，
喇叭声咽。

雄关漫道真如铁，
而今迈步从头越。
从头越，

苍山如海，
残阳如血。

任务评价

任务学习情况评价表

教学评价							
评价维度	评价标准	赋分	评价主体				得分
			自评 20%	师评 40%	互评 20%	平台 20%	
专业知识	1. 了解共鸣在口语发声中的作用（10分） 2. 熟悉共鸣器官及其不同作用（10分） 3. 掌握共鸣生成的要素与原理（10分）	30					
专业能力	1. 掌握控制不同共鸣发声的要领（20分） 2. 体会不同共鸣发声的特点与联系（20分） 3. 学会控制和运用人体不同共鸣腔共鸣（10分）	50					
专业素养	1. 对保育工作有热情，积极学习专业知识（10分） 2. 乐于合作，主动与同伴交流练习，承担小组任务（10分）	20					

任务三　吐字归音训练

学习目标

◎了解吐字归音在口语交流中的作用。

◎掌握吐字归音的人体生理器官构造与作用。

◎掌握吐字归音的要求及运用练习。

◎认识到基本功训练的重要性，坚持高效练习，为做一名优秀的保育师打好基础，培养工匠精神。

案例导航

一名幼儿园保育师讲述的故事：小玲是我们班一名活泼可爱的小女孩，她的父母工作比较忙，孩子一直由爷爷、奶奶来照看，由于爷爷、奶奶不会说普通话，小玲跟他们学了一口方言，在幼儿园活动的过程中，小玲经常由于方言口语表达而闹笑话。

分析：

幼儿口语表达的可塑性比较强，往往会受到身边的环境和人的影响。

知识链接

吐字归音作为一种科学、系统的发音训练方法，不仅能够帮助我们更好地掌握发音技巧，还能在口语交流中发挥重要作用。吐字归音在幼儿园口语交流中同样发挥着至关重要且不可或缺的作用。一方面，在保育师与幼儿或同事的交流中，语言的清晰度、准确度和美感直接影响着信息传递的效果以及交流双方的感受；另一方面，幼儿作为语言可塑性较强的个体，保育师良好的吐字归音口语表达能力对幼儿语言表达能力的提升具有言传身教的作用。

一、吐字归音在口语发声中的作用

（一）提高信息传递的效率

在口语交流中，吐字归音的运用能够使发音更加清晰、准确。通过精心控制每个音节的发音过程，包括声母、韵母和声调的准确发音，我们能够将所传递的信息准确无误地传达给听众。这种清晰、准确的发音不仅能够减少误解和歧义的产生，还能够提高听众对信息的理解度和接受度，从而大大提高信息传递的效率。

（二）增强口语表达的感染力

吐字归音不仅关注发音的准确性，还强调发音的美感和韵律感。在口语表达中，通过运用吐字归音的发音方法，我们可以使语言更加悦耳动听，充满韵律感。这种语音美感不仅能够增强听众的愉悦感受，还能够提高口语表达的感染力。当我们用富有感染力的语言与他人交流时，能够更好地引起听众的关注和共鸣，增强交流的效果。

（三）树立个人形象，增强自信心

在口语交流中，发音的准确性和清晰度往往与一个人的文化素养、教育程度以及个人形象密切相关。通过学习和运用吐字归音的发音方法，我们能够更加自信地与他人交流，展现自己的专业素养和良好形象。同时，流畅的发音还能够提高我们的口语表达流利度，使我们在交流中更加自如、从容。这种自信心的提升不仅能够让我们在交流中更加得心应手，还能够增强我们的个人魅力，赢得他人的尊重和信任。

（四）促进幼儿口语表达能力提升

幼儿的语言表达能力可塑性比较强，他们的语言表达能力往往会受到身边人言传身教的影响。保育师清晰、准确的吐字归音语言表达能力，对于促进幼儿口语表达能力的提升具有非常重要的作用。

（五）传承与弘扬传统文化

吐字归音作为中国传统戏曲声乐艺术的重要组成部分，承载着丰富的文化内涵和历史底蕴。通过学习和运用吐字归音的发音方法，我们能够更好地传承和弘扬传统文化。这种文化传承的意义不仅在于保持文化的独特性和多样性，更在于激发我们对传统文化的热爱和尊重。同时，通过吐字归音的运用，我们还能够将传统文化与现代生活相结合，为传统文化的传承和发展注入新的活力。

综上所述，吐字归音在口语交流中具有重要的作用。通过学习和运用吐字归音的发音方法，我们能够提高信息的传递效率、增强口语表达的感染力、树立个人形象、增强自信心、促进幼儿口语表达能力提升以及传承与弘扬传统文化。因此，我们应该重视吐字归音的学习和训练，不断提升自己的口语交流能力，只有这样才能更加适应幼儿园工作岗位的需求。

二、吐字归音器官及其作用

吐字归音的器官主要包括双唇、舌头、上下齿、硬腭和软腭等，这些器官在发音过程中各自发挥着重要的作用。

（一）双唇

双唇是重要的发音器官之一，它们通过开合、紧松等动作来形成不同的音素。例如，在发“b”“p”“m”等辅音时，双唇的闭合和放开动作至关重要。双唇的灵活性和准确性直接影响发音的清晰度和准确性。通过训练双唇的力量和控制能力，可以提高发音的清晰度和准确性。

（二）舌头

舌头是发音器官中最活跃、最灵活的部分之一。它可以通过前后、上下、左右的移动来形成不同的元音和辅音。例如，在发“t”“d”“n”“l”等辅音时，舌头的位置和动作是关键。舌头的位置和动作对于发音的准确性和清晰度至关重要，通过训练舌头的灵活性和控制能力，可以进一步提高发音的准确性和清晰度。

（三）上下齿

上下齿在发音过程中主要起到辅助作用，帮助形成一些特定的辅音。例如，在发“z”“c”“s”等辅音时，上下齿的接触和分离动作是必要的。虽然上下齿在发音中的直接作用不如双唇和舌头明显，但它们的稳定性和位置对于发音的准确性同样重要。

（四）硬腭和软腭

硬腭和软腭在发音过程中主要参与形成鼻腔音和口腔音的转换。例如，在发“n”“ng”等辅音时，软腭的上升和下降动作是关键。硬腭和软腭的协调运动对于发音的准确性和流畅性至关重要。通过训练它们的协调性和控制能力，可以提高发音的准确性和流畅性。

总的来说，吐字归音的器官包括双唇、舌头、上下齿、硬腭和软腭等，这些器官在发音过程中各自扮演着不同的角色。通过训练这些器官的灵活性和控制能力，可以提高发音的准确性和清晰度，从而更好地实现吐字归音的目标。同时，这些器官之间的协调运动也是提高发音流畅性的关键所在。

三、吐字归音的要求

吐字归音作为中国传统戏曲声乐艺术中一种独特的发音方法，不仅是一种技巧，更是一种艺术追求。它要求说话者或演唱者在发音过程中，精心控制每一个音节的发音阶段，使吐字达到清晰有力、珠圆玉润的境界。下面，我们将从多个方面详细阐述吐字归音的要求，以期能够更深入地理解和把握这一发音方法的精髓。

（一）吐字归音的基本阶段

吐字归音将一个音节的发音过程分为“出字”“立字”“归音”三个阶段。每个阶段都有其特定的要求和技巧。

1. 出字阶段

出字阶段是指头（声母）和颈（介音，也叫韵头）的发音过程，即“咬字”阶段。这一阶段的要求主要包括：

第一，声母的发音部位要准确。声母是音节开头的辅音，它的发音部位决定了整个音节的音质和音色。因此，在发音时，要特别注意声母发音部位的准确性，确保发音清晰、有力。

第二，弹发要有力。声母发音时，需要有一定的弹射力，以确保整个音节的力度和清晰度。这种弹射力是通过舌、唇等发音器官的迅速动作产生的。

第三，迅速与韵头结合。声母发音后，要迅速与韵头结合，形成完整的音节。这一过程中，要注意舌、唇等发音器官的动作要迅速、准确，以确保音节发音的连贯性和流畅性。

2. 立字阶段

立字阶段是指韵腹（字腹）的发音过程。韵腹是音节中的主要元音，它的发音对于整个音节的音质和音色具有重要影响。立字阶段的要求主要包括：

第一，韵腹要拉开立起。韵腹发音时，口腔要适当打开，舌位要降低，使声音更加饱满、圆润。同时，要注意保持声带的振动，以确保声音的响度和音质。

第二，要体现声调。在汉语中，声调是区分不同意义的重要手段。因此，在立字阶段，要特别注意声调的体现，确保发音的准确性和清晰度。

3. 归音阶段

归音阶段是指音节发音的收尾过程。这一阶段的要求主要包括：

第一，字尾要弱收。字尾是音节的结尾部分，它的发音要干净利落、弱收到位。在发音时，要注意肌肉由紧渐松，口腔随之由开渐闭、渐松，以确保字尾发音的清晰度和自然度。

第二，不可拖泥带水。归音时要迅速、准确地收尾，不可拖泥带水、留尾巴。这要求发音器官在归音阶段要迅速做出调整，以确保音节的完整性和流畅性。

（二）吐字归音的具体要求

除了以上三个基本阶段的要求外，吐字归音还有一些具体的要求，这些要求涵盖了发音的各个方面。

1. 发音清晰有力

吐字归音要求发音清晰有力，这是整个发音过程的核心要求。在发音时，要注意舌、唇等发音器官的动作要准确、有力，以确保声音的响度和清晰度。同时，要注意声带的振动和气息的支持，以确保声音的稳定性和持久性。

2. 音节完整饱满

吐字归音要求音节完整饱满，即每个音节的发音都要完整、饱满。在发音时，要注意声母、韵腹、韵尾等各个部分的发音都要到位、准确，以确保音节的完整性和清晰度。同时，要注意音节的长度和节奏感，以确保发音的自然度和流畅性。

3. 音色优美动听

吐字归音要求音色优美动听，即发音要具有音乐美感。在发音时，要注意声音的音质和音色，通过调整口腔形状、舌位等来塑造优美的音色。同时，要注意声音的响度和音高，以确保发音的和谐性和美感。

4. 发音自然流畅

吐字归音要求发音自然流畅，即发音要自然、连贯、流畅。在发音时，要注意各个音节的发音要紧密相连、自然过渡，避免出现生硬、断裂的情况。同时，要注意语速和语调的把握，以确保发音的自然度和流畅性。

吐字归音作为一种独特的发音方法，它要求说话者或演唱者在发音过程中精心控制每一个音节的发音阶段，使吐字达到清晰有力、珠圆玉润的境界。通过掌握吐字归音的发音技巧和练习方法，我们可以逐步提高发音的准确性和自然度，使自己的发音更加优美、动听。同时，吐字归音也是一种艺术追求，它体现了中国传统戏曲声乐艺术的精髓和魅力。

四、吐字归音的训练

吐字归音是汉语发音中非常重要的一个环节，它涉及字头（声母）、字腹（韵母中的元音）和字尾（韵尾）的发音。以下是吐字归音训练的详细步骤和要点。

（一）字头（声母）的训练

1. 唇音（b、p、m、f）

发音时，双唇要紧密闭合，然后突然打开，让气流爆破出来。例如：

巴、波、比、不、白、北、奔、帮、崩、

怕、坡、皮、铺、牌、潘、喷、胖、碰、

妈、摸、米、木、买、满、门、忙、梦、

发、佛、富、烦、飞、放、冯、否、份。

练习时可以尝试发出“啵”的声音，感受双唇的闭合和爆破过程。

2. 舌尖中音（d、t、n、l）

发音时，舌尖要抵住上齿龈，然后突然放开，让气流通过。例如：

大、地、得、到、顶、咚、当、

他、推、听、土、太、铜、汤、

拿、奶、你、恼、牛、怒、能、

拉、来、离、老、楼、路、愣。

练习时可以尝试发出“哒”和“啦”的声音，感受舌尖抵住和放开过程。

3. 舌面后音（g、k、h）

发音时，舌面后部要隆起抵住软腭，然后突然放开，让气流爆破出来。例如：

嘎、哥、给、该、狗、公、更、

卡、克、溃、开、库、靠、口、

哈、喝、胡、海、黑、号、吼。

练习时可以尝试发出“咯”和“哈”的声音，感受舌面后部隆起和放开过程。

（二）字腹（韵母中的元音）的训练

元音发音要饱满。发音时，口腔要打开，元音要发得饱满、响亮。

舌面元音：啊、哦、诶、一、乌。

舌尖元音：自、私、字、词、吃。

卷舌元音：儿、耳、二。

练习时可以尝试发出这些元音，并感受口腔的打开程度和元音的饱满度。不同的元音发音位置不同，例如“啊”的发音位置在口腔中央，“哦”的发音位置在口腔后部。练习时要注意元音的发音位置，确保发音准确。

（三）字尾的训练

1. 韵尾要清晰

发音时，韵尾要清晰、准确，不能含糊不清。例如：

安、恩、昂、温、嗡。

练习时可以尝试发出这些字的韵尾，并感受韵尾的清晰度和准确度。

2. 注意韵尾与字腹的过渡

在发音时，字腹和韵尾之间要自然地过渡，不能突然截断或延长。

练习时要注意字腹和韵尾之间的过渡，确保发音自然、流畅。

（四）综合训练

1. 练习音节

选择一些具有代表性的音节进行练习。例如：

ba、pa、ma、fa、da、ta、na、la、

de、te、ne、le、ge、ke、he、zhe、

bi、pi、mi、di、ti、ni、li、ji、qi、

gu、ku、hu、zhu、chu、shu、ru。

注意音节的发音顺序和清晰度。

2. 朗读绕口令或段落

选择一些绕口令或段落进行朗读练习，注意吐字归音的准确性和流畅度。可以尝试录音并自我评估，找出问题并进行改进。

别吐葡萄皮

吃葡萄不吐葡萄皮儿，
不吃葡萄倒吐葡萄皮儿，
不吃葡萄别吐葡萄皮儿，
吃葡萄也别吐葡萄皮儿，
不论吃葡萄不吃葡萄，
都不要乱吐葡萄皮儿。

黄鹤楼

〔唐〕崔颢

昔人已乘黄鹤去，此地空余黄鹤楼。
黄鹤一去不复返，白云千载空悠悠。
晴川历历汉阳树，芳草萋萋鹦鹉洲。
日暮乡关何处是？烟波江上使人愁。

3. 跟读训练

选择一些优秀的发音者进行跟读训练，模仿其发音和语调。

注意模仿的准确性和自然度，不要太刻意。

（五）注意事项

1. 持之以恒

吐字归音的训练需要持之以恒，不能一蹴而就。每天坚持练习一段时间，逐渐提高自己的发音水平，只有通过大量的练习和实践才能逐渐掌握发音技巧。

2. 正确的方法

使用正确的方法进行训练是非常重要的。如果方法不正确，可能会导致发音不准确或产生其他问题。

3. 注意听感

在训练过程中，要注意听感。发音不仅要准确清晰，还要听起来自然、流畅。可以尝试将自己的发音录下来反复听，找出问题并进行改进。

4. 要注重个体差异

每个人的发音习惯和口腔结构有所不同，因此在练习过程中要注意个体差异，选择适合自己的练习方法和技巧。

知识拓展

汉语音韵十三韵辙是指从声乐角度，根据汉字音节的韵母归纳出的十三种音韵分类。十三韵辙的归纳主要基于韵腹相同或相似（如果有韵尾，则韵尾必须相同）的原则。这种分类是为了使演唱更加顺口、易于记忆，并富有音乐美。十三韵辙对于口语发声训练也具有积极的作用。以下是十三韵辙的具体分类。

发花辙：韵母包括ɑ、uɑ、iɑ，如“杀”“家”“涯”等字，收声归韵为“啊”音。

坡梭辙：韵母包括o、uo、e，如“婆”“错”“哥”等字，此韵辙容易发音且声音响亮。

乜斜辙：韵母包括ê、ie、üe，如“绝”“血”“月”等字。

一七辙：韵母包括-i（前）、-i（后）、er、ü、i，如“字”“只”“儿”“去”“一”等字。

姑苏辙：韵母包括u，如“出”“姑”“苏”等字。

怀来辙：韵母包括ai、uai，如“来”“怀”等字，嘴角上提，口腔由大到小。

灰堆辙：韵母包括ei、uei（ui），如“北”“灰”等字。

遥条辙：韵母包括ao、iao，如“俏”“遥”等字。
油求辙：韵母包括ou、iou（iu），如“秋”“由”等字。
言前辙：韵母包括an、ian、uan、üan，如“南”“前”等字。
人辰辙：韵母包括en、in、uen（un）、ün，如“人”“辰”等字。
江阳辙：韵母包括ang、iang、uang，如“江”“阳”等字。
中东辙：韵母包括eng、ing、ueng、ong、iong，如“东”“中”等字。

任务训练

诗词朗诵（言前辙）。

春夜别友人

〔唐〕陈子昂

银烛吐青烟，金樽对绮筵。
离堂思琴瑟，别路绕山川。
明月隐高树，长河没晓天。
悠悠洛阳道，此会在何年。

任务评价

任务学习情况评价表

教学评价							
评价维度	评价标准	赋分	评价主体				得分
			自评20%	师评40%	互评20%	平台20%	
专业知识	1. 了解吐字归音在口语交流中的作用（10分） 2. 掌握吐字归音的人体生理器官构造与作用（10分） 3. 掌握吐字归音的要求（10分）	30					
专业能力	1. 掌握吐字归音的练习方法（20分） 2. 体会不同吐字归音练习的特点与联系（20分） 3. 学会对吐字归音的控制和运用（10分）	50					
专业素养	1. 对保育工作有热情，积极学习专业知识（10分） 2. 乐于合作，主动与同伴交流练习，承担小组任务（10分）	20					

任务四 态势语训练

学习目标

◎了解态势语的定义及其在口语交流中的作用。

◎掌握态势语的类型和运用要求。

◎开展态势语的运用训练。

◎认识到基本功训练的重要性，坚持高效练习，为做一名优秀的保育师打好基础，培养工匠精神。

案例导航

幼儿园大一班的小朋友特别愿意和高老师说心里话，因为高老师特别关心小朋友。高老师每天都乐呵呵的，她经常蹲下来抱着小朋友聊天，而且她讲话的声音特别好听，有时候高老师还会摸摸小朋友的小脑袋。

分析：

高老师在与幼儿的交流中，恰当地运用了面部、肢体等相关的态势语，让幼儿从内心深处感受到老师的温暖，从而促进了师生更好的交流与合作。

知识链接

态势语，也称体态语言、人体语言或无声语言，是指人们在社会交往中，以其姿态、表情和动作等来表达一定语义和进行信息传递的一种无声语言。态势语在口语交流过程中扮演着十分重要的角色，其影响力不仅在于丰富和强化语言表达，更在于能够深刻影响听者的情绪和感受，进而促进双方关系的和谐与沟通效果的优化。态势语在幼儿保育工作中有独特的作用，良好的口语表达结合恰当的态势语可以有效提升保育师在幼儿保育活动中的引领作用，从而更顺利地引导幼儿开展保育活动。

一、态势语在口语交流中的作用

（一）对有声语言的替代与补充

有声语言作为语言交流中最主要的表达手段，是信息传递的主要载体。然而，在某些情况下，有声语言可能无法完全表达说话者的意图或情感。此时，态势语便能够发挥其独特的优势，对有声语言进行替代与补充。例如，在表达高兴、愤怒、惊讶等强烈的情感时，态势语如微笑、皱眉、瞪眼等能够直观地传递情感信息，使听者一目了然。此外，态势语还能够通过动作、姿态等方式对有声语言进行补充和完善，使表达更加准确、生动。基于婴幼儿身心和思维发展的特点，他们更容易接受形象、直观的表情和动作。

（二）对有声语言的突出与强化

在语言交流过程中，态势语能够对有声语言进行突出与强化。当说话者想要强调某个观点或信息时，可以通过加重语气、提高音调等有声语言手段进行表达。然而，态势语如手势、眼神等同样能够发挥强化作用。例如，在幼儿园讲故事活动中，保育师可以模仿不同动物、人物的动作、声音和表情，使有声语言更加富有感染力，从而吸引幼儿的注意力，增强幼儿的认同感和接受度。

（三）对听众情绪的调控与引导

态势语在口语交流中对听众情绪起着微妙的调控与引导作用。通过运用不同的态势语手段，说话者可以影响听众的情绪反应和认知过程。例如，在幼儿园安慰想妈妈的幼儿时，保育师可以利用轻柔的语气、温暖的微笑等态势语来传递关爱和支持；在鼓励幼儿的时候，则可以通过坚定的眼神、有力的手势等态势语来激发幼儿的斗志和勇气。这些态势语手段能够引起听众的共鸣和共情，使双方情感得以交融和升华。

（四）对个人素质的无声展示

态势语不仅是语言表达的辅助手段，更是个人素质的无声展示。一个人的态势语能够反映出其性格特征、内在涵养和道德品质等方面的信息。例如，一个举止从容、面带微笑的人往往给人留下自信、阳光的印象；而一个慌慌张张、手足无措的人则可能让人觉得其缺乏自信或应变能力。因此，在口语交流中，态势语作为一种重要的非语言信息载体，能够无声地传递说话者的内在素质和品质信息。

（五）首因效应与态势语的重要性

美国心理学家卢钦斯已经证明，首因效应在印象形成过程中有举足轻重的作用。在人际交往中，如果第一印象良好，心理状态就会兴奋，言谈就会主动，人们就有继续交谈的愿望。态势语作为构成第一印象的重要组成部分，其作用尤为明显。在交际场合中，由外貌、表情、行为举止等构成的整体仪态给人的印象要比言语更直观和迅速。因此，在口语交流中注重态势语的运用对于塑造良好的第一印象至关重要。

二、态势语的类型

（一）表情语

表情语是通过面部肌肉（眼部肌肉群、鼻部肌肉群、嘴部肌肉群）的变化展现人物内心情感的态势语。它是最直接、最自然的态势语之一，能够直观地传递出人的情感和情绪状态。例如，微笑表示友好和亲切，皱眉表示疑惑或不满，瞪眼表示惊讶或愤怒等。

（二）目光语

目光语是通过眼神的交流传递信息、表达情感的态势语。眼神是人们心灵的窗户，能够最直接地反映人们的内心状态。例如，直视对方的眼睛表示尊重和关注，眼神闪躲则可能表示心虚或不安。

（三）动作语

动作语是通过身体的动作、手势等表达意思的态势语。它可以用来强调话语、增加感情色彩，或者传递特定的信息。在交流中，人们常常运用手势来辅助言语表达，使表达更加生动、形象。例如，在描述一个物体的大小时，可以用手势来比画；在表达激动或愤怒的情绪时，可以挥舞手臂或紧握拳头。

（四）体姿语

体姿语是通过身体的姿势和体态表达意思的态势语。它可以反映出一个人的性格、情绪和态度等方面的信息。不同的体姿语可以传递出不同的信息，如自信、谦逊、紧张、放松等。例如，挺胸抬头表示自信和骄傲，低头垂肩则表示沮丧和无力。

（五）空间语

空间语是通过人与人之间的空间距离和位置关系传递信息、表达情感的态势语。不同的空间距离和位置关系可以反映出不同的关系状态和情感状态。例如，亲密的朋友之间距离会比较近，而陌生人之间则会保持一定的距离。

（六）服饰语

服饰语是通过人们的穿着打扮传递信息、表达情感的态势语。服饰可以反映出一个人的身份、地位、职业、性格等方面的信息。例如，正式的西装可以表示严谨和庄重，休闲的牛仔装则可以表示随和和自在。

每一种类型的态势语都有其独特的特点和表达方式。在交际过程中，人们要根据不同的情境和需要，灵活地运用各种态势语来传递信息、表达情感，以达到良好的交流效果。

三、态势语运用要求

态势语在演讲、教学、日常交流等多种场合中都具有重要的作用。恰当地运用态势语不仅能丰富语言表达的内容，还能增强交流的效果。不恰当地运用态势语可能会画蛇添足，影响语言表达的内容。因此，我们在运用态势语的过程中，要注意以下几点要求。

（一）自然、生动

态势语的使用应与语言表达内容、场合以及个人的性格特征、身份地位相契合，不能生搬硬套，刻意表现，甚至是故弄玄虚。态势语要随语言表达内容、场景和情绪的变化而变化，以自然的姿态、生动的表情来传递信息、表达情感。

1. 自然性

态势语应自然地融入交流中，避免刻意为之。例如，在保育师日常交流中，发言者可以通过自然的动作和表情来辅助表达，而不是刻意地摆姿势或做作地表演。

2. 生动性

态势语应具有生动性，能够吸引听众的注意力。例如，在幼儿园婴幼儿早期学习支持方面，特别是讲故事的时候，保育师要通过生动的面部表情、手势和体态，更好地传达故事情感和思想，引导婴幼儿集中注意力，认真听故事，使其产生情感共鸣。

（二）准确、精练

准确是指态势语的使用要与语言表达的内容相一致，与听众的接受力相契合。精练是指态势语要少而精，不能太多。这就要求说话者在使用态势语配合口语表达的过程中，举手投足要符合一般社交习惯，简洁明了，易于被人们看懂和接受。

1. 准确性

态势语应准确地传达信息，避免产生误解。例如，在做手势时，应确保手势的含义与口语表达的内容一致，避免听众混淆或产生误解。

2. 精练性

态势语应简洁明了，避免烦琐复杂。过多的态势语不仅会分散听众的注意力，还可能影响有声语言的正常表达。因此，保育师应精选态势语，做到少而精。

（三）适度、得体

态势语的运用要求适度得体，即动作要适量，以不影响听者对说话者的注意力为准。同时，表情、动作、体姿等必须与说话的内容、情绪、气氛相协调，不要故作姿态，花里胡哨，甚至手口不一。

1. 适度性

态势语的运用应适度，既不过于夸张也不过于拘谨。过多的态势语可能会让听众感到不适或反感，而过于拘谨的态势语则可能使演讲显得平淡无奇。因此，演讲者应根据实际情况和听众反应来调整态势语的运用。在幼儿园面向幼儿开展活动的过程中，基于幼儿的身心发展特点，保育师在态势语的运用上可略作夸张。

2. 得体性

态势语应与场合、主题和听众等相协调，不能出现粗俗的态势语设计。在不同的场合面对不同的听众时，保育师应运用不同的态势语来适应环境和听众的需求。例如，在幼儿园正式会议场合中，保育师应保持端庄稳重的态势；而在轻松愉快的场合中，保育师则可以运用更加生动有趣的态势语来吸引听众的注意力。

（四）与语言内容相协调

态势语的运用应与语言内容相协调，表达出一致的情感、内心感受和态度。如果态势语的含义与语言内容不一致，则会失去说服力，甚至使听者产生怀疑。

1. 一致性

态势语应与语言内容保持一致，共同传达保育师语言表达的意图和情感。例如，在讲故事的过程中，表达喜悦时，保育师可以通过欢快的语调和轻松的动作来增强表达效果；而在表达悲伤时，则应运用低沉的语调和凝重的动作来营造氛围。

2. 协调性

态势语应与语言内容相互协调，形成和谐统一的表达效果。保育师应注意态势语与有声语言的配合，使二者相互补充、相互增强，从而达到更好的表达效果。

（五）合理运用语音要素

除了上述要求外，保育师还应合理运用语调、停顿等语音要素来增强态势语的表达效果。例如，在适当的位置停顿可以让听众更好地理解说话者的意思；合理运用升降调、重音和音量等语音要素则可以使语言节奏与情感表达相协调。

综上所述，态势语的运用应遵循自然、生动、准确、精练、适度、得体以及与语言内容相协调等基本要求，避免过度夸张或不当使用态势语。通过合理运用态势语，保育师可以更好地传达信息、表达情感并与同事、家长、幼儿建立联系，从而增强口语表达的吸引力和说服力。

四、态势语运用训练

（一）表情语与目光语训练

面部肌肉主要包括眼部肌肉群、鼻部肌肉群、嘴部肌肉群，这些肌肉群在完成面部表情呈现的过程中基本上是共同发挥作用的，从这一方面来看，面部表情是一个统一的整体，包括表情语与目光语。人们主要通过眼、眉毛、嘴巴、面部肌肉以及它们的综合运用来反映心理活动和情感信息，所以在开展训练的时候要注意两种态势语同步综合训练。

1. 表情认知与模仿训练

观察并识别不同情绪的面部表情，如高兴、悲伤、愤怒、惊讶等。学习并理解不同文化背景下表情的共性特征和个性差异。基于职业需求，幼儿园保育师应该多注意观察幼儿不同情绪的面部表情，同时还要多观察不同年龄段人物和不同动物的表情。

模仿不同情绪的面部表情，模仿不同年龄段人物的表情，模仿不同动物的表情，例如：没牙齿的老奶奶、眨眼睛的猴子等。注意眼、眉毛、嘴巴、面部肌肉的运动和变化。训练中注意通过镜子或录像观察自己的模仿效果，并不断调整和改进。

（1）微笑训练。

对着镜子进行微笑练习，注意面部肌肉上提，唇齿相依，鼻翼微张。

尝试不同的微笑方式，如自然微笑、职业微笑，并观察哪种方式最适合自己。

（2）眼神训练。

目光语是非语言沟通的重要组成部分，通过眼神可以传递情感和信息。在人际交往中，目光语能表达尊重、关注、认可等多种情感。在工作交往中注视对方的前额部位，在社交场合中注视对方双眼至嘴巴的倒三角区域。进行不同注视角度的练习，主要包括正视、平视、仰视、环视等，并体验不同注视角度带来的心理感受。

2. 表情运用训练

在实际情境中运用面部表情来传达情感和信息。为了适应幼儿园工作岗位的需要，幼儿保育专业学生应当多开展讲故事练习，多在讲故事的过程中进行不同角色、动物的面部表情的训练。例如，故事《猴吃西瓜》中，猴王、小毛猴、短尾巴猴、老猴等猴子的年龄、性格和地位不一样，就要在表情上进行拟人化的不同呈现。再如，故事《花脸虎打喷嚏》中花脸虎生病时的各种表情等。

3. 注意事项

（1）表情训练要与心理感受同步，切忌皮笑肉不笑。

（2）注意表情与言语内容、情绪感受协调一致。

（3）表情要有所控制，不要过于夸张或过于拘谨。

学生可以利用对镜练习、视频录制、小组学习等方式进行学习，通过逐步练习，学生可以逐渐提高自己的表情语和目光语技能水平，并在实际生活和工作中更好地运用面部表情来传达情感和信息。

（二）动作语训练

动作语通过身体的动作、手势等传达信息，是非语言沟通的重要组成部分。

1. 基础动作

挥手、点头、摇头等简单动作，用于表示同意、否定、打招呼等。学习并练习这些基础动作，确保清晰、明确地传达信息。

2. 手势训练

手势语是一种通过手势传达信息的非语言沟通方式。学习常见的手势语，如OK手势、停止手势、请的手势等，并练习在不同情境中正确运用。

3. 具体训练方法

（1）模仿练习。

观看专业的手势语或身体语言视频，模仿其中的动作和手势。反复练习，直至能够流畅、自然地运用这些动作和手势。

（2）角色扮演。

设定不同的场景和角色，进行角色扮演练习。在角色扮演中，注意运用动作语来增强沟通效果。

（三）体姿语训练

体姿语通过身体的姿势、体态等传达信息，对于表达自信、尊重等情感具有重要作用。

1. 站姿训练

学习正确的站姿，如脚跟并拢、脚尖分开、挺胸收腹等。练习站姿，确保身体挺拔。

2. 坐姿训练

学习正确的坐姿，如挺胸、立腰、两腿并拢等。练习坐姿，避免弯腰驼背等不良姿势。

3. 走姿训练

学习自然的走姿，注意步伐、姿态等。练习走姿，确保行走时自信、从容。

4. 具体训练方法

（1）顶书训练。

将书本放在头顶中心，保持身体平衡，练习站姿。此方法可纠正低头、仰脸等不良站姿习惯。

（2）靠墙训练。

身体九点靠墙，包括后脑、双肩、臀、小腿、脚跟等。通过靠墙训练，确保身体挺拔、姿势正确。

（3）对镜训练。

面对镜子检查自己的站姿、坐姿和走姿。发现问题及时调整并反复练习直至正确。

（4）小组训练。

与他人组成小组进行体姿语训练。相互观察、指正并共同提高体姿语水平。

通过以上的动作语与体姿语训练，可以更好地掌握非语言沟通的技巧和方法，提升自己的沟通能力和魅力。

（四）空间语训练

空间语是一种通过利用空间来表达信息的非语言沟通方式，包括距离、位置、方向等因素。它能够影响人们对他人的感知和判断，是人际交往中不可忽略的一个方面。

1. 空间感知训练

观察环境：观察并理解周围环境中的空间布局，包括物品的位置、距离和方向。

感知距离：通过实际测量或估计，培养对距离的感知能力，如近、中、远等距离的判断。

2. 空间表达训练

描述位置：练习使用准确的词和短语来描述物品或人的位置，如“在桌子上”“在门的左边”。

指示方向：学会使用眼神、手势和身体动作来指示方向，帮助他人理解所指向的位置。

3. 空间关系训练

理解空间关系：培养对空间关系的理解，如物品之间的相对位置、大小关系。

构建空间模型：通过想象或实际搭建，构建三维空间模型，加深对空间关系的认识。

4. 具体训练方法

（1）日常生活训练。

在日常生活中，多留意周围的空间布局和物品位置，尝试用空间语言来描述和表达。在与他人交流时，刻意使用空间词汇和手势来增强表达效果。

（2）角色扮演训练。

设定不同场景和角色，进行角色扮演练习，如导游、建筑师，通过角色扮演锻炼空间语的运用能力。

（3）空间游戏训练。

利用一些空间游戏，如迷宫游戏、寻宝游戏，加深对空间关系的理解和感知。

5. 注意事项

在进行空间语训练时，要注意使用准确的词和短语来描述空间关系。眼神和手势也是表达空间关系的重要工具，要注意与语言内容协调一致。要加强练习，不断总结和反思以提升自己的空间语能力。

通过以上的空间语训练，可以更好地掌握空间感知和表达的技巧，提升自己的非语言沟通能力。

（五）服饰语训练

服饰语是通过服装、饰品等传递信息的非语言沟通方式。它能够展现个人的职业、爱好、社会地位、性情气质、文化修养等。

1. 服装搭配训练

了解基础搭配原则：如色彩搭配、款式搭配、材质搭配。

实践搭配技巧：如上下装呼应、内外搭配、配饰点缀。

关注时尚趋势：了解当前流行的元素、风格、品牌等，并将其融入自己的穿搭中。

2. 饰品搭配训练

了解不同饰品的功能和用途：如项链、耳环、手链、戒指、帽子、围巾。

学习饰品搭配技巧：如饰品与服装的协调、饰品之间的呼应。

注意饰品的材质、品质和使用场所，选择高质量、有品位的饰品，提升整体形象。在幼儿园佩戴饰品要特别注意安全和适宜两点，要确保饰品不会妨碍幼儿活动或对幼儿造成安全隐患，佩戴饰品尽量以简洁为主。

3. 场合着装训练

了解不同场合的着装要求：如正式场合、休闲场合、运动场合。在不同的传统节日，幼儿园保育师的服饰可以有相应的变化，以营造节日氛围并激发幼儿对传统文化的兴趣。

例如，春节时着装的颜色、图案和服饰选择如下。

颜色：以红色、金色为主，寓意喜庆和吉祥。

图案：可以选择具有中国传统文化特色的图案，如“福”字、祥云、龙凤。

服饰选择：

上衣可以选择红色或金色的衬衫或薄针织衫，上面带有“福”字或龙凤图案。

下装搭配深色或同色系的裤子或裙子。

配饰可以选择红色或金色的发饰、耳饰等。

端午节时着装的颜色、图案和服饰选择如下。

颜色：以绿色、棕色为主，代表粽子的颜色和端午节的自然氛围。

图案：可以选择粽子、龙舟等与端午节相关的图案。

服饰选择：

上衣选择绿色或棕色的T恤或衬衫，上面带有粽子或龙舟图案。

下装搭配浅色或同色系的裤子或裙子。

配饰可以选择与端午节相关的发饰或手链等。

应根据不同的场合选择合适的服装与饰品，展现个人形象，营造氛围，激发幼儿学习兴趣。

4. 形象塑造训练

了解个人形象塑造的重要性：如形象对个人品牌、职业发展、人际交往等方面的影响。

学习形象塑造技巧：如发型、妆容、姿态方面的调整与优化。

5. 具体训练方法

（1）观察与实践。

观察优秀穿搭案例，如时尚杂志、明星穿搭、街拍。实践穿搭技巧，尝试不同的搭配方式，逐渐找到适合自己的风格。

（2）学习与交流。

参加时尚课程或讲座，了解最新的时尚趋势和穿搭技巧。与时尚达人或专业人士交流，获取更多关于服饰语的建议和指导。

6. 注意事项

在进行服饰语训练时，要注意保持自己的风格与个性，避免盲目跟风或模仿他人。同时，要注意场合与身份的匹配性，避免因穿着不当引起不必要的误解或尴尬。

通过以上训练，可以更好地掌握服饰语的运用技巧，提升自己在人际交往中的形象与魅力。

知识拓展

六小龄童在扮演美猴王时，为了塑造出孙悟空的火眼金睛，采用了独特的眼神训练方法。这些方法结合了他的个人经历和角色特点，旨在提升眼神的聚焦、灵活性和表现力。以下是详细的眼神训练方法。

1. 看日出练固定

时间：早上不拍戏时。

方法：长时间盯着日出看，从一开始盯着，直到眼泪流下来，有时能持续10分钟到20分钟。

效果：通过长时间的注视，锻炼眼睛的持久力和专注力，使眼神更加坚定和有力。

2. 看乒乓球练灵活

时间：白天不拍戏时。

方法：站在乒乓球台旁，头不动，眼神跟随乒乓球快速移动，练习眼神的灵活性和敏捷性。

效果：通过快速跟踪乒乓球的移动，提高眼神的灵活性和反应速度，使眼神更加生动和灵动。

3. 看香头练聚光

时间：晚上不拍戏时。

方法：在黑暗的环境中点一炷香，关掉所有灯，用眼睛努力寻找香的烟火头，练习眼睛的聚光能力。

效果：通过在黑暗中寻找香头，锻炼眼睛在弱光条件下的聚光能力，使眼神更加明亮和有神。

通过这三种方法的综合训练，六小龄童成功地塑造出孙悟空的火眼金睛，使角色形象更加鲜明和生动。这些方法不仅适用于扮演孙悟空这样的角色，也可以作为普通人提升眼神表现力的有效手段。

任务训练

小组合作为故事《花脸虎的喷嚏》设计态势语。

要求：为故事中不同的角色设计态势语，注意表情、眼神、动作、体姿等的运用。

花脸虎的喷嚏

花脸虎从来不生病，这一回它感冒了。鼻子塞得好难受，要是能打个喷嚏，该有多好啊！它找来胡椒粉，放在鼻子底下轻轻一吸，“阿，阿嚏——”一个憋了好久的喷嚏打了出来，接着是第二个、第三个……花脸虎的喷嚏打得真痛快，一个比一个有威力。

花脸虎和小熊一起划船，“阿，阿嚏——”一个憋足了劲的喷嚏把小熊打进了河里。花脸虎走过小猴的果园，“阿，阿嚏——”打招呼变成打喷嚏，正在树上采果子的小猴被喷嚏震得摔了下来。

花脸虎一边走一边踢着石子生自己的气。突然，它听到大伙在一起议论这件事。小熊说：“花脸虎打喷嚏，不捂住嘴巴，太不应该了。”小猴说：“对，对，不能再发生可怕的事情了。让我们想想办法吧。”“原来，它们在想办法对付我。”花脸虎很生气。

到了傍晚，小动物们给花脸虎送来一碗药和一张纸条，上面写着：“花脸虎，请你今后打喷嚏的时候捂住嘴巴。”花脸虎喝了药，嘿，感冒好了。再打喷嚏，花脸虎知道要捂住嘴巴了。

任务评价

任务学习情况评价表

<table>
<tr><th colspan="9">教学评价</th></tr>
<tr><th rowspan="2">评价维度</th><th rowspan="2">评价标准</th><th rowspan="2">赋分</th><th colspan="4">评价主体</th><th rowspan="2">得分</th></tr>
<tr><th>自评
20%</th><th>师评
40%</th><th>互评
20%</th><th>平台
20%</th></tr>
<tr><td>专业知识</td><td>1. 了解态势语的定义及其在口语交流中的作用（10分）
2. 掌握态势语的类型（10分）
3. 掌握态势语的运用要求（10分）</td><td>30</td><td></td><td></td><td></td><td></td><td></td></tr>
<tr><td>专业能力</td><td>1. 掌握态势语的练习方法（20分）
2. 体会不同态势语练习的特点与联系（20分）
3. 学会在不同场景下运用态势语（10分）</td><td>50</td><td></td><td></td><td></td><td></td><td></td></tr>
<tr><td>专业素养</td><td>1. 对保育工作有热情，积极学习专业知识（10分）
2. 乐于合作，主动与同伴交流练习，承担小组任务（10分）</td><td>20</td><td></td><td></td><td></td><td></td><td></td></tr>
</table>

项目三

朗读训练

项目导航

朗读是保育师日常的工作任务之一。由于幼儿不识字，保育师的朗读架起儿童文学作品与幼儿之间的桥梁，对幼儿起到教育和引导作用。但在幼儿园，一部分保育师存在朗读不够自然大方，语言表现力较弱，只是把儿童文学作品念出来，而不能运用朗读的技巧，读不出作品的儿童情趣和感情韵味等问题。

作为一名合格的保育师，要能够正确欣赏、理解作品，合理运用朗读技巧来表达作品。这样才能帮助幼儿欣赏作品，更好地接受作品，从而激发幼儿的主动性与创造性，培养幼儿的想象力和创造力，提升审美情趣。

保育师要明确朗读的概念和相关要求，掌握朗读的内部与外部技巧，结合儿童文学作品将有声语言抑扬顿挫、饱含真情实感、充满童趣地表达出来，引领幼儿探索文学作品的美妙。

学习目标

◎了解朗读的概念和基本要求。

◎掌握朗读的内部技巧与外部技巧。

◎合理运用朗读技巧完成儿童文学作品的表达。

◎培养学生对儿童文学作品的鉴赏能力，提升朗读兴趣，从职业素养的角度提高学生对掌握朗读技巧的重视。

知识导图

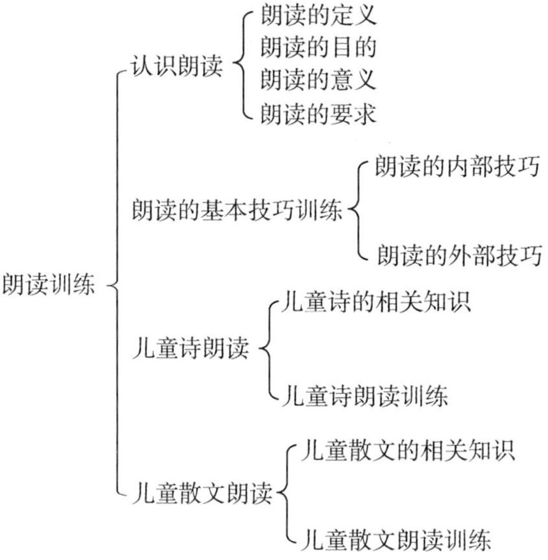

任务一 认识朗读

学习目标

◎了解朗读的概念与相关要求。

◎认识朗读的重要性，加强练习，培养保育师基本的职业语言素养。

案例导航

幼儿园的张老师最近有这样的困扰：同样的一篇儿童诗，她大声读给小朋友们听时，小朋友们东瞧西看，互相说话；而搭班的王老师读时，小朋友们都听得十分认真，连张老师自己都被王老师的朗读给迷住了。因此，她特地向王老师请教："王老师，我也读得很认真，一字不错，声音洪亮，可为什么达不到你这样的朗读效果呢？"王老师笑着说："张老师，你只是在大声地读，这并不是朗读呀。"张老师疑惑了，什么是朗读呢？自己的朗读该如何提升呢？

分析：

张老师的朗读不能吸引幼儿聆听兴趣的原因是什么？

保育师在朗读儿童文学作品时需要注意什么？

知识链接

一、什么是朗读

朗读是书面语言转变为发音规范、形象生动的有声语言的再创作活动。朗读具有创造性。通过眼睛的信息收集，到大脑解译与再创造，再到口部的表达输出，最后进行耳的二次收集，我们可以完成读、背、诵等相关活动。

范例：（表示肯定）　　　　　　　　行，不错啊。
　　　（表示烦躁、无奈）　　　　　行，不错啊。
　　　（表示否定）　　　　　　　　行，不错啊。

二、朗读的目的

朗读目的是指朗读者为什么要朗读这样的内容、这样的思想作品。同一篇作品，朗读对象不同，确定和实现的朗读目的必然不同。

例如经典幼儿故事《猴吃西瓜》，如果我们的朗读对象是幼儿，可以设定以下朗读目的：了解故事情节，记住故事人物，初步懂得不能不懂装懂的道理。但如果我们的朗读对象是幼儿保育专业的学生或成年人，那么朗读目的要根据朗读对象进行调整，可确定如下朗读目的：深刻理解故事含义，分析人物形象；联系现实，从中得到启示。

三、朗读的意义

（一）体味意境之美

朗读所展现的语言艺术中的意境之美，既包括语言文字本身的魅力，也包括我们将语言文字转化为形象生动的画面和丰富饱满的情感。这种意境之美的传递，是通过朗读者声音、节奏的变化与情感表达的方式，将朗读内容中蕴含的情感传递给读者。意境之美的表达赋予了原作文字新的生命，也让听众沉浸在深刻的艺术体验中。

（二）感受情感之美

只有技巧没有情感的朗读，就像没有灵魂的躯壳，是不完整的生命。朗读的情感之美，是指朗读者通过对作品的理解和感悟，从内心流淌出的情感表达。不同的文学作品会呈现不同的情感主旨。当我们将从作品中体会到的情感融合在朗读中，就形成了有生命力的、打动人心的、有感染力的语言。

（三）探知音乐之美

文学作品的音乐美主要体现在韵律、停顿、重音、语气、语调等方面。

请结合所学的文学作品，说一说朗读是如何帮助我们探寻语言文字中的意境美、情感美、音乐美的？

示例：朗读《荷塘月色》时，“月光如流水一般，静静地泻在这一片叶子和花上。薄薄的青雾浮起在荷塘里。叶子和花仿佛在牛乳中洗过一样；又像笼着轻纱的梦”这几句，调动了我们的生活经验，在月光、流水、薄雾、牛乳等意象中，我们看到、感受到静谧荷塘被月色笼罩的美妙意境。

再比如，儿童诗《小熊过桥》中，小熊在受到鲤鱼的鼓励后，克服恐惧、害怕，勇敢走过小竹桥，“一二一”“小熊过桥回头笑，鲤鱼乐得尾巴摇”等语句节奏感强，韵律鲜明，富有音乐美。

四、朗读与朗诵

朗读与朗诵存在以下区别。

（1）朗读可以是自我欣赏、自我宣泄，也可以是表演。朗诵面向大众，有一定的表演性质，有明确的演出目的，多数在舞台上。

（2）朗读可以不脱稿；朗诵要求脱稿。朗诵的语言是艺术化的夸张语言，需要加态势语；朗读的语言较朗诵平实，态势语可加可不加。

（3）朗读的作品涵盖各种文体，朗诵的作品一般是文学性作品。

五、保育师朗读的要求

与一般朗读不同，保育师的朗读应注意结合职业要求与特点来进行，从而让朗读的受众——幼儿更好地接受文学作品与内容。总体来说，保育师朗读的要求大致包括以下几个方面。

（一）发音规范，声、韵、调准确，咬字清晰

2012年10月，教育部印发的《3—6岁儿童学习与发展指南》指出：“幼儿期是语言发展，特别是口语发展的重要时期。幼儿语言的发展贯穿于各个领域，也对其他领域的学习与发展有着重要的影响。”由此可见，保育师使用标准、规范的普通话进行朗读，对于幼儿语言的发展至关重要。在日常朗读训练的过程中，要注意声母、韵母、声调的准确性，咬字清晰，声音响亮，语句通顺。

（二）语速恰当，语气、语调有亲和力

保育师在朗读时应选择合适的语速。对于幼儿来说，过快或者过慢的语速都是不可取的。除此之外，保育师还要面带笑容，用温暖、柔和的语气、语调来朗读文学作品，这是心中有幼儿的表现。同时，这样的朗读会让幼儿有安全感，更有助于幼儿进入朗读的内容和情境之中，达到预期的教育效果。

（三）情感充沛，控制节奏，抑扬顿挫

朗读时要注意把握作品的情感，结合节奏的快慢缓急来进行情感表达。如果是短小精悍、积极乐观的语段，那么就要用喜悦、欢快的情感进行朗读，节奏稍快；如果是抒情性作品，那么就要用稍慢的节奏进行表达。在朗读中融合不同的情感，可以使语言表达充满表现力，更容易吸引幼儿的注意力。

（四）合理运用态势语

态势语是辅助有声语言表情达意的表情、手势和动作等，又叫体态语。态势语在口语交际和朗读的过程中能够起到补充和强化、加强情感沟通、提示和暗示等作用。在给幼儿朗读作品时，更要注意综合运用态势语让语言表达更加生动形象，有感染力。例如，在朗读《小熊过桥》时，除了运用恰当的语气、语调、重音、节奏、停连

之外，在朗读特定语句时还可以加态势语。比如，朗读“小竹桥，摇摇摇”时，用动作语，两手交叉与手臂相连，作小桥的样态前后摇摆；朗读“走不稳，站不牢”时，用动作语，身体摇晃表现小熊此时的状态；朗读“小熊过桥回头笑，鲤鱼乐得尾巴摇”时，用表情语，提眉亮眼、展开笑容，表现小熊此时的情绪。合理运用态势语，能够让保育师的朗读具有更强的艺术效果。

在朗读时，我们要避免以下几种典型错误，结合保育师岗位的语言表达要求，提升自己的职业语言素养。

1. 崩字式

这种方式是指在朗读作品时一字一字地崩读而出，只注意字词读音的准确性而忽视句子之间的逻辑关系和情感起伏变化，有单字而无全篇。这种朗读方式会使声音听起来机械化。

2. 念经式

这种方式是指在朗读作品时语速快、声音小，无停连、语调、重音等变化，就像寺庙里的和尚念经一般。

3. 模式化

这种方式是指在朗读作品时用固定的腔调来完成所有语句、语段，无语气、语调上的变化。有的腔调是前高后低，有的前低后高，有的前松后紧，还有的前紧后松。声音表现的特点是一顿一顿的。

4. 表演式

这种方式是指在朗读作品时不注重再现作品中的角色“怎么说”，而是突出他们“说了什么”，忽视叙述语言表达在朗读中的重要性。

5. 固定式

这种方式是指在朗读作品时重体裁，轻内容、轻情感。用同一种腔调处理同一体裁，而不是结合作品内容和情感进行朗读变化。

知识拓展

国家级教学名师，播音界泰斗张嵩老师提出了有声语言表达的六条规律。

第一条，理解是基础。

第二条，目的是统帅。

第三条，感受是关键。

第四条，感情要运动。

第五条，声音要变化。

第六条，状态要自如。

任务训练

朗读《春天的精灵》《小山的风》，要求发音规范、情感充沛。

春天的小精灵

一列春的列车，穿过丛林，越过田野，送来了无数活泼的小精灵。

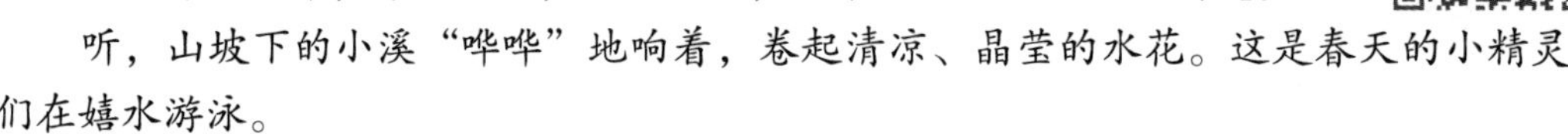

听，山坡下的小溪“哗哗”地响着，卷起清凉、晶莹的水花。这是春天的小精灵们在嬉水游泳。

瞧，青青的麦田里，麦苗儿摇啊摇。这是小精灵们在和麦苗打闹，麦苗最怕挠痒痒，笑得直不起腰。

听，翠绿的竹林里“噼啪噼啪”响。这是小精灵们在放鞭炮，闹醒了睡在泥里的笋娃娃，一个个钻出尖尖的头。

小朋友们，快来吧！和春天的小精灵们一起玩耍吧！

赏析：《春天的小精灵》是一首优美的儿童散文。文章语言优美，比喻与拟人形象生动，描绘了一幅生机盎然的热闹春景图。溪水“哗哗”地响，是春天的小精灵在“嬉水游泳”；青青麦苗摇来摇去，是小精灵在挠痒痒；春笋破土而出“噼啪噼啪”响，是小精灵在“放鞭炮”。最后，号召小朋友们在春天走进大自然，与春天的小精灵一起玩耍，充满童趣。这篇儿童散文有春景、有友情、有韵律，读来让人心情畅快。

小山上的风

［英］米尔恩

没有一个人知道，
没有一个人能告诉我：
风从什么地方来，
风到什么地方去。

它从某个地方飞来，
以它最快最快的速度；
我总是没法留住它，
我拼命跑也赶不上它的脚步！

如果我放掉手中
那系在风筝上的绳索，
那么风筝就会随着风，
飘上一天一夜也难说。

我将去寻找风筝，
看它停落在哪个山坡；
我知道那就是风，
曾经在那儿留下脚步。

因此我告诉大家，
风到什么地方去过。
但风是从什么地方来的，
还是没有谁能说个清楚。

赏析：《小山上的风》是一首儿童诗，作者是英国现代作家、儿童文学家米尔恩。作品以儿童充满好奇与探索的视角来写自然现象“风”，在探寻“风”的足迹的过程中，表现了孩童好奇、纯真的心理状态，追求生活的无忧无虑、无拘无束，向风一样自由和奔放。诗歌整体唯美清新，充满故事性，节奏感丰富，读来朗朗上口。朗读时注意文中“我”探寻风的过程的表达。

任务评价

任务学习情况评价表

教学评价							
评价维度	评价标准	赋分	评价主体				得分
			自评 20%	师评 40%	互评 20%	平台 20%	
专业知识	1. 了解朗读的概念（10分） 2. 明确朗读的相关要求（20分）	30					
专业能力	1. 使用普通话朗读，语音标准规范，咬字、吐字清晰，声音响亮，语句通顺（20分） 2. 语速适中，语气、语调、重音、停连运用恰当，节奏感强；感情饱满，表情丰富，有意境；语气亲切自然，符合幼儿的认知水平，能达到较好的教育教学效果（20分） 3. 态势语运用恰当，形体动作协调大方（10分）	50					
专业素养	1. 对保育工作有热情，积极学习专业知识（10分） 2. 乐于合作，主动与同伴交流练习，承担小组任务（10分）	20					

任务二　朗读的基本技巧训练

学习目标

◎理解与掌握朗读的内部技巧与外部技巧。

◎结合朗读的基本技巧，声情并茂地表达文学作品，培养保育师所需要具备的语言表达能力。

案例导航

在今年的保育师基本功大赛上，宋老师和王老师这两位选手都抽到了儿童诗《我们飞向北京》。她们都是第一次朗读这个作品，但是二人的临场表现却完全不同。王老师凭借充满感情、抑扬顿挫的朗读得到了全场最高分，摘得比赛的桂冠。赛后，评委老师对宋老师说："宋老师，你要加强对作品的理解呀，否则再好的音质也朗读不出作品想要表达的准确情感。"

分析：

根据评委老师的建议，你觉得宋老师朗读的问题在哪儿？

宋老师的参赛经历告诉我们朗读要注意什么呢？仅仅有好的声音条件就足够了吗？

知识链接

朗读非常重要的一个作用就是让静态的文学作品"活"起来，赋予文学作品生命力。朗读者通过声音的传递，将作者在作品中的所见、所思进行描绘，是文学作品和听众之间一座非常重要的桥梁。因此，准确把握作品的内涵，揣摩作者的情感，将作品完整地传递给听众，是朗读者在备稿过程中的关键一步。在朗读时，要将自己置身于作者所存在的世界，充分调动情感，准确传递作品思想。只有将自己的理解和感悟内化为情、外化为声，这样的朗读才能够打动人心。而内化为情就是朗读者运用朗读内部技巧的过程。

一、朗读的内部技巧

朗读的内部技巧包括熟悉理解作品、把握作品的感情基调、感受作品。

（一）熟悉理解作品

熟悉作品是指我们在朗读之前要对稿件有一定的熟悉程度，拿到作品就进行朗读的方式是不可取的，这样非常容易出现朗读过程中情感把握不准确等问题。因此，朗读者要在备稿时再三朗读作品，熟悉朗读内容；疏通文义，扫清文字障碍；明确听众群体，分清朗读对象。在熟悉作品的基础上，不断地理解作品。

理解作品是对熟悉作品的更深层次的要求，即我们要明确朗读的目的，把握作品的感情基调，设计合理的朗读符号。

设计作品的朗读符号之前，我们需要学习几种常用的符号。

（1）停顿号——“∧”。

（2）间歇号——“⩓”。

（3）连接号——“◡”。

（4）重音号——“.”，次重音号——“∿∿∿”。

（5）短语号——“＿＿＿＿”。

小试牛刀：尝试给以下语句设计朗读符号，并用恰当的感情进行朗读。

（1）别了，我爱的中国，我全心爱着的中国！

（2）我最爱的，还是那片蓝蓝的海！

（3）桃树、杏树、梨树，你不让我，我不让你。

（4）桂林的山真奇呀，桂林的山真秀哇！

（5）中国常驻联合国日内瓦办事处代表团临时代表侯志通，今日上午递送了一份照会。

（二）把握作品的感情基调

感情基调是指作品的基本情调，也就是朗读者要把握的作品总的感情色彩。简单来说，作品的感情基调可以分为几种类型，例如，深沉、欢快、悲伤、激情。对作品感情基调的定性就好比学习歌曲时，要注意标记在这首曲子上的风格特点，以此作为歌唱时的一种感情凭证。作品的感情基调应贯穿于整个作品的创作之中。

（三）感受作品

感受作品包括对作品的形象感受与逻辑感受。

1. 形象感受

形象感受是指朗读者通过视觉、听觉、嗅觉、味觉、触觉等对所表达的事物进行具体、能动的体验。这种体验可以借助联想和想象来完成。也就是说，我们需要积累丰富的日常生活的经历与体验，做一个有心人，这样才能在形象感受中充分释放这种能动体验，触发自己对于作品的感情。

片段练习：尝试调动个人的各类感观，有感情地朗读以下作品。

（1）乌龟一口咬住狐狸尾巴，狐狸疼得大叫：“哎哟！谁咬我的尾巴！”

（2）她又擦了一根。火柴燃起来了，发出亮光来了，亮光落在墙上，那儿忽然像薄纱那么透明，她可以一直看到屋里。桌上铺着雪白的台布，摆着精致的盘和碗，肚子里填满了苹果和梅子的烤鹅正冒着香气。

（3）我们漫步田野。在林间草地上我意外地发现了一颗晚熟的硕大草莓。我把它含在嘴里，它是那样的香，那样的甜，真是一种稀世的佳品！它那沁人心脾的气味，在我的唇边久久不曾消逝。

（4）一阵风把蜡烛吹灭了。月光照进窗子来，茅屋里的一切好像披上了银纱，显得格外清幽。贝多芬望了望站在他身旁的兄妹俩，借着清幽的月光，按起了琴键。

皮鞋匠静静地听着。他好像面对着大海，月亮正从水天相接的地方升起来。微波粼粼的海面上，霎时间洒满了银光。月亮越升越高，穿过一缕一缕轻纱似的微云。忽然，海面上刮起了大风，卷起了巨浪。被月光照得雪亮的浪花，一个连一个朝着岸边涌过来……皮鞋匠看看妹妹，月光正照在她那恬静的脸上，照着她睁得大大的眼睛，她仿佛也看到了，看到了她从来没有看到过的景象，月光照耀下的波涛汹涌的大海。

2. 逻辑感受

逻辑感受是指我们在进行作品创作的过程中对语言文字所反映的客观事物之间关系的主观感受。作者创作的语言序列是包含一定内在逻辑的，例如并列感、转折感、主次感、递进感、因果感等多种逻辑感受。逻辑感受的抽象色彩更加浓厚。例如："你可以去那里，但是要注意安全！"中的"但"就具有转折感，需要我们用声音表达出来。

结合朗读内部技巧的要求，我们以《我爱这土地》为例来分析、训练。

我爱这土地

艾青

假如我是一只鸟，
我也应该用嘶哑的喉咙歌唱：
这被暴风雨所打击着的土地，
这永远汹涌着我们的悲愤的河流，
这无止息地吹刮着的激怒的风，
和那来自林间的无比温柔的黎明……
——然后我死了，
连羽毛也腐烂在土地里面。

为什么我的眼里常含泪水？
因为我对这土地爱得深沉……

赏析：《我爱这土地》该如何准确把握情感进行语言的有声传递呢？首先，我们需要了解这首爱国短诗的写作背景。1938年，日本侵略者在中华大地肆意践踏，抗战爆发。在国土沦丧、民族危亡的紧急关头，艾青用直接抒情的方式写下《我爱这土地》，向祖国捧出一颗赤子之心，表达自己对国家的爱和对敌人的恨，情感细腻且悲壮。这首诗也非常适合作为幼儿园语言活动的内容，在幼儿的心中种下一颗爱国的种子。

其次，再朗读几遍诗歌，疏通文义，明确这首诗歌的感情基调是深沉悲伤且饱含激情的，抒发了作者对国家真挚的爱。因此，听众需要震撼于我们所传递的作品中的浓烈情感。基于此，我们对这首诗歌就有了初步的理解。

接下来，我们深度感受作品，结合充分的联想和想象，将自己放置在作者所在的世界当中，即进入诗歌的情境之中。歌声是嘶哑的，甚至耳边不断传来哭声和惨叫；

眼前是一片又一片的废墟，暴风雨击打在身上，冰凉彻骨……尽管如此，“我”却依然爱着这片土地，因为我对我的祖国爱得深沉……结合之前我们对作品的了解与理解，再结合感受作品时充分调动的联想与想象，那么我们的脑海中就会像电影剧目一般一帧一帧地进行放映，情感也在这个过程中自然而然地随之抒发出来。

同时，“这无止息地吹刮着的激怒的风，和那来自林间的无比温柔的黎明……”构成了转折感，可以理解为，尽管“我”在这片土地上活得非常痛苦，但是我仍然对未来充满希望。因此，在朗读这一句时需要注意情感的变换。

知识拓展

著名朗诵艺术家乔榛曾说：“朗诵是一种艺术的再创造，需要融入情景、融进情感，去除烟火气。”

任务训练

朗读《生活的邀请函》《雨后》《捉月亮的网》，运用朗读的内部技巧，准确把握作品的情感，深度感受作品，有感情地进行朗读。

生活的邀请函

［加拿大］奥雷阿

我不在乎你如何谋生，
只想知道你有何渴望，
是否敢追逐心中梦想。
我不关心你年方几何，
只想知道面对爱情和梦想，
你是否会无所保留，
像个傻瓜般投入得透彻。
生命的背叛，
在你心口上划开缺口，
热情逐日消减，
恐惧笼罩心田，
我想知道，
你能否和伤痛共处，
用不着掩饰，或刻意忘却，
更别把它封堵。
我想知道，
你能否和快乐共舞，
翩翩起舞，无拘无束，
从嘴唇，到指尖，
到脚趾头都把热情倾注。

这一刻，
忘记谨小慎微，现实残酷，
忘记生命的束缚。
我想知道，
你能否从每天平淡的点滴中发现美丽，
能否从生命的迹象中寻找到自己生命的意义。
我想知道，
你能否坦然面对失败，
——你的或者我的，
即使失败，也能屹立湖畔，
对着一轮银色满月呼喊："我可以！"
我想知道，
当悲伤和绝望整夜踯躅，
当疲倦袭来，伤口痛彻入骨，
你能否再次爬起来，为生活付出。
我不关心你认识何人，为什么在此处。
我想知道，生命之火熊熊燃烧时，
你是否敢和我一起，
站在火焰中央，凛然不怵。
我不关心你在哪里受什么教育，
我想知道，
当一切都背弃了你，
是什么将你支撑着前行。
我想知道，你是否经受得住孤独，
空虚时，你是否真正热爱独处。

赏析：《生活的邀请函》是加拿大女诗人奥雷阿的代表作之一，创作于20世纪90年代。这首散文诗的起因是她参加了一个再平常不过的聚会，为了搞清楚她感到的空虚，她写下了这些文字。

这首散文诗深刻地触及了亲密关系的本质，告诉我们为了回应爱与被爱的邀请，我们必须首先向自己发出邀请。文中所展现出的对人生的思考具有蓬勃的生命力，它在激励着我们每一个人活在当下，不忘初心，追求真我！字里行间充满力量，鼓励我们坦然地经历失败、痛苦与孤独，找寻生命的意义、幸福和喜悦。

雨后

冰心

嫩绿的树梢闪着金光，

广场上成了一片海洋！
水里一群赤脚的孩子，
快乐得好像神仙一样。
小哥哥使劲地踩着水，
把水花儿溅起多高。
他喊："妹，小心，滑！"
说着自己就滑了一跤！

他拍拍水淋淋的泥裤子，
嘴里说："糟糕——糟糕！"
而他通红欢喜的脸上，
却发射出兴奋和骄傲。

小妹妹撅着两条短粗的小辫，
紧紧地跟在这泥裤子后面，
她咬着唇儿，
提着裙儿，
轻轻地小心地跑，
心里却希望自己
也摔这么痛快的一跤！

赏析：冰心的《雨后》是一首描写孩童可爱举止、纯真心态的儿童诗，也是一首洋溢着童趣的欢乐的歌曲。全诗共四个小节，主要描写一对小兄妹在雨后踩水嬉戏的情状和心理。

作品风格明快，语言幽默。在这首诗中，冰心为我们描绘了一幅新中国儿童幸福生活的欢乐图；她寓情于景，寓理于境，通过几个小小的画面，创造出一个既能捉摸，又可感知，生动、欢快氛围中的艺术境界。朗读时要用轻快的语速、欢乐的情感进行表达。

捉月亮的网

［美］希尔沃斯坦

我做了一个捉月亮的网，
今晚就要外出捕猎。
我要飞跑着把它抛向天空，
一定要套住那轮巨大的明月。

第二天，假如天上不见了月亮，

你完全可以这样想：
我已捕捉到了我的猎物，
把它装进了捉月亮的网。

万一月亮还在发光，
不妨瞧瞧下面，你会看清，
我正在天空自在地打着秋千，
网里的猎物却是个星星。

赏析：《捉月亮的网》是希尔沃斯坦的一首脍炙人口的小诗。作者通过第一人称叙述的方式，带给读者一种亲切、真实的感受。全诗描写了“我”活泼胆大、勇于探索的精神。文中的“我”想要月亮，于是“我”就做了一个捉月亮的网。这教育幼儿想要的东西就要通过自己的力量努力争取。“网里的猎物却是个星星”告诉幼儿即使得不到月亮，得到星星也是一种意外的收获，要具备乐观的心态。全诗充满童趣和大胆的想象，在轻快的节奏中讲述了“我”捕月亮的过程。

二、朗读的外部技巧

听众是通过朗读者的整体表现来了解文学作品的内涵的，在此，有声语言的表达成了朗读唯一的、最直接的载体。在有声语言创作的过程中，除了需要运用内部技巧将稿件内化于情，更需要运用外部技巧将情感外化为声。外部技巧，即停连、重音、语气、节奏。这些技巧的运用，都是为抒发传递情感、优化舞台效果服务的。这四种常用技巧在朗读中缺一不可，而且不可分割。

（一）重音

在朗读中，为了准确地表达语意和思想感情，有时需要强调那些起重要作用的词或短语，被强调的这个词或短语通常叫重音。

练一练：

（1）请运用重音突出下列句子中所要强调的重点内容。

你明天去北京吗？
你**明天**去北京吗？
你明天**去**北京吗？
你明天去**北京**吗？

（2）问答：同桌之间互相提问回答，完成练习。

谁在读英语？	我在读英语。
你在读什么？	我在读英语。
你在干什么？	我在读英语。
你在读英语吗？	我在读英语。

范例：

白杨礼赞（节选）

茅盾

那是力争上游的一种树，笔直的干，笔直的枝。它的干通常是丈把高，像加过人工似的，一丈以内绝无旁枝；它所有的丫枝呢，一律向上，而且紧紧靠拢，也像加过人工似的，成为一束，绝不旁逸斜出；它的宽大的叶子也是片片向上，几乎没有斜生的，更不用说倒垂了；它的皮光滑而有银色的晕圈，微微泛出淡青色。这是虽在北方风雪的压迫下却保持着倔强挺立的一种树！哪怕只有碗那样粗细，它却努力向上发展，高到丈许，两丈，参天耸立，不折不挠，对抗着西北风。

这就是白杨树，西北极普通的一种树，然而决不是平凡的树！

它没有婆娑的姿态，没有屈曲盘旋的虬枝。也许你要说它不美丽——如果美是专指“婆娑”或“旁逸斜出”之类而言，那么，白杨树算不得树中的好女子。但是它伟岸，正直，朴质，严肃，也不缺乏温和，更不用提它的坚强不屈与挺拔，它是树中的伟丈夫！

赏析：《白杨礼赞》是现代著名作家茅盾的一篇抒情散文。作者以托物言志的抒情方式，毫不吝啬地高度赞美了西北边塞上挺拔、伟岸、质朴的白杨树。作者由此联想到北方抗日战士的斗争精神，抒发了作者对民族解放的坚定信念。因此这个作品读来，情感饱满动人，充满力量和斗志。朗读时，要体味其中的情感，注意重音的读法。对白杨树的描写，例如“向上”“坚强不屈”“挺拔”等，要加强语势，字字着力。“它是树中的伟丈夫”是作者情感的高潮，表达了作者对白杨树所象征的革命斗争精神的高度赞扬。

练一练：朗读以下作品，思考、感悟文中加点词语读重音的原因。

春天的雪花

陈万鹏

刚才小雨沙沙，
现在又飘雪花：
一朵，两朵……
飞上我的脸颊，
冰丝丝的
一颗水珠儿，
滚进嘴巴——
哈，春天的滋味真美啊！

（二）语调

为了适应思想感情表达的需要，说话或朗读时，句子总是要有高低升降的变化，这种变化就形成了语调。语调是有声语言所特有的，它是句子的语音标志，任何句子都有一定的语调。借助语调，有声语言才有极强的表现力。

同样一个“我”字，采用不同的语调可以回答不同的问题。

① 谁是班长？——我。　　　　（语调平稳，句尾稍抑）

② 你的电话！——我？　　　　（语调渐升，句尾稍扬）

③ 谁负得了这个责任？—我！　　（语调降得既快又低）

④ 你来当班长！——我？！　　（语调曲折）

1. 平调

平调是指语调平稳，没有什么重读或强调的显著变化。一般的叙述、说明，以及表示迟疑、深思、冷淡、悼念、追忆等思想感情的句子，都用这种语调。例如：

① 在我的家里，珍藏着一件白色的的确良衬衫。《一件珍贵的衬衫》

② 在一个晴朗的下午，总部和党校的同志刚做完宿营准备工作，朱总司令来了。《草地晚餐》

2. 升调

运用升调时，语调由低逐渐升高，常用于表示疑问、反诘、惊异、命令、呼唤、号召的句子。例如：

① “这儿到底出了什么事？”奥楚蔑洛夫挤进人群里去，问道，“你在这儿干什么？你究竟为什么举着那个手指头……谁在嚷？”《变色龙》

② “共产主义是不可战胜的！”《坚强的战士》

③ 这是胜利的预言家在叫喊：——让暴风雨来得更猛烈些吧！《海燕》

3. 曲折调

曲折调是指语调曲折变化，对句中某些音节特别地加重、加高或延长，形成一种升降曲折的调子。这种语调常用来表示夸张、强调、反语等较为特殊的语气。例如：

“哈！这模样了！胡子这么长了！”一种尖利的怪声突然大叫起来。《故乡》

4. 降调

降调是指语调由高逐渐降低，末尾的字低而短。这种语调常用来表示肯定、祈使、允许和感叹的语气。例如：

① 十二年过去了，那小姑娘的爸爸一定早回来了。《小桔灯》

② 然后他呆在那儿，头靠着墙壁，话也不说，只向我们做了一个手势：“散学了，你们走吧。”《最后一课》

范例：

囚歌

叶挺

为人进出的门紧锁着，　　平
为狗爬出的洞敞开着，　　平
一个声音高叫着：　　曲
——爬出来吧！给你自由！　　曲

我渴望自由，　　平
但我深深地知道——　　降
人的身躯怎能从狗洞子里爬出！　　升

我希望有一天，　　平
地下的烈火，　　升
将我连这活棺材一齐烧掉，　　降
我应该在烈火与热血中得到永生！　　降

赏析：这首《囚歌》是叶挺在1942年写于重庆集中营牢房墙壁上的一首红色述志诗歌。前两句“为人进出的门紧锁着，为狗爬出的洞敞开着”是对监狱场景的描写，用平调来表达作者面对严酷恶劣的斗争环境、敌人的利诱时的面不改色和对革命的执着信仰。而“爬出来吧！给你自由！”是革命党反动派的惯用伎俩，曲折调表示蔑视和嗤之以鼻。“人的身躯怎能从狗洞子爬出”，话锋陡转，语气铿锵而又坚决，用升调来传递这种视死如归的强烈的革命意志。

（三）停连

什么是停连呢？停连是指朗读过程中声音的断和连，是朗读时的特殊“标点符号”。停连是朗读者调节气息的需要和结果，能够准确地表达意思；可以强调和突出重点；还可以控制节奏，形成抑扬顿挫的旋律美。意断情相连，声断气不断。

不同的停连可以表达不同的句子含义。

例如：他看见/我笑了。

　　　他看见我/笑了。

在具体的诗歌朗读中，停连的运用可以让诗歌的情感表达更加深入人心。例如，近现代著名诗人舒婷的《致橡树》中有这样几句：“也不止像险峰，增加你的高度，衬托你的威仪。甚至日光。甚至春雨。”在“衬托你的威仪”后适合设置停顿，而“也不止像险峰，增加你的高度，衬托你的威仪”和“甚至日光。甚至春雨”设计连读，更有助于朗读者情感的抒发。

停顿的方式有落停、扬停两种。

落停是指时间相对较长的停顿，声音结合内容顺势而落，声气均停止。落停常用于一个相对完整的句段之后，例如，多用于句号、问号、感叹号等标点处。

扬停是指时间相对较短的停顿，停顿时声断气不断。扬停多用在一个句段还未读完而又需要停顿的地方。

练一练：请运用恰当的停连技巧朗读以下语句。

（1）为了实现中华民族伟大复兴的共同理想，我们共同奋斗、携手并肩就一定能构建出伟大祖国繁荣富强的盛世欢颜。

（2）中宣部等单位今天上午在人民大会堂举办形势报告会，劳动和社会保障部部长在会上作了关于我国劳动社会保障现状及发展前景的报告。

（3）全国两会召开前夕，中央对作为年度政府“施政纲领”的《政府工作报告》

展开密集研讨，并广泛征求民意。后金融危机时代，保持经济平稳较快发展，透露出今年中国施政的一些关键指向。

（4）火车进站的汽笛一响，她立刻背上包袱，拽着儿子，抱起才一岁多的女儿，匆匆跟随大家往里涌，生怕挤不进去。

（5）一项名为“境外华文媒体老总最关心的两会话题”的调查今天揭晓，房价、物价、教育、医疗等民生话题成为最受关注的两会热点。

（四）节奏

节奏是有声语言运动的一种形式，由朗读者结合作品内容引发的思想感情的波澜起伏而产生抑扬顿挫、轻重缓急的声音形式的循环往复。在朗读时，我们不要特别注意语言节奏的转换，而是要追求语言节奏跟随情感的转变而变化，这样的表达会使朗读更加自然、生动。

节奏运用的方法主要有以下几种：欲扬先抑，欲抑先扬；欲快先慢，欲慢先快；欲重先轻，欲轻先重；欲高先低，欲低先高。

范例：

我学写字

［比利时］卡列姆

当我学着写“小绵羊”，
一下子，树呀，房子呀，栅栏呀，
凡是我眼睛看到的一切，
就都弯卷起来，像羊毛一样。

当我拿笔把“河流”，
写上我的小练习本，
我的眼前就溅起一片水花，
还从水底升起一座宫殿。

当我的笔写好了“草地”，
我就看见在花间忙碌的蜜蜂，
两只蝴蝶旋舞着，
我挥手就能把它们全兜进网中。
要是我写上“我的爸爸”，
我立刻就想唱唱歌儿蹦几下，
我个儿最高，身体最棒，
什么事我都能干得顶呱呱。

赏析：在朗读这个作品时，我们要处理好节奏，更好地表达作品的感情。“一下子，树呀，房子呀，栅栏呀”要连接起来并且要用稍快的节奏，表现欢快的情绪。而

“就都弯卷起来，像羊毛一样”标点处有停顿，“像羊毛一样”要用稍慢的节奏，表现“我”的想象，突出诗歌的童趣。

知识拓展

戏剧表演艺术教育家、理论家斯坦尼斯拉夫斯基说过：“哪里有生活，哪里就有动作；哪里有动作，哪里就有活动；哪里有活动，哪里就有速度；哪里有速度，哪里就有节奏……总而言之，在我们生存的每一瞬间，我们内部和外部都存在着某一种速度节奏。”

任务训练

一、分小组练习：分析《城市变森林》的节奏，并结合提示进行朗读训练（斜线表示停顿）

城市变森林

杜风

墙边/种了一排爬山虎，它们伸出小脚/爬到墙上，砖墙/变成了绿墙。它们爬到窗框上，窗口/变成了绿窗子。

爬山虎爬呀，爬呀，爬上/屋顶，爬满/整座房子。泥砌的砖房子，变成了绿房子。

绿茸茸的房子，盖满叶子，夏天/好阴凉。蜜蜂、蜻蜓在绿房子上飞着，憩着。

秋天，树木的叶子/黄了，落了。房子/也开始落叶了。

到了春天，暖风一吹，燕子飞过，房子重新长出叶芽，密密丛丛/红色的嫩芽。

我们的房子活了，变成了/活房子。

如果城里的人/都种爬山虎，所有的房子/就会变成一座森林。

我们天天住在森林里，在森林里/踢球、读书、上街、睡觉。那该多有趣！

二、熟读以下作品，明确作品的感情基调，找出重音和停连的位置，用恰当的语势和节奏进行朗读

1. 济南的冬天

老舍

对于一个在北平住惯的人，像我，冬天要是不刮风，便觉得是奇迹；济南的冬天是没有风声的。对于一个刚由伦敦回来的人，像我，冬天要能看得见日光，便觉得是怪事；济南的冬天是响晴的。自然，在热带的地方，日光是永远那么毒，响亮的天气，反有点叫人害怕。可是，在北中国的冬天，而能有温晴的天气，济南真得算个宝地。

设若单单是有阳光，那也算不了出奇。请闭上眼睛想：一个老城，有山有水，全在天底下晒着阳光，暖和安适地睡着，只等春风来把它们唤醒，这是不是理想的境界？

小山整把济南围了个圈儿，只有北边缺着点口儿。这一圈小山在冬天特别可爱，好像是把济南放在一个小摇篮里，它们全安静不动地低声地说：“你们放心吧，这儿准保暖和。”真的，济南的人们在冬天是面上含笑的。他们一看那些小山，心中便觉

得有了着落，有了依靠。他们由天上看到山上，便不知不觉地想起：“明天也许就是春天了吧？这样的温暖，今天夜里山草也许就绿起来了吧？”就是这点幻想不能一时实现，他们也并不着急，因为有这样慈善的冬天，干啥还希望别的呢。

最妙的是下点小雪呀。看吧，山上的矮松越发的青黑，树尖上顶着一髻儿白花，好像日本看护妇。山尖全白了，给蓝天镶上一道银边。山坡上，有的地方雪厚点，有的地方草色还露着，这样，一道儿白，一道儿暗黄，给山们穿上一件带水纹的花衣；看着看着，这件花衣好像被风儿吹动，叫你希望看见一点更美的山的肌肤。等到快日落的时候，微黄的阳光斜射在山腰上，那点薄雪好像忽然害了羞，微微露出点粉色。就是下小雪吧，济南是受不住大雪的，那些小山太秀气。

古老的济南，城里那么狭窄，城外又那么宽敞，山坡上卧着些小村庄，小村庄的房顶上卧着点雪，对，这是张小水墨画，也许是唐代的名手画的吧。

那水呢，不但不结冰，倒反在绿萍上冒着点热气，水藻真绿，把终年贮蓄的绿色全拿出来了。天儿越晴，水藻越绿，就凭这些绿的精神，水也不忍得冻上，况且那些长枝的垂柳还要在水里照个影儿呢！看吧，由澄清的河水慢慢往上看吧，空中，半空中，天上，自上而下全是那么清亮，那么蓝汪汪的，整个的是块空灵的蓝水晶。这块水晶里，包着红屋顶，黄草山，像地毯上的小团花的灰色树影；这就是冬天的济南。

2. 致橡树

舒婷

我如果爱你——
绝不像攀援的凌霄花，
借你的高枝炫耀自己；
我如果爱你——
绝不学痴情的鸟儿，
为绿荫重复单调的歌曲；
也不止像泉源，
常年送来清凉的慰藉；
也不止像险峰，
增加你的高度，衬托你的威仪。
甚至日光。
甚至春雨。
不，这些都还不够！
我必须是你近旁的一株木棉，
作为树的形象和你站在一起。
根，紧握在地下，
叶，相触在云里。
每一阵风过，
我们都互相致意，

但没有人
听懂我们的言语。
你有你的铜枝铁干，
像刀，像剑，
也像戟；
我有我红硕的花朵，
像沉重的叹息，
又像英勇的火炬。
我们分担寒潮、风雷、霹雳，
我们共享雾霭、流岚、虹霓。
仿佛永远分离，
却又终身相依。
这才是伟大的爱情，
坚贞就在这里：
爱——
不仅爱你伟岸的身躯，
也爱你坚持的位置，足下的土地。

任务评价

任务学习情况评价表

教学评价							
评价维度	评价标准	赋分	评价主体				得分
			自评 20%	师评 40%	互评 20%	平台 20%	
专业知识	1. 了解朗读的内部技巧与外部技巧（20分） 2. 明确运用朗读技巧的相关要求（20分）	30					
专业能力	1. 运用朗读的内部技巧，充分理解和感受作品（20分） 2. 运用外部技巧，声情并茂地朗读文学作品（20分）	50					
专业素养	1. 对保育工作有热情，积极学习专业知识（10分） 2. 乐于合作，主动与同伴交流练习，承担小组任务（10分）	20					

任务三　儿童诗朗读

学习目标

◎学习并理解儿童诗的相关知识。

◎强化儿童诗歌作品的训练，提高对作品的理解与分析能力，准确表达诗歌作品。

◎掌握儿童诗的朗读方法，灵活运用，提升个人朗读水平，练好语言表达基本功。

案例导航

幼儿园举行教师节“我来读诗”特色活动，要求保育师每人朗读一首儿童诗，并由小朋友给保育师打分，评选出“最受欢迎的朗读者”。

分析：

保育师们在选择参赛作品时需要注意什么？

赵老师很想获得小朋友们对她这次朗读的喜欢，那么在朗读时应该怎么做呢？

知识链接

一、儿童诗的相关知识

（一）什么是儿童诗

儿童诗是指主体接收对象为儿童且适合儿童阅读、欣赏和吟诵的诗歌。因为接受群体的特殊性，儿童诗的内容要适合儿童的身心发展规律和审美特点。儿童诗既包括成人诗人为儿童创作的诗，也包括儿童为表达情感而创作的诗，内容浅显易懂。

儿童诗中体现的情感需要从儿童心灵深处抒发出来，绘声绘色地传递出儿童真、善、美的愿望，真挚的感情，可爱的童趣，其目的是“表达儿童”，让儿童在朗读后产生情感上的共鸣。

（二）儿童诗的特点

儿童诗作家林良说，儿童诗是“浅语的艺术”。它具有以下几个方面的特点。

1. 选材密切联系儿童生活

儿童诗有的取材于作者对大自然的体验，例如山河湖泊、花鸟鱼虫、风雨雷电以及其他自然事物或现象。有的则取材于日常生活中的点滴小事，例如儿童一日生活的各个方面，其中包括儿童的心灵世界。例如，金波的《其实我是……》。

其实我是……

金波

其实我是一朵云，
当我在天空，
自由的飘动时，
我想这样告诉你。
其实我是一只蝴蝶，
当我在花尖飞舞着，
看见了很多昆虫，
我想这样告诉你。
其实我是一片黄叶，
当我从树上飘落了，
把大地染成金色时，
我想这样告诉你。

2. 语言简练易懂，节奏感强

儿童诗的语言是简练的，具有音乐性，讲究语言的韵律、节奏。为贴合朗读的受众群体——儿童的心理特点，其语言要浅显易懂、口语化，用词平实浅近。例如，叶圣陶的《小小的船》。

小小的船

叶圣陶

弯弯的月儿小小的船，
小小的船儿两头尖。
我在小小的船里坐，
只看见闪闪的星星蓝蓝的天。

3. 作品朗朗上口，具有音乐美

音乐美是儿童诗的一大魅力所在。押韵和节奏使得诗歌具有较强的音乐感和节奏感。韵脚和句式的分布排列，既形成全诗回环整齐的美感，又能够兼顾不同年龄段儿童的特点。从受众群体的角度来说，儿童的年龄越小，那么儿童诗的韵脚就要越整齐划一，达到朗朗上口的效果。例如，蒋应武的《小熊过桥》。

小熊过桥

蒋应武

小竹桥，摇摇摇，
有只小熊来过桥。
走不稳，站不牢，
走到桥上心乱跳。

头上乌鸦哇哇叫，
桥下流水哗哗笑。
“妈妈，妈妈，你来呀，
快把小熊抱过桥！”
河里鲤鱼跳出水，
对着小熊高声叫：
“小熊小熊，不要怕，
眼睛向着前面瞧。
一二三，向前跑！”
小熊过桥回头笑，
鲤鱼乐得尾巴摇。

4. 情感朴素且充满童趣

儿童诗的情感特点是朴素纯真，有童心、童真和童趣。儿童的世界是不断探索的、充满好奇的，他们最容易感受到自然界的美、生活中的美，永远保持一份新鲜感。例如，张国南的《春天是这样来的》。

春天是这样来的

张国南

叮咚叮咚，
小溪试了试清脆的嗓子，
啊，春天是唱着歌来的！
呼啦呼啦，
柳枝弯了弯柔软的腰，
啊，春天是跳着舞来的！
哔剥哔剥，
春笋在泥土里快乐地拔节，
啊，春天是放着鞭炮来的！

5. 想象丰富，构思巧妙

儿童诗充满丰富和新奇的想象。在儿童诗中，作者借助想象的翅膀，可以给任何事物赋予生命，让这些事物能够开口表达自己的思考和想法。例如，李苏华的《红眼珠》。

红眼珠

李苏华

小白兔，真爱哭，一不高兴呜呜呜。
它说自己尾巴短，对着爸爸呜呜呜。
她嫌衣服没有花，对着妈妈呜呜呜。
它说萝卜不好吃，打着滚儿呜呜呜。

呜呜呜，呜呜呜，黑眼珠变红眼珠。

与此同时，儿童诗能够通过别样的视角叙述生活中一些平常的事物，从而产生新奇的艺术效果。例如，金波的《致老鼠》。

致老鼠

金波

我喜欢你们——
一双机灵的眼睛，
粉红的耳朵。
虽然爱做坏事，
可我还是喜欢你们。

如果我到了你们的王国，
一定要你们，
洗脸、洗手、洗澡、刷牙。
还要教会你们，
自己劳动，
做事不要偷偷摸摸。

我还要给你们，
介绍个朋友——
它的名字叫猫。

（三）儿童诗的分类

在类别的划分上，儿童诗与一般诗歌大体相似，可以从不同的角度进行分类。最常见的是根据运用的表现手段，将儿童诗分为抒情诗和叙事诗两大类。由于儿童诗的涵盖面比较广，常常以诗的外壳包容儿童文学其他样式和内容。因此，还可以把儿童诗分为童话诗、寓言诗、科学诗、故事诗、讽刺诗、题画诗等。

1. 抒情诗

抒情诗是作者以主人公的口吻，直接抒发内心的思想感情而形成意象的文学样式。抒情主人公直接流露心灵，体现出鲜明的自我色彩。例如，刘向阳的《掏鸟窝》。

掏鸟窝

刘向阳

门前大榕树上的鸟窝，
伴随着成长。
童年里的时光，
就这样悄悄地溜走，
只留下回味，

在记忆深处珍藏。
飞快地爬上树梢，
掏到了鸟蛋。
妈妈耐心地说，
鸟蛋可以变成小鸟，
在蓝天上飞来飞去，
自由自在地翱翔。
毛茸茸的小鸟，
长着一对彩色的翅膀，
捕捉山野间的小虫，
喂进小小的嘴里。
阳光下的鸟窝，
童年最快乐的时光。

2. 叙事诗

叙事诗是运用诗歌的语言，以情节或人物为线索展开内容，带着浓郁的诗情去抒写人和事。例如，柯岩的《帽子的秘密》。

帽子的秘密（节选）

柯岩

我的哥哥可不是个普通的人，
他是一个三年级生。
他一连考了那么些个五分，
妈妈送他一顶帽子当奖品。

这顶帽子的颜色可真蓝，
漆黑的帽檐亮闪闪，
别说把它戴在头上，
就是看看心里也喜欢。

可是这顶帽子有点奇怪，
它的帽檐老是掉下来；
妈妈把它缝了又缝，
不知道为什么它总是坏。

妈妈叫我跟哥哥一块儿，
好看看帽檐怎么会掉下来。
可是哥哥只要一见我，
马上就把我赶开。

今天我偷偷地到了他的学校，
这事儿一下子就弄明白：
他们七八个三年级生，
一出校门就把帽檐扯下来。

他们在空地上来回地跑，
又喊“靠岸”又喊“抛锚”……
哥哥拿着个望远镜——木头的，
四面八方到处瞧。

儿童诗与儿歌同属于儿童诗歌类，既有诗歌的共性特征，又有各自的个性特征，二者存在以下区别。

（1）二者的受众群体不同。儿歌的主要受众群体是学龄前期的儿童，儿童诗的主要受众群体则是学龄期的儿童。

（2）主题思想的表现方式不同。相较而言，儿童诗主题思想的表达深刻、含蓄，且常常以间接的方式表现出来；而儿歌在主题思想的表现上比较直接、浅显。

著名儿童文学作家金本曾说：“儿童诗应以儿童为抒情主人公，这是儿童诗创作的基本原则。这方面，凡做得好的，读者就喜欢、爱品味、受感染；凡做得不好的，读者就不喜欢、不接受、远离之。”

二、儿童诗朗读训练

（一）选择儿童诗

保育师要选择易于儿童接受和朗读的诗歌。由于儿童诗的题材、风格、内容、篇幅等多样，数量庞大，因此保育师要结合教学目的、教学目标和教学对象有针对性地选择相应的儿童诗歌作品。

选择的儿童诗歌主题和内容要适合儿童的年龄特点和理解能力，让他们能够在朗读过程中感受到诗歌的美感和韵律，达到美育效果。尽量选择短小精悍、简单易懂、语言生动活泼的作品，这样更容易引发儿童的兴趣和共鸣。

保育师应根据不同类别儿童诗的文体特点，采用不同的朗读方法。例如，朗读叙事诗时着重表现诗歌中的情节和人物性格；朗读抒情诗时则着重表现感情基调和抒情主线。

（二）运用朗读技巧

从朗读的内部技巧的角度，保育师要注意熟悉和理解儿童诗作品，全方位地了解作品的创作背景、作家创作的目的和心境。还要运用联想和想象深度感受作品，理解诗歌的情感，培养创造精细的角色感的能力，创设丰富的内心视像。需要注意的是，儿童诗的语言包括叙述语言和角色语言，朗读时要加以区分。叙述语言平实，语气、语调和语速变化不大；朗读角色语言时要用精细的角色感来找准角色的特点，形成内心视像，最后通过准确的声音造型，塑造出贴合作品内容的生动的形象。

练习：

月亮

每一棵树梢，
挂一个月亮，
小鸟说：
“月亮和我好。”
每一湾池塘，
漂一个月亮，
青蛙说：
“月亮和我好。”

朗读时发音准确，运用适中的语速，根据诗歌的节奏和情感适当调整语速和语调。儿童诗具有很强的节奏感和音乐美，因此要注意通过合理的停顿，更好地表达作品的意境和情感。

诗歌的基石是情感，它也是连接朗读者、作品、作者、听众的重要桥梁。只有运用朗读技巧恰当地表达儿童诗的情感，才能达到良好的教育效果。例如，我们在朗读时要注意修辞语句的表达，体现诗歌的节奏韵律美。通常情况下，儿童诗会运用拟人、排比、比喻、夸张等修辞手法，还会辅以一些拟声词使作品更加生动形象。保育师在朗读时，要综合把握作品中的形象、情感，划分停连，将诗歌的节奏和韵律之美表达出来。

练习：

春天

常福生

春天是一本
彩色的书——
黄的迎春花，
红的桃花，
绿的柳叶，
白的梨花……

春天是一本
会唱的书——
春雷轰隆隆，
春雨滴滴答，
燕子唧唧唧，
青蛙呱呱呱……

春天是一本
会笑的书——
小池塘笑了，
酒窝圆又大，
小朋友笑了，
咧开小嘴巴……

赏析：整首诗歌的感情基调是积极且欢快的。作者将春天看作会唱、会笑的书本，运用了比喻、拟人的修辞，再加上排比，将感情很好地渲染出来。在朗读时，要运用停连、重音等呈现春天生机勃勃的景象。全诗韵律感、节奏感很强，朗读时要注意展现诗歌的这一特点。

同时，我们也要注意运用虚实相间的声音造型，来展现诗歌的童趣之美、意境之美。在前文我们提到过，朗读的意义之一就是能够帮助我们体会作品的意境之美。那么在诠释作品的过程中，朗读者要注意结合作品的意象和角色的特点进行艺术设计。例如《植物妈妈有办法》，就是通过意象呈现富有童趣的意境。作品用拟人手法，分别写了蒲公英、苍耳和豌豆妈妈传播种子的方法，在朗读时我们要以轻松活泼、充满童趣的感情基调和虚实相间的声音造型来展现诗歌的意境之美。

除此之外，保育师要葆有童心，展开想象，用富有童趣的声音，朗读出节奏和韵律美，塑造不同形象的特点和诗歌的意境美。在朗读时可以加上表情动作和头饰，丰富艺术效果。还可以在朗读时创设一个温馨、有趣的朗读环境（例如，利用音乐、布景等辅助工具来营造氛围），让幼儿在轻松愉快的氛围中欣赏诗歌，与老师一同朗读。

知识拓展

《儿童世界》是五四运动后中国出版的第一份儿童文艺刊物。胡适的白话诗《蝴蝶》，被认为是中国现代儿童诗的第一篇尝试之作。

任务训练

按照朗读提示完成下列儿童诗作品，小组之间互相进行朗读展示。

春雨

刘饶民

滴答，滴答，下雨啦！
种子说："下吧，下吧，我要发芽。"
梨树说："下吧，下吧，我要开花。"
麦苗说："下吧，下吧，我要长大。"
孩子说："下吧，下吧，我要种瓜。"

滴答，滴答，下雨啦！

赏析：刘饶民的《春雨》是一首脍炙人口的儿童诗，这首诗运用了拟人的手法，读起来朗朗上口，体现了作者对春雨的喜爱之情，充满了童趣。开篇运用了“滴答，滴答”的拟声词，让读者瞬间进入春雨淅沥的环境中。不同的诗歌意象“种子”“梨树”“麦苗”“孩子”从不同的角度发声，表现了在生机盎然的春天，在春雨的浇灌下，他们可爱又饱满的生命力。诗歌以“滴答，滴答，下雨啦”结束，首尾呼应，结构完整。

风

叶圣陶

谁也没有看见过风，
不用说我和你了。
但是树叶颤动的时候，
我们知道风在那儿了。

谁也没有看见过风，
不用说我和你了，
但是林木点头的时候，
我们知道风正走过了。

谁也没有看见过风，
不用说我和你了，
但是河水起波的时候，
我们知道风来游戏了。

赏析：叶圣陶的这首小诗，写看不见也摸不着的风，在写法上另辟蹊径。一般写风，较为常见的是写风的听觉形象，也就是风声；很少有人写风的视觉形象。在这首诗里，由于风力所致，树叶颤动，林木点头，使人“看”到了它的存在，给出了视觉形象。仔细品味，好像“颤动”的不是树叶，“点头”的不是林木，而是风借助树叶和林木显形了，非常巧妙。通过这首诗歌，我们可以从科学的角度让幼儿感受风的形状，同时教育幼儿在日常生活中利用不同的感官来认识世界。

门前

顾城

我多么希望，有一个门口

早晨，阳光照在草上

我们站着
扶着自己的门扇
门很低，但太阳是明亮的

草在结它的种子
风在摇它的叶子
我们站着，不说话
就十分美好

有门，不用开开
是我们的，就十分美好

赏析:《门前》是顾城写于1982年8月的一首充满童心的诗，诗句质朴平淡，明白如话，充满天真烂漫的遐想，节奏轻快，意境天然纯真、如沐春风。作者仅仅用了太阳、土地、草与风等意象，就勾勒了一幅充满童真的画面。“草在结它的种子/风在摇它的叶子/我们站着，不说话/就十分美好。”无论是作者描绘的太阳，还是草地，都令人怦然心动，令人向往。语言平实浅易，以童心自然、纯挚的思绪注入诗歌意象与意蕴。然而，这只是一首表达诗人内心理想追求的小诗，我们只能站在门前，向往美好，欣赏诗中流露出来的蓬勃的生命状态，轻触诗中流动的生命脉搏。

任务评价

任务学习情况评价表

教学评价							
评价维度	评价标准	赋分	评价主体				得分
			自评 20%	师评 40%	互评 20%	平台 20%	
专业知识	1. 学习并理解儿童诗的定义、特点和分类等（10分） 2. 了解儿童诗朗读训练的相关要求（20分）	30					
专业能力	1. 强化儿童诗的朗读训练，提高对作品的理解与分析能力（20分） 2. 掌握儿童诗的朗读方法，灵活运用，提升个人朗读水平（30分）	50					
专业素养	1. 对保育工作有热情，积极学习专业知识（10分） 2. 乐于合作，主动与同伴交流练习，承担小组任务（10分）	20					

任务四　儿童散文朗读

学习目标

◎学习并理解儿童散文的相关知识。

◎掌握儿童散文的朗读方法，加强训练，提高儿童散文作品的朗读能力，培养基本的朗读技能。

案例导航

今天下雨了，豆豆老师带小朋友们到走廊上看雨。雨点打在树叶上，发出“沙沙”的声音，像在唱歌。“小朋友们快看！”豆豆老师指着栏杆：“这里有一只小蜗牛。”小朋友们都围了过去。小蜗牛背着棕色的壳，慢慢地爬着，身后留下一道亮晶晶的痕迹。“它要去哪里呀？”小美问。豆豆老师笑着说：“你们还记得昨天读的散文《小蜗牛去旅行》吗？也许它也在寻找自己的梦想。”小明蹲下来，轻轻地说：“小蜗牛，你要加油哦！”小朋友们都笑了。雨还在下，但大家的心里暖暖的。原来，散文里的小蜗牛真的来到了大家身边，带着我们去发现生活中的美好。

分析：儿童散文以生动的语言和丰富的想象，激发幼儿的好奇心，培养他们的语言表达能力，陶冶情操，引导他们发现生活中的美好，是幼儿心灵成长的宝贵养分。

知识链接

一、儿童散文的相关知识

（一）什么是儿童散文

儿童散文是散文的一种，之所以命名为儿童散文，是针对阅读对象而言的。

儿童散文语言浅易易懂、准确凝练，充分生活化和儿童化。儿童散文与儿童审美感受和审美能力相适应，其文体结构和散文基本结构类似，即“形散神聚”。

（二）儿童散文的特点

（1）叙述方式具有故事性。

（2）抒发儿童认同的感情。

（3）追求富有儿童情趣的诗意美。

（三）儿童散文的分类

1. 叙事型

叙事型儿童散文的主要目的是讲述事件，特点是融情于景和事。叙事型儿童散文往往取材于儿童的现实生活，将事件素材进行精准提炼、巧妙构思，从而具有较为鲜明的生活气息与真实感受。叙事型儿童散文有的是以写人为主，有的是以写事为主。

2. 抒情型

抒情型儿童散文的主要目的是抒发内心情感。用强烈的情感与情绪、强烈的主观意识去创造诗化、情感化的艺术空间，是抒情型儿童散文艺术表现的主要特点。

3. 议论型

议论型儿童散文的主要目的是利用文学手段阐明事理。通过对现实中可感可触的人、事、物、景等的叙写向儿童说明某种道理，作品理趣相生，具有很强的可读性。

二、儿童散文朗读训练

（一）熟悉、理解、感悟儿童散文作品

朗读儿童散文首先要熟悉作品，要弄清楚文中字、词、语句等的含义，明确主题思想，找准感情基调。其次要充分理解作品，分析内容体现的情感变化。朗读时需要努力和作品产生共鸣，使自己的感受接近作品的情感，充分表现作品的童真和童趣。

（二）进入作品情境，触景生情

通过联想和想象，融合作品中所有的要素（例如人物、情节、环境、情绪等）在脑海中形成画面。通过对文字的理解产生内心视像，朗读时要注意适当夸大，将幼儿带入作品的情境中，引发共鸣。

（三）注意讲述的对象感

作为保育师，我们在给幼儿朗读儿童散文时，要保持积极的状态。其次要做到“心中有幼儿”，要时刻把幼儿放在自己的心里，真诚地和他们交流，随时观察幼儿聆听的状态，并以此为依据调整自己的节奏、语调等。

（四）自然亲切，贴近幼儿心灵

朗读儿童散文时，语速要比日常说话稍慢，要注意读得亲切，读得有声有色，如临其境、如见其人、如闻其声。

知识拓展

儿童文学作家吴然曾说：儿童散文的“视角”，就是既要有一颗孩子的心和一双孩子看世界的眼睛，对世间万物充满新奇和新鲜的想象力，又要用孩子的语言把这种冰心老人说的“童心”和“天真”艺术地表达出来。

任务训练

一、以儿童散文作品《金色的小船》为例，一起分析内容，并完成练习

金色的小船	确定感情基调，充满喜悦，感受秋天的意境之美。
小草黄了，树叶黄了，我听见风踩在树叶上沙沙地响。	描绘内心视像的画面，画面中小草在哪里，树叶在哪里，蝴蝶在哪里，小河在哪里……进入散文情境，看到小草在地上，树叶在树上，眼神、语调的高低随着所描述事物位置的不同进行相应的调整。 朗读前调整好气息，表现“我听见风”时，做出侧耳倾听的动作，利用身体语言配合朗读，语速适中。
金黄色的树叶，像一只只美丽的蝴蝶在空中飞来飞去。	纷飞的树叶就像一只只飞舞的美丽蝴蝶，此时我们眼前的场景要广阔，美轮美奂，朗读时要全身心陶醉在美景之中。
有一片小小的黄叶飞到了我的肩头上，悄悄地对我说：“我来了！”	这一片小小的黄叶牵动着“我”的心，朗读时要在我们心中把这片黄叶飘落的路线描绘出来，自然地望向肩头。“悄悄”轻读，“我来了！”用耳语，要把期盼、欣喜的情绪通过这三个字充分地表现出来。
我把这片小小的黄叶托在手心，轻轻地送进一条小河里。黄叶变成了一只金色的小船。	朗读“托在手心”“轻轻地送进”时要做出相应的动作，动作是轻柔的，语调是舒缓的，读最后一句时内心要充满喜悦。
秋风吹来，吹动着金色的小船。小船，慢慢地向远方驶去……	最后一段“吹”轻读，气息增多。要真实再现场景，气息松弛，语音轻柔，把风吹动小船渐行渐远的感觉表现出来。

二、整体把握下列儿童散文的段落大意，感受作品并确定感情基调，设计重音和停连符号，用合适的语调和节奏完成朗读

1. 春

朱自清

盼望着，盼望着，东风来了，春天的脚步近了。

一切都像刚睡醒的样子，欣欣然张开了眼。山朗润起来了，水涨起来了，太阳的脸红起来了。

小草偷偷地从土里钻出来，嫩嫩的，绿绿的。园子里，田野里，瞧去，一大片一大片满是的。坐着，躺着，打两个滚，踢几脚球，赛几趟跑，捉几回迷藏。风轻悄悄的，草软绵绵的。

桃树、杏树、梨树，你不让我，我不让你，都开满了花赶趟儿。红的像火，粉的像霞，白的像雪。花里带着甜味儿；闭了眼，树上仿佛已经满是桃儿、杏儿、梨儿。花下成千成百的蜜蜂嗡嗡地闹着，大小的蝴蝶飞来飞去。野花遍地是：杂样儿，有名字的，没名字的，散在草丛里，像眼睛，像星星，还眨呀眨的。

“吹面不寒杨柳风”，不错的，像母亲的手抚摸着你。风里带来些新翻的泥土的气息，混着青草味儿，还有各种花的香，都在微微润湿的空气里酝酿。鸟儿将巢安在繁花嫩叶当中，高兴起来了，呼朋引伴地卖弄清脆的喉咙，唱出宛转的曲子，与轻风流水应和着。牛背上牧童的短笛，这时候也成天嘹亮地响着。

雨是最寻常的，一下就是三两天。可别恼，看，像牛毛，像花针，像细丝，密密

地斜织着，人家屋顶上全笼着一层薄烟。树叶子却绿得发亮，小草也青得逼你的眼。傍晚时候，上灯了，一点点黄晕的光，烘托出一片安静而和平的夜。在乡下，小路上，石桥边，有撑起伞慢慢走着的人；还有地里工作的农夫，披着蓑，戴着笠的。他们的草屋，稀稀疏疏的，在雨里静默着。

天上风筝渐渐多了，地上孩子也多了。城里乡下，家家户户，老老小小，也赶趟儿似的，一个个都出来了。舒活舒活筋骨，抖擞抖擞精神，各做各的一份事去。“一年之计在于春”，刚起头儿，有的是工夫，有的是希望。

春天像刚落地的娃娃，从头到脚都是新的，它生长着。

春天像小姑娘，花枝招展的，笑着，走着。

春天像健壮的青年，有铁一般的胳膊和腰脚，他领着我们上前去。

2. 只拣儿童多处行

冰心

从香山归来，路过颐和园，看见颐和园门口，就像散戏似的，成千盈百的孩子，闹嚷嚷地从门内挤了出来。这几扇大红门，就像一只大魔术匣子，盖子敞开着，飞涌出一群接着一群的关不住的小天使。

这情景实在有趣！我想起两句诗，“儿童不解春何在，只拣游人多处行”，反过来也可以说，“游人不解春何在，只拣儿童多处行”。我们笑着下了车，迎着儿童的涌流，挤进颐和园去。

我们本想在知春亭畔喝茶，哪知道知春亭畔已是座无隙地！女孩子、男孩子，戴着红领巾的，把外衣脱下搭在肩上拿在手里的，东一堆，西一簇，唧唧呱呱地，也不知说些什么，笑些什么，个个鼻尖上闪着汗珠，小小的身躯上喷发着太阳的香气息。也有些孩子，大概是跑累了，背倚着树根坐在小山坡上，聚精会神地看小人书。湖面无数坐满儿童的小船，在波浪上荡漾，一面一面鲜红的队旗，在骀荡的东风里哗哗地响着。

我们站了一会，沿着湖边的白石栏杆向玉澜堂走，在转折的地方，总和一群一群的孩子撞个满怀，他们匆匆地说了声“对不起”，又匆匆地往前跑，知春亭和园门口大概是他们集合的地方，太阳已经偏西，是他们归去的时候了。

走进玉澜堂的院落里，眼睛突然地一亮，那几棵大海棠树，开满了密密层层的淡红的花，这繁花开得从树枝开到树梢，不留一点空隙，阳光下就像几座喷花的飞泉……

春光，就会这样地饱满，这样地烂漫，这样地泼辣，这样地华侈，它把一冬天蕴藏的精神、力量，都尽情地挥霍出来了！

我们在花下大声赞叹，引起一群刚要出门的孩子，又围聚过来了，他们抬头看看花，又看看我们。我拉住一个额前披着短发的男孩子，笑问：“你说这海棠花好看不好看？”他忸怩地笑着说：“好看。”我又笑问：“怎么好法？”当他说不出来低头玩着纽扣的时候，一个在他后面的女孩子笑着说：“就是开得旺嘛！”于是他们就像过了一关似的，笑着推着跑出门外去了。

对，就是开得旺！只要管理得好，给它适时地浇水施肥，花也和儿童一样，在春天的感召下，欢畅活泼地，以旺盛的生命力，舒展出新鲜美丽的四肢，使出浑身解数，这时候，自己感到快乐，别人看着也快乐。

朋友，春天在哪里？当你春游的时候，记住“只拣儿童多处行”，是永远不会找不到春天的！

3. 根据提示朗读下面的散文

一朵会说会笑的山菊花

滕毓旭

孩子和妈妈在树林里捉迷藏。

两只粉红色的蝴蝶从妈妈身边飞走，追着扑楞楞的小辫儿，飘进花丛里不见了。

“妈妈，你找呀，看我藏在哪？”①

妈妈故意不往花丛那边看，却向一棵大树走去。树儿轻轻摇，发出哗啦啦、哗啦啦的响声，一簇簇小蘑菇，擎着伞儿站树下。②

“妈妈，别到大树后面找，那里有小鸟，别吓飞了它！”③

妈妈停住了，还是不往花丛那边望，却故意用手拨开草丛。一只大肚蝈蝈被惊动了，一个高儿蹦到草尖上，悠悠打起了秋千。

“妈妈，别到草丛里找，那里有小兔，别吓跑了它！”

这时，妈妈踮起脚尖儿，一步步向花丛走去。孩子闭着眼，咯咯笑着。④突然，妈妈一下把孩子抱住了。⑤

孩子仰着脸儿，不明白地问：“妈妈，你怎么知道我藏在花里呀？”⑥

妈妈甜甜地说：“我的小妞妞，是朵会说会笑的山菊花！”⑦

提示：《一朵会说会笑的山菊花》描写的是妈妈和孩子捉迷藏的生活场景，展现了幼儿爱护自然、保护小动物的天真情态。同时，文中也表现了母子之间亲厚有爱的互动，突出母爱的主题。朗读时要注意角色语言的区分，整体用轻快、活泼的语气。其中，① 要用充满期待的语气，表明孩子和妈妈做游戏时的快乐。② 注意拟声词的节奏感，语速适中。③“妈妈”“别到”“别吓飞”要加重语气，“有小鸟”语调上扬。这一句的朗读和句式相仿的“妈妈，别到草丛里找，那里有小兔，别吓跑了它！”的朗读做同样处理。④ 语速放慢，起到暗示妈妈马上要找到孩子的情节的作用。⑤“突然”语速稍快，突出情节的变化。⑥“你怎么知道”用疑问语气，表现孩子的疑惑不解。⑦ 要读得欢快、喜悦。

任务评价

任务学习情况评价表

教学评价							
评价维度	评价标准	赋分	评价主体				得分
			自评 20%	师评 40%	互评 20%	平台 20%	
专业知识	1. 学习并理解儿童散文的定义、特点和分类等（10分） 2. 了解儿童散文朗读训练的相关要求（20分）	30					
专业能力	1. 加强儿童散文的朗读训练，提高对作品的理解和感悟能力（20分） 2. 掌握儿童散文的朗读方法，加强训练，提高朗读技能（30分）	50					
专业素养	1. 对保育工作有热情，积极学习专业知识（10分） 2. 乐于合作，主动与同伴交流练习，承担小组任务（10分）	20					

项目四

讲故事训练

项目导航

讲故事是幼儿教育中的重要环节，通过生动有趣的故事，可以激发幼儿的想象力，培养他们的语言表达能力，并传递积极的价值观和道德观念。讲故事不仅是保育师的基本技能之一，也是与幼儿建立情感联系、促进其认知和情感发展的重要手段。因此，掌握讲故事的技巧和艺术，是保育师职业能力的重要组成部分。

本项目要求保育师通过讲故事训练，不仅能够提升自身的语言表达能力和情感共鸣能力，还能够在日常保育工作中更好地运用故事这一工具，促进幼儿的全面发展。

学习目标

◎了解讲故事，明确其在幼儿园保育工作中的作用。

◎运用讲故事技巧，绘声绘色讲故事。

◎提升学生信心，激发爱岗敬业情感。

知识导图

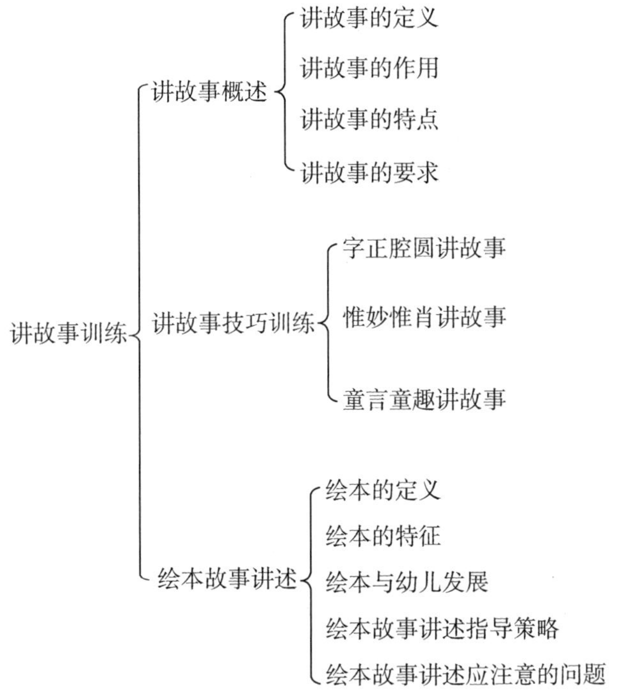

任务一 讲故事概述

学习目标

◎了解讲故事的定义、作用、要求及讲故事训练类型，掌握讲故事要求。

◎初步达到讲故事要求，大胆表现，能在同学面前讲述故事。

◎培养“有爱”的幼教工作者，传递爱、激励爱、唤醒爱，立足幼儿保育岗位，做“四有”保育师。

课前练读

一个胖娃娃，抓了三个大花活河蛤蟆，
三个胖娃娃，抓了一个大花活河蛤蟆。
抓了一个大花活河蛤蟆的三个胖娃娃，
真不如抓了三个大花活河蛤蟆的一个胖娃娃。

案例导航

红旗幼儿园中班保育师王老师近期有个困扰：她班的小朋友张嘉豪经常去找她告状："王老师，小林大声说话。""王老师，小丽今天带小点心了。"……只要看到王老师空闲，他就跑来告状，王老师很是无奈，用了很多方法，张嘉豪还是我行我素，严重影响了王老师的正常工作。有一天，王老师听到一个绘本故事《不要告状，除非是大事》。于是，她把这个故事讲给孩子们听，并请孩子们想一想：哪些事情需要告诉老师，哪些事情不需要告诉老师？慢慢地，她发现张嘉豪改掉了爱告状的小毛病。

分析：案例中张嘉豪的问题在幼儿园十分常见，如果保育师对孩子告状不理不睬，就会打击孩子的积极性，伤害孩子的自尊心。对于这个年龄段的孩子，如果单纯说教，他们接受起来有点困难。另外，保育师还要锻炼孩子自己解决问题的能力。因此，可以通过故事讲述，进行情感提升，引导孩子联系到自己，进而改正问题。相比直接说教，这种方式更容易让孩子接受。

知识链接

故事浩如烟海，它们大到记录着国家发展的历史、民族的精神、智慧的结晶，小到记述朋友相处、家庭关系、情感变化等，传递着真善美。教育要从娃娃抓起，幼儿从小听着这些故事长大，在这个过程中，对国家的认同感、对文化的亲近感逐步增强，精神世界亦逐渐丰富。同时，故事能够把幼儿很难用语言表达的渴求、压力与无助以外化的形式投射出来，然后再把解决问题的方法表现出来。讲述者通过讲故事，用自己的情感浸润幼儿的心灵，带领他们在故事的世界中快乐成长！

一、什么是讲故事

讲故事就是运用普通话，把故事绘声绘色地讲出来。在幼儿园里，讲故事就是幼儿教师或者保育师用标准的普通话、得体的态势语、形象的角色语言、丰富的情感变化，把故事绘声绘色地讲给幼儿听。讲故事是中职保育师必备的一项基本技能。《幼儿园工作规程》第一章第五条"幼儿园保育和教育的主要目标"明确指出："培养正确运用感官和运用语言交往的基本能力。""喜欢听故事、看图书"则是《幼儿园教育指导纲要》中语言领域的活动目标。《保育师国家职业技能标准（2021年版）》要求中级保育师在"促进语言发展"方面，"能通过童谣、儿歌、故事、绘本等为婴幼儿提供丰富的语言经验"。由此可见，会讲故事、讲好故事在幼儿园的重要性。讲故事是幼儿教育的重要内容，也是常见的活动形式之一，具有寓教于乐、综合性强、教育效果好等特点。因此，具备良好的讲故事技巧，是中职幼儿保育专业学生必备的一项专业技能。

故事的类型有很多，如神话故事、寓言故事、童话故事、幼儿生活故事，它们各有特点。在给幼儿讲故事的时候，要根据对象、时间、目的选择合适的故事。

故事是幼儿成长过程中一缕缕光耀夺目的七彩阳光，是一扇扇瞭望大千世界的迷人窗口，它们带领幼儿徜徉在大自然的美丽风光中，聆听爱的歌谣。

二、讲故事的作用

（一）用故事引领成长，教育润物无声

故事在儿童的成长过程中，起着不可忽视的作用。故事可以传递知识和智慧，通过历史故事、革命故事、生活小故事等，可以帮助幼儿理解什么是正义、善良、忠诚。故事还可以让幼儿感受到爱的力量，感受到快乐，感受到美。一个个故事，触动幼儿的心灵，让他们产生共鸣。例如革命故事《鸡毛信》《小兵张嘎》，把一个个小英雄的形象生动地展现在听众面前，幼儿可以从中学到忠诚、勇敢、坚强、爱国等情感和价值观。童话故事《快乐王子》，可以使幼儿体会到爱的力量、友谊的崇高等，起到良好的教育效果。

（二）用故事舒缓情绪，促进心理健康

心理学家研究过讲故事对幸福感的影响，发现讲故事可以使我们更快乐。当我们在讲故事、听故事、分享故事的时候，也是在做对心理健康有益的事情。故事可以让我们开心、难过、失望……在一个个故事中，幼儿体验到各种情绪的变化，在故事人物的互动和听说双方的互动中，引导幼儿宣泄情绪困扰，促进幼儿心理健康发展。比如绘本故事《生气汤》，书中通过描写妈妈帮助儿子霍斯煮汤来发泄不良情绪，帮助儿子认识到自己的情绪并进行情绪管理，引导幼儿用健康的方式释放情绪，从而使幼儿健康快乐成长。

（三）用故事拉近距离，建立良好关系

在人类的进化过程中，语言的出现加快了人类的发展。对于故事的热爱是与生俱来的，很多幼儿都会缠着家长和老师讲故事，好的讲述者能够使听众快速地与讲述者建立信任，产生共鸣。保育师在与幼儿沟通的过程中，可以通过讲故事快速获得幼儿的信任，与幼儿建立良好的关系，这样会使自己的工作取得事半功倍的效果。

案例：

大熊的拥抱节

今天是森林城的拥抱节，和谁拥抱就表示愿意和谁做朋友。清晨，大熊早早就出了门。它给自己定了一个目标，要和100个朋友拥抱！

远远地，大熊看见袋鼠哥哥，连忙张开双臂：“袋鼠哥哥，你好！我们拥抱吧？”袋鼠哥哥支吾着说：“嗯，我很忙。”说着，就跑了。

大熊尴尬地放下手臂，安慰自己说：“没关系，还有好多拥抱的机会呢。”呀，前面一蹦一跳过来的不是漂亮的兔妹妹吗？大熊赶紧张开双臂：“亲爱的兔妹妹，你好！我们拥抱吧？”兔妹妹停也不停，哼着歌儿过去了。

大熊愣了一下，生气地甩了甩手，说：“哼，真没礼貌！”

大熊再往前走，看见了红狐狸。大熊张开双臂说：“红狐狸弟弟，你好！我们拥抱吧？”红狐狸却绕了过去，连个招呼也没打。

天快黑了，大熊没有拥抱到一个朋友，心里难过极了。“昨天，我把兔妹妹的萝卜全拔光了。我还老是揪袋鼠哥哥和红狐狸的尾巴。”想到这里，大熊的眼泪一滴一滴

落下来。

这时，小动物们手牵着手走过来，看见孤零零的大熊，都愣住了。大熊赶紧站起来，捂着脸跑回家了。

“我今天没有拥抱大熊。”兔妹妹说。

“大熊看上去很伤心呢！”袋鼠哥哥说。

小动物们你看看我，我看看你，都往大熊家走去。

天黑了，大熊晚饭也没吃，独自躺在床上想心事。

“笃笃笃！”是谁敲门？

大熊慢吞吞地走过去开门。门一开，大熊惊呆了！

小动物们在门前排起了长长的队伍，一个个张开双臂，说：“大熊，祝你拥抱节快乐！我愿意做你的朋友！”大家一个接一个地拥抱了大熊。大能的眼泪越来越多，比刚才没人拥抱它时还要多。“对不起！”大熊对所有的好朋友说。

月亮的银光柔柔地洒在森林城，洒在互相拥抱着的小动物们身上。这真是一个令人难忘的拥抱节呀！

分析：《大熊的拥抱节》是一篇富有童趣、令人感动的儿童文学作品，以森林城的小动物举行“拥抱节”为线索，描绘了大雄快乐——伤心——感动的情绪变化。本故事不仅能让幼儿体验大雄的心理变化，而且鼓励幼儿分析他人的心理，设身处地为他人着想，理解拥抱的意义；引导幼儿认识到与同伴友好相处的重要性，懂得同伴之间要相互宽容，从而发展幼儿的社会情感并形成良好的心理品质。

三、讲故事的特点

（一）教育性

不同的故事，包含着不同的价值观，如勇敢、善良、友好、团结、尊重、爱等。给幼儿讲故事，不仅能让他们获得快乐，还能开拓视野，增加文化内涵，起到潜移默化的教育效果。

（二）趣味性

故事的内容具有趣味性，对幼儿有很大的吸引力。讲述者语言的生动性和讲述过程中的互动性，都会增加故事的趣味性，使幼儿更容易接受。

（三）表演性

我们要遵循幼儿好动、天真、无拘无束的特性，绘声绘色地讲故事，吸引幼儿的注意力，运用眼神、手势、动作等丰富的态势语，让幼儿更加深入地理解故事，增强情感交流，并给幼儿表现的机会，锻炼幼儿的表达能力、协作能力和创造性，促进幼儿全面发展。

（四）再创性

在讲述故事的过程中，保育师可以充分发挥联想和想象，联系幼儿的日常生活，进行再创造，让幼儿产生共鸣，并对他们个人习惯和品德的养成产生积极影响。

四、讲故事的要求

（一）选择故事

在幼儿园，讲故事是寓教于乐的有效手段，深受幼儿欢迎。保育师在给幼儿讲故事的时候，不仅要选择思想健康、内容科学的故事，还要注意故事的审美性、娱乐性，选择的故事要适合儿童的年龄特点，篇幅适中，便于讲述。同时，保育师要注意根据幼儿一日活动的不同阶段，选择符合时机的故事，如午睡前可以给幼儿讲《白云枕头》《月亮船》等故事，引导幼儿安静、快速入睡。下午放学前幼儿等家长来接的那段时间，可以给幼儿讲《小水滴旅行记》《猜猜我有多爱你》等故事，引导幼儿安静地等待家长，了解家人对自己的关爱，认识到家的温暖。

（二）熟悉故事，对故事做适当修改

我们在选好故事后，接下来就要熟悉故事。讲述者首先要熟悉故事情节、角色、内容，对故事进行适当修改，然后反复熟读，能够熟练、生动地讲故事。比如故事《猜猜我有多爱你》，这个故事是山姆·麦克布雷尼的经典儿童文学作品，是一个充满爱的故事。故事讲述了小兔子和妈妈在晚上睡觉之前的一段对话。小兔子用伸开手臂、高高举起手等动作表达对妈妈的爱，妈妈也用各种回应来表达对小兔子的爱。作者把“爱的表达与衡量”这些看似深奥的问题通过故事展现出来，体现了母子之间浓浓的亲情。整篇故事以小兔子问妈妈“猜猜我有多爱你”展开，通过对话，用“高”和“远”把母子之间温暖的情感形象地表达出来。

改编故事：《闪闪的红星》

改编前：

冬子出生在江西柳溪村的一个贫苦人家，从小吃尽了苦。

12岁那年，红军来了，惩治了地主恶霸胡汉三，村里的贫苦百姓终于过上了好日子。冬子参加了儿童团和小伙伴们一起站岗放哨，学习文化知识，他非常开心。

冬子的爸爸参加了红军，大部队要撤离，临走前，爸爸给冬子留下了一颗闪闪发光的红五星，告诉他想念爸爸的时候可以看看红五星。冬子一直珍藏着这颗红五星，想象着有一天自己能戴上这颗红五星参加红军。

不久，胡汉三带着一队国民党兵又杀回了柳溪村，国民党兵封了山，游击队员们被困在山上，他们遇到了很多困难。尤其是缺少盐。

聪明机智的冬子，在国民党兵严密的盘查下，用盐水浸泡衣服的办法，把盐带上了山。

改编后：

小朋友们，你们知道今天的幸福生活是怎么来的吗？对，它是无数的英雄们用生命换来的。今天呀，老师就给大家讲一个小英雄东子的故事。故事的名字叫《闪闪的红星》。

东子是一个聪明又勇敢的小男孩，他小时候家里很穷，恶霸胡汉三总是欺负他们，后来红军来了，打倒了胡汉三，从此东子一家过上了好日子。为了保护乡亲们，爸爸当了一名光荣的红军，勇敢的东子也加入了儿童团保家卫国。有一天爸爸要去打敌人了，临走前他把一颗闪闪的红色五角星送给冬子，对冬子说：“孩子啊，希望你在这颗红色五角星的指引下，保护好我们的老百姓。”冬子握着拳头，大声说：“爸爸，您放心，我一定保护好大家。”东子把这颗闪闪的五角星天天带在身上，就像爸爸陪着他。

过了不久，敌人来了，他们为了消灭山上的游击队，想了一个坏主意。他们把柳溪镇团团围住，不让人进出，更不允许带盐上山。可是如果长期不吃盐，人的身体就会没有力气，游击队员怎么打敌人呢？队长决定派人下山买盐。可是派谁去呢？勇敢的东子猛地站起身，拍着胸脯说："队长，我去，我一定把盐给大家带上来。"队长说："东子，你一定要小心，不能让敌人发现。"为了安全，爷爷陪着东子一块儿下山。他们顺利地买到盐准备回去，可面对敌人的重重检查，怎样才能把盐带上山呢？东子和爷爷心里真着急，忽然东子灵机一动，想到一个好办法，他把盐装进竹筒里，倒上水，盐融化了，他又把盐水倒在自己的棉衣上："哈哈，这下敌人就发现不了了。"爷爷竖起大拇指说："东子真是个聪明的孩子。"到了山脚下，哨卡的敌人恶狠狠地问："小孩，你竹筒里面装的是什么？"东子镇定地回答："是水。爷爷年纪大了，走山路要喝水。"敌人一把夺过竹筒尝了一口："嗯，是水。"就把东子和爷爷放走了。回到山上，东子打来一盆水，把棉衣脱掉放进水里使劲揉，然后把这盆水倒进锅里煮哇煮哇，水煮干了，锅里就剩下白花花的盐了，大家欢呼起来，纷纷夸赞东子："东子真聪明！""东子真是个勇敢的好孩子。"

小朋友，如果你们遇到困难，希望也能像东子一样，动脑筋，想办法，勇敢面对困难，成为对祖国和社会有用的人。

（三）运用技巧讲故事

保育师面对的对象是天真可爱的幼儿，幼儿的特点决定了我们在讲故事时要做到声情并茂，才能吸引他们的注意力。故事中有人有事，有情有景，随着故事的发展，讲述时声音的高低快慢也要随着故事情节发生变化，做到情绪到位，引起听众的情感共鸣，以取得好的效果。所以，在讲故事的时候，我们要做到普通话标准，声音圆润动听，字正腔圆地讲故事。讲故事要注意刻画人物的性格特点和思想感情，让故事中的角色活起来；我们要模拟不同角色的声音，惟妙惟肖地讲故事。要运用技巧，把故事情感生动地呈现给幼儿；语气、语调适当夸张，同时辅以形象的态势语，让故事趣味盎然，增强故事的艺术感染力。如果能在讲故事的时候，运用拟声词辅助讲故事，比如，学动物叫声——喵、汪、哞、咩等，学自然界声音——风声、雨声等，学人的声音——打喷嚏、打呼噜、笑声等，能让故事更加生动、有趣。

知识拓展

幼儿接受儿童文学的特殊方式

"听赏"是幼儿接受文学的主要方式。

幼儿文学是诉诸听觉的文学，如同儿童文学作家鲁兵所说："对尚未识字的幼儿，亦即学龄前的孩子来说，文学作品不是他们自己读的，而是父母、教师念给他们听的……儿歌、故事、童话，都只能通过大人的朗读，尚未识字的幼儿才能得到真正的欣赏，不只是了解其内容，还欣赏语言艺术。"幼儿接受文学的这一特点，说明了讲述者在帮助幼儿欣赏作品的过程中十分重要。不论是儿歌还是幼儿童话，都比较讲究语言的韵律感、节奏感。这种艺术化的语音、语调的刺激对所有幼儿来说，是非常神奇和重要的。有了用耳朵听语言的体验，而后幼儿又学会认识文字，并通过文字进入语言的世界，就能体会文学的乐趣。

随着文化和科技的发展，图画书和电视等媒介相继出现，幼儿接受文学的方式已向听、看结合，甚至触摸的方向发展，但就目前而言，“听赏”仍是幼儿接受文学的主要方式。

自19世纪末以来，许多学者对童话的起源作出解释，或用童话提供的材料说明某种有关人类文化史或心理发展的理论。格林兄弟认为童话起源于日耳曼和印欧神话；有的学者则提出童话起源于印度、埃及、巴比论、希腊等。但童话为什么能在世界范围内传播，却很难找到一种圆满的解释。对于童话结构的研究，有一些学者通过比较、概括一些基本的类型，并进一步研究产生这些类型的心理动机。弗洛伊德和荣格都从精神分析法的角度研究过童话，俄国民俗学家普罗普、美国学者邓狄斯等人也对童话结构的逻辑作了心理学的解释。20世纪60年代以后，在童话研究中产生影响的是以法国人类学家克洛德·列维–斯特劳斯为代表的结构主义派，他们把童话与文化史中范围广阔的课题结合起来研究。

任务训练

根据讲故事的要求，对故事进行适当的改编，并讲好故事。

大家一起玩

小猫、小兔是好朋友，它们一起出去玩。走着走着，小兔看见前面地上有一根跳绳，连忙把它捡起来。这时，小猫也看见了，赶紧抓紧绳子的另一头。小兔和小猫吵了起来。

小兔说：“我先看见的，给我玩。”小猫不肯，大声说：“让我玩。”“我先玩，我先玩。”它们谁也不让谁，各自抓住绳子的一头，使劲往自己这边拉。突然，只听“啪”的一声，绳子被拉断了，分成了两段。小兔摔倒在地上，看着手中的绳子，哇哇大哭起来。小猫拿着绳子的另一头，责怪小兔不该争抢。

这时，小猪、小熊走来了，看见小猫、小兔这个样子，忙问原因。弄清前因后果后，小猪说：“大家一起玩才快乐！”小猫、小兔听了，都低下头说：“是我不好，都怪我。”

小熊将断了的绳子接好了。小猫、小兔、小猪、小熊一起玩跳绳。大家一起玩，真开心！

任务评价

任务学习情况评价表

教学评价							
评价维度	评价标准	赋分	评价主体				得分
			自评 20%	师评 40%	互评 20%	平台 20%	
专业知识	1. 了解什么是讲故事（10分） 2. 了解为什么要学习讲故事（10分） 3. 了解讲故事的特点（10分）	30					
专业能力	1. 掌握讲故事的要求（20分） 2. 敢于开口讲故事（30分）	50					
专业素养	热爱保育师工作，提高专业素养（20分）	20					

任务二　讲故事技巧训练

学习目标

◎能运用讲故事技巧，绘声绘色讲故事，提高讲故事水平。

◎学以致用，能熟练地讲故事。

◎培养学生严谨的学习态度，提高学生的学习定力，在枯燥的练习中形成良好的学习习惯。培养学生对真善美的感知力，提高学生职业素养。

课前练读

出东门，过大桥，大桥底下一树枣，拿着杆子去打枣，青得多，红的少。一个枣，两个枣，三个枣，四个枣，五个枣，六个枣，七个枣，八个枣，九个枣，十个枣，九个枣，八个枣，七个枣，六个枣，五个枣，四个枣，三个枣，两个枣，一个枣。这是一个绕口令，一口气说完才算好。

案例导航

红旗幼儿园的张老师很郁闷，她在给小朋友讲故事的时候，小朋友总是对故事不感兴趣。有的小朋友说话，有的小朋友心不在焉，还有的小朋友喜欢在她讲故事的时候乱插话，导致她现在一到讲故事的时候就发愁。可是与她同一个班的王老师在讲故事的时候，小朋友们却表现得很好，对故事很感兴趣，这是什么原因呢？

分析：故事讲述者选取的故事内容，讲故事的方式、风格会在很大程度上影响幼儿听故事的兴趣。

知识链接

故事有情有景，讲述者要运用有声语言，把故事的情感表达出来，引起幼儿的共鸣，让幼儿在听故事的过程中如闻其声，如见其人，就需要掌握一定的讲故事技巧。保育师绘声绘色地讲故事，更容易让幼儿共情，产生良好的教育效果。保育师要想把故事讲得绘声绘色，需要做到以下三点。

一、字正腔圆讲故事

普通话标准，声音圆润动听，是讲好故事的基础。保育师通过富有艺术感染力的声音，与幼儿产生共鸣，引发幼儿感知语言的兴趣。

通过语音知识的学习和发音训练，我们已经掌握了较为标准的普通话，但是，讲故事有其本身的特点。讲故事是在生活语言的基础上，融入情感，以儿童化的语言进行生动有趣的讲述，讲故事的语速和平常说话差不多。用较快的语速绘声绘色地讲故事，对学生的普通话水平提出了更高的要求。另外，幼儿保育专业的学生将来面对的教育对象是三到六岁的孩子，他们正处于语言发展的关键期，模仿能力强。所以，引导学生使用标准的普通话讲故事尤为重要。字正腔圆讲故事要做到以下几点。

第一步：熟记故事并分析系统性语音问题。

针对每个故事的特点，进行系统性的语音练习。有的故事句末三声字比较多，在练习的时候，就要注意引导学生把在句末的三声字的调值读完整，214不能读成21；有的故事中韵母有ɑ的字较多，练习的时候就要注意引导学生掌握ɑ的发音要求；有的故事中鼻辅音字较多，练习的时候就要注意鼻尾音归韵问题。找出系统性的语音问题，并进行针对性的练习，普通话发音就会更加标准。

第二步：根据语音训练要领规范字音。

在熟悉故事、练习讲故事的过程中，要逐步掌握声、韵、调的发音要领：单韵母发音舌位唇形基本不动，复韵母动程到位，鼻辅音归音，调值到位，注意语流音变现象。

第三步：反复练习打磨。

普通话的提高不是一个一蹴而就的过程，而是在反复的练习中不断提高，不断进步。这是一个枯燥的过程，在这个过程中，有些学生坚持不下去，半途而废，有些学生三天打鱼，两天晒网，导致自己的普通话水平一直没有明显的提升。这就需要我们保持严谨的学习态度，提高学习定力，在练习中逐渐形成良好的学习习惯。

普通话水平的提高，10%靠讲，90%靠练习。每一位成功者，都是经过千百遍的练习，才获得了很大的进步。要想有较高的讲故事水平，我们在练习讲故事时一定要说好普通话，发好每个字音，把握好节奏。这样我们在给幼儿讲故事的时候，才能吸引他们的注意，并取得良好的效果。

案例：

小花籽找快乐

有颗黑黑的小花籽，悄悄地从妈妈的怀里蹦了出来，它要出来寻找快乐。

它看见太阳，问：“太阳公公，你快乐吗？”太阳笑着说：“快乐，快乐，我给大家阳光和温暖，大家喜欢我。”它看见小鸟，问：“小鸟，你快乐吗？”小鸟笑着说：“快乐，快乐，我给大家唱歌，大家喜欢我。”它看见青蛙，问：“青蛙，你快乐吗？”青蛙笑着说：“快乐，快乐，我给大家捉害虫，大家喜欢我。”

小花籽要去寻找自己的快乐。它请风姑娘帮忙，风姑娘带着小花籽飘呀飘，飘过大河，飘过草原，飘到雪山上。小花籽很喜欢这儿，它留下来了，把雪山当作自己的家，它要在雪山上开朵花。

春天来了，黑黑的小花籽真的开出了一朵美丽的大红花！香喷喷的，好闻极了！香味传得很远很远，白熊、海豹、雪兔、海象，还有大人、小孩都跑来了。小花籽已是一朵大红花了，它看到大家这么快乐，高兴地想：“大家喜欢我，我真的很快乐。”

在讲这个故事时容易出现以下问题。

（1）句末三声字的调值不完整（214读成21），比如：籽、我、暖、想。

训练要领：调值要完整（214），用手势打着节拍练习，带动调值到位。

（2）轻声发音不准确，又轻又短的调子读得又重又长。比如：黑黑的、悄悄地。

训练要领：轻声字要读得又轻又短。

（3）韵母有“a”的字口腔开口度不够。比如：来（ai）、花（ua）、怀（uai）。

在这个故事中，韵母含“a”的字有138个，占总字数的38%。

练习要领：半打哈欠，手握拳顶住下巴颏。

4. 鼻辅音归音问题。比如：山（an）、阳（ang）。

训练要领：前鼻音韵母跟着d音，后鼻音韵母跟着g音。

二、态势语辅助讲故事

态势语对于讲故事的效果有很大的影响。美国心理学家艾帕尔·梅拉比在一系列实验的基础上，提出了这样一个公式：交流的总效果=7%的文字+38%的音调+55%的面部表情（图4-1）。

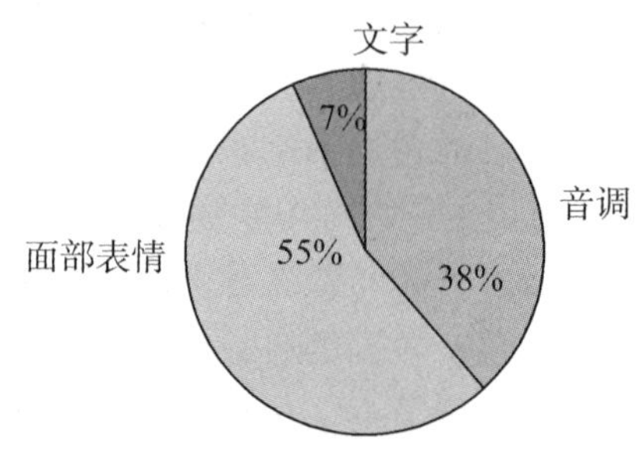

图4-1　交流的总效果

我们只有对故事有深入的理解、真切的感受，讲故事的时候才能做到感情真挚，表情、动作自然大方，给人舒服的感觉。讲故事的时候，我们的表情要随着故事情节的展开有喜怒哀乐的变化，和故事中的人物同喜同悲，这样才能吸引幼儿的注意力，取得良好的效果。态势语的运用要适度，不能太多，否则会喧宾夺主，也不能过少，少了会影响讲故事的效果。态势语的运用原则是适度、大方、自然。

（一）态势语的作用

1. 补充口语信息

讲故事时，恰如其分的态势语能够增强语言的表达效果，提高讲故事的质量。

2. 替代有声语言

讲故事时，态势语能够表情达意，调动幼儿的情感体验，帮助其形成健全的人格。

3. 调控交际活动

运用态势语能够创设生动活泼、富有儿童情趣的故事氛围。

（二）态势语的基本要求

在讲述故事时，要注意以下几个问题。

1. 忌散

讲故事的过程中，运用态势语要避免动作混乱，一个动作做完，才能接着做下一个动作。尤其眼神不能散，眼神飘移会影响故事情感的表达；动作太散，态势语就起不到辅助的作用，还会对故事内容的传递造成干扰。特别是初学讲故事的幼儿保育专业的学生，眼神容易散，飘移不定。

2. 忌滥

受听故事对象的影响，在讲故事的过程中，讲述者易出现动作过多的情况。在讲故事的过程中，态势语的运用要得当，不能过于频繁，给人眼花缭乱的感觉。过多的态势语，往往会喧宾夺主，分散听众的注意力。例如，在讲“于是，燕子在前面飞，蒲公英在后面学。顶着风飞，冒着雨飞；飞过了高山，飞过了小河。飞呀，飞呀，一飞就飞到我家窗前的小花坛里了”这个片段时，每一个小分句都有动作的话，会显得动作太多，减少听众对内容的关注。

3. 忌俗

在讲故事的过程中，态势语的设计不能过于粗俗，轻佻的、低俗的动作会传递不当的信息，影响讲故事的顺利进行。例如：如果故事中出现“抠鼻子，挖耳朵”等类似的情节，要尽量淡化，不要过多地展现。

4. 忌演

态势语是交际中的自然表现，是情感的外现。在讲故事的过程中，为了更好地表情达意，我们可以设计一些动作，但是过于夸张、矫揉造作的态势语，会让人感觉很假，从而影响故事的讲述。

（三）态势语的主要表现

讲故事时，态势语主要表现在四个方面：身体姿势、面部表情、眼神、手势。

1. 身体姿势

讲故事时，要抬头挺胸，收腹提臀，精神饱满。（图4-2）根据故事内容可以适当移动位置，根据表达需要可以适当前倾、后仰。在幼儿园，保育师给幼儿讲的故事多数是童话故事，里面有很多小动物。在讲故事的时候，我们要经常模仿小动物的身姿，这就需要我们平时多观察，模仿的动作要形象、美观，并且符合生活中幼儿对小动物的感知。

图4-2　站姿图（右侧为正确示范）

2. 面部表情

讲故事表情要丰富，随着故事情节的展开，要用明确、略带夸张的表情表现故事中情感的发展变化。比如，《猴吃西瓜》里猴王出场时的严肃、小猴们的开心、老猴子的不懂装懂。我们的表情要随着角色情感的变化而变化。

3. 眼神

保育师面对的教育对象是幼儿，大多数时间要面对很多幼儿。因此，我们讲故事的时候，不仅要注意眼睛平视幼儿，还要注意做到点视和环视相结合，既要注意全体幼儿，又要注意个别幼儿。讲故事的时候，我们要做到心中既有故事中的场景和角色，也要有听众，这样，我们的眼里才会有光，不会给人茫然的感觉。

4. 手势

保育师面对的对象是天真可爱的孩子，他们具有小手小脚的特点。所以保育师在做手势的时候，动作幅度不能过大，一般在身体的左右45度角之内，根据故事内容设计得体、自然的手势，手势要符合幼儿小手小脚的特点，这样更容易被幼儿理解、接受，并产生共鸣。（图4-3）

图4-3　手势图

保育师在讲故事的过程中使用态势语是一种微妙的沟通，能促进老师和幼儿之间的交流，保育师的举手投足、一颦一笑都是无声的语言，对有声语言起着铺垫、强调等作用，甚至会起到“无声胜有声”的效果。有声语言和无声语言的协调统一所产生的冲击力远远大于单一的有声语言。作为未来的保育师，我们在讲故事时要大胆运用得体、大方的态势语，惟妙惟肖讲故事，让幼儿在听故事的过程中获得滋养，快乐成长！

案例：

聪明的小乌龟

一只狐狸肚子饿得咕咕叫（双手摸肚子转圈），东奔西跑着找东西吃（奔跑状）。它看见一只青蛙正在捉害虫（眼睛盯住一个点），心想：先拿这只青蛙当点心，垫垫肚子也好。

狐狸一步一步（双手举在胸前往前走两步）轻轻地跑过去，再跑两步就捉到青蛙了。可是，青蛙正在捉害虫，一点儿也不知道。（摆手）这事让乌龟看见了，它急忙伸长脖子，一口咬住了狐狸的尾巴。（脖子伸长，张嘴做咬状）

“哎哟，哎哟，谁咬我的尾巴？”狐狸叫了起来。（捂着屁股）

乌龟回答了吗？没有（摆手），它张嘴说话不就放了狐狸吗？乌龟不说话，一个劲地咬住狐狸的尾巴不放。

青蛙听见背后狐狸在叫，连蹦带跳地跑到池塘边，扑通一声跳到水里去了。（往前扑状）狐狸没吃到青蛙，气急败坏，回过头来一看（回头看一下），原来是一只乌龟，心想：我没吃到青蛙，吃乌龟也行。

乌龟可聪明了，把头一缩（缩头），缩到硬壳里去了（双手在胸前做硬壳状）。狐狸没咬到它的头，就想咬它的腿。乌龟又把四条腿一缩（双手在胸前伸臂后缩），缩到硬壳里去。狐狸没咬到它的腿，一看还有条小尾巴呢，就去咬它的小尾巴。乌龟再把小尾巴一缩，也缩到硬壳里去了。

狐狸实在饿慌了，就去咬乌龟的硬壳，嘎嘣，嘎嘣，咬得牙齿都酸了，还是咬不动。（摆手）

狐狸说：“乌龟，乌龟，我把你扔到天上去（手上扬），‘啪嗒’一下掉下来摔死你（手快速落下）。”乌龟说：“谢谢你，谢谢你，你扔吧，我正想到天上去玩玩呢！”

狐狸说：“乌龟，乌龟，我把你扔到火盆里去（手前扬），‘呼啦’一下烧死你。”乌龟说：“谢谢你，谢谢你，你扔吧，我身上发冷，正想找个火盆烤烤火呢！”狐狸说：“乌龟，乌龟，我把你扔到池塘里去（手往下甩），‘扑通’一下淹死你。”乌龟听狐狸这么一说，哇的一声哭了：“狐狸，狐狸，你行行好，千万别把我扔到池塘里去。我最怕水，扔到水里就没命了！”

狐狸才不理它呢，抓起它的硬壳（手在体侧做抓状），走到池塘边，“扑通”一声把它扔到水里去了。乌龟下了水，伸出四条腿来（手从胸前往外探），划呀，划呀（双手在体侧做划水状），一直划到青蛙身边。两个好朋友，一边笑（面带微笑），一边说：“狐狸，狐狸，你还想吃我们吗？”

狐狸气昏了，身子一纵（跳水状），向青蛙和乌龟扑去，“扑通”一声，掉到池塘里去了。等狐狸从水面露出脑袋来时，乌龟和青蛙两个好朋友早已结伴跑得无影无踪了。

三、运用语气、语调，童言童趣讲故事

故事讲人讲事，有情有景。在讲故事的时候，随着故事情节的展开，我们的语言也要随之变化，声音或高或低，或快或慢，或强或弱，通过自然、生动的讲述，引领幼儿在故事的世界中发现美，获得快乐，健康成长。故事中的语言有两种，一是叙述性语言，二是角色语言，要讲好故事，就要处理好这两种语言。

在运用叙述性语言讲述的时候，要体现出作者的褒贬，不同情感的语言，用不同的语调表达。紧张的时候，声音要高亢急促，比如，《猫和老鼠》中有一个片段：“老鼠刚张口，见猫已经扑过来，就转身跳下地。猫紧追它，眼看就要被猫追上了，一急

眼，老鼠钻到砖缝里去了。”悲伤、难过的时候，声音要低沉、缓慢。比如，《小羊和狼》中有一个片段：“小羊回到家里，想起狼说今天晚上要吃掉它，就坐在门口哭了起来。”心情欢快的时候，声音要轻快。比如：吉吉哼着歌曲出了家门，一想到自己就快没有难看的长鼻子，心里甭提多高兴了。

讲述者运用叙述性语言讲述时，感情要投入，在与作者共情的基础上，运用停连、重音、语势、节奏等技巧，把文字的情感用有声语言表达出来。

角色语言的塑造，要注意以下几点。

（一）梳理生活中不同类型人物的声音，让声音系统化

文学作品源于生活，高于生活，故事中的每个角色在现实生活中都能找到对应的人群。所以，要处理好故事的角色语言，我们首先要对生活中不同年龄、性别、性格等的人的声音进行梳理，找出他们声音的共性和特点，并将其迁移到讲故事中，取得事半功倍的效果。

人的声音有高低、粗细、强弱、轻重、快慢等的差别，这些差别与我们的年龄和性别有直接的关系，还与人的性格、情绪、身份，甚至与体型有一定的关系。老人声音低粗慢，说话位置在口腔的后下方；小孩声音高细快，说话位置在口腔的前上方。成年人声音稳重，说话位置在口腔中央。坦率、爽朗、积极向上的人声音高，语速快，停顿少；成熟稳重的人声音适中，语速适中；内向害羞、胆小怕事的人说话声音低，语速慢，停顿多。人的情绪发生变化的时候，声音也会发生变化，生气、激动的时候声音高、语速快，伤心、低落的时候声音低、语速慢、停顿多。多观察，梳理出生活中我们身边不同角色的声音，可以在讲故事时给不同的故事角色赋予不同的声音，让故事中的角色栩栩如生地展现在幼儿面前，增强故事的趣味性。

（二）塑造故事中角色的声音，使角色形象化

将故事角色拟人化。儿童故事中的动物形象来源于现实生活，每一个角色在现实生活中都能找到对应的人物。我们可以根据故事角色的性别、年龄、性格、情绪、体型、身份等，联系现实生活中的人物语言，赋予特定的声音造型。声音造型要清晰准确、绘声绘色、形象生动、略带夸张、富有趣味性。

（三）表现声音，故事趣味化

找到了每个角色的声音，接下来我们需要运用声音技巧，把角色声音表现出来，让讲述的故事更加生动、有趣味。

案例：

猴吃西瓜

猴王找到一个大西瓜，可是怎么吃呢？这个猴王从来也没有吃过西瓜。忽然，它想出了一条妙计，于是就把所有的猴都召集起来，对大家说：“今天我找到一个大西瓜，这个西瓜的吃法嘛，我是知道的。不过我要考验一下你们的智慧，看你们谁能说出西瓜的吃法，要是说对了，我可以多赏它一份，要是说错了，我可要惩罚他！”

小毛猴一听，挠了挠腮说：“我知道，吃西瓜是吃瓤！”猴王刚想同意。

“不对，我不同意小毛猴的意见。”一只短尾猴说。

“我清清楚楚地记得，我和爸爸到我姑妈家的时候，吃过甜瓜，吃甜瓜是吃皮。我想西瓜也是瓜，甜瓜也是瓜，当然是该吃皮儿啦！”

大家一听，有道理，可到底谁对呢？于是都不由自主地把眼光集中在一只老猴儿的身上。

老猴儿一看，觉得出头露面的机会来了，就清了一下嗓子说道：“吃西瓜嘛，当然是吃皮了。我从小就吃西瓜，而且一直是吃皮儿，我想我之所以老而不死，也是由于吃了西瓜皮儿的缘故。”

有些猴儿早就等急了，一听老猴儿也这么说，就跟着嚷嚷起来：“对，吃西瓜吃皮儿！”“吃西瓜吃皮儿！”……

猴王一看，认为已经找到了正确答案，就向前跨了一步，说道：“对！大家说得都对，吃西瓜是吃皮儿！哼！就小毛猴崽子说吃西瓜是吃瓤，那就叫他一个人吃瓤好了！咱们大家都吃西瓜皮儿！”

于是西瓜一刀两断，小毛猴吃瓤，大家伙共分西瓜皮。

有只猴儿吃了两口，就捅了捅旁边的猴儿说：“哎！我说这可不是滋味儿啊！”

“咳！老弟，我常吃西瓜，西瓜嘛，就是这个味儿……”

故事中动物的性格特征和声音特点如表4-1所示。

表4-1　动物性格、声音分析表

角色	性格特征	声音特点
猴王	年轻力壮，有威望	声音洪亮，沉稳坚定，语速适中
小毛猴	心直口快，天真可爱	声音清亮，语速稍快
短尾巴猴	憨厚认真，敢于发表意见	语气稚嫩，气息急促
老猴	年老体衰，爱慕虚荣，不懂装懂	语速缓慢，声音低沉，束紧喉头
旁观猴1	怀疑	声音轻，停顿多
旁观猴2	故作镇定	声音尖，语气起伏大

知识拓展

儿童故事的讲述

儿童故事在满足儿童的精神、心理、情感需求以及对他们进行文学启蒙等方面都有着重要的作用。中外很多作家都讲述过幼年听故事曾经给予他们心灵慰藉和文学启蒙。在家庭教育或学校教育中，儿童故事“讲”和“听”的环节是必不可少的。为了更好地发挥儿童故事的效用，成人讲故事的方法和艺术就显得尤为重要。

第一，开场与氛围。故事的开场要抓住儿童的心，激发他们听讲的兴趣，吸引他们的注意力，这样才能更好地引导他们进入故事。与此同时，讲述人还需要运用各种手段，营造讲故事的现场氛围，如有关图片或音响。另外，为了更好地进行互动，讲述人与听众的距离不宜过远，教室环境也可以根据故事的内容进行相应的布置。

第二，语气与表情。讲述故事不仅需要生动有趣的语言、起伏变化的语气，还需要神态表情的辅助，让儿童在听讲故事的过程中感受快乐、兴奋、悲伤等不同的情感和情绪。

第三，动作与游戏。讲述人不仅要有生动的语气、表情，有时还需要利用肢体语言和动作表演，也可以让儿童在听讲的过程中或听讲后，扮演故事中的人物形象，演绎故事情节，感受人物心理，体验游戏的快乐。

第四，等待与插问。讲述故事的过程中，遇到有悬念或特别的地方，讲述人可以有意识地放慢语速、停顿，调动儿童的好奇心，激发他们追问，鼓励他们提问。讲述人也可以适时地插问，形成讲述人和儿童的互动。

第五，复述与回味。好听的故事总是百听不厌，尤其对低龄儿童，可以适当地给他们重复讲述故事的情节、故事中的形象，让他们再度体验并回味故事的内容。讲述人也可以让儿童复述故事，训练他们的记忆能力，提高他们的组织能力和表达能力。

任务训练

运用讲故事技巧，讲述下面的故事。

有雪人的贺卡

冬天来到的时候，蟾蜍和青蛙都钻进各自的地洞里不再见面。快过年了，蟾蜍非常想念青蛙，决定给青蛙寄一张贺年卡，送去新年的祝福。

蟾蜍除了会画圆，其他的什么也不会画。于是，它真心诚意地画了一个圆，用白颜色涂得满满的，表示青蛙；又在这个圆的下面真心诚意地画了一个大圆，也用白颜色涂得满满的，表示蟾蜍。这两个圆相亲相爱地连在一起，变成了一个大雪人。

蟾蜍把这张贺卡寄了出去。

邮递员小松鼠见了，自言自语地说："啊，蟾蜍虽然只会画圆，可也是对朋友的真心诚意啊，让我也来表示一下。"它给雪人添上了自己最爱吃的两颗松果做眼睛。兔子小姐见了也很感动，又在贺卡上添上自己藏在树洞里的一根胡萝卜做鼻子。小鹿见了，又送上一片最新鲜的叶子做嘴巴。小麻雀看见了，衔来自己最喜欢的树枝插在雪人的身上。青蛙收到贺卡，非常开心。

从此，每年新年到来的时候，人们都会想到蟾蜍做的事情，为朋友寄上一张有雪人的贺年卡，表达自己真心诚意的祝福。

任务评价

任务学习情况评价表

教学评价							
评价维度	评价标准	赋分	评价主体				得分
			自评 20%	师评 40%	互评 20%	平台 20%	
专业知识	1. 使用普通话讲故事（10分） 2. 了解讲故事时运用态势语的作用和基本要求（10分） 3. 了解故事中叙述性语言和角色语言的区别（10分）	30					
专业能力	1. 掌握讲故事的技巧（20分） 2. 运用讲故事技巧绘声绘色讲故事（30分）	50					
专业素养	热爱保育师工作，提高专业素养（20分）	20					

任务三　绘本故事讲述

学习目标

◎了解绘本的定义和特点以及绘本故事对儿童发展的价值。

◎掌握绘本故事讲述的指导策略。

◎掌握绘本故事讲述应注意的问题。

案例导航

4岁的乐乐在幼儿园经常因为小事发脾气，老师和家长都感到困扰。老师引入了绘本《我的情绪小怪兽》，通过书中对快乐、悲伤、愤怒等不同情绪进行形象化描述，帮助乐乐认识和管理自己的情绪。每次乐乐乱发脾气时，老师都会问他：“你现在是红色的小怪兽（愤怒）吗？我们一起把它变成绿色的小怪兽（平静）吧。”乐乐逐渐学会了用语言表达情绪，而不是通过发脾气来发泄。他还开始主动帮助其他小朋友识别情绪。

分析：绘本通过丰富的图画和故事，促进幼儿认知发展、情感表达，提升审美能力，帮助幼儿理解世界、管理情绪、激发创造力，是促进幼儿成长的重要教育工具。

知识链接

一、绘本的定义

绘本是指以图画为主，附有文字，通过有内在逻辑联系的图画表达故事和情感，并具有开放性阅读功能的书籍形式。又称图画书。根据不同的划分标准，可以将绘本分为不同的类型。

（一）根据是否以叙事为主，分为故事绘本与认知绘本

故事绘本涉及儿童文学的各种叙事文体，如童话、生活故事、民间故事、历史故事等；认知绘本是指故事绘本之外，以儿童的知识认知为主要目的的绘本类型，一般包括识字书（字母书）、知识绘本等，比如于虹呈的《盘中餐》、刘伯乐的《我看见一只鸟》。

（二）根据有无文字，分为有字绘本与无字绘本

大多数绘本中都有或多或少的文字，与图画构成富有张力的叙事关系。也有一些绘本完全由图画讲故事，没有叙述性文字，此类无字绘本也称“无字书”，比如，《小红书》《又见小红书》《小老鼠》无字书系列、《红毛衣》。

（三）根据设计创意特点，分为一般形态绘本与特殊设计绘本

大多数绘本在基本的物质形态上与一般的书籍具有诸多共性，还有一些在书籍设计上独具创意的绘本，打破了一般书籍的常规形态，引导儿童通过动手翻页、触摸，主动探索书中呈现的内容，这类绘本也常被称为玩具书。特殊设计绘本包括：纸板书，比如罗德·坎贝尔的《亲爱的动物园》；立体书，比如菲利普·于格的《我的房子》；洗澡书，比如大卫·麦基的《艾玛爱洗澡》；洞洞书，比如迪克·布鲁纳的“米菲认知洞洞书”系列等。

另外，从绘本叙述语言语体的角度，我们还可以将绘本分为散文语体的绘本和韵文语体的绘本（诗歌绘本、童谣绘本）。根据学前教育不同领域的教育需求，还可以将绘本分为各种类型的主题绘本。

二、绘本的特征

凯迪克奖获得者尤里·舒利瓦茨也说过：“一本真正的图画书，主要或全部用图画讲故事。在需要文字的场合，文字只起辅助作用。只有当图画无法表现出时，才需要用文字来讲述。”“日本图画书之父”松居直说：“绘本是文章说话，图画也说话，文章和图画用不同的方法都在说话，来表现同一个主题。”这说明绘本中包含文字语言和图画语言。总的来说，绘本具有以下三个特征。

（一）绘本的故事性

这是绘本的本质特点，即绘本具有很强的讲故事的能力，绘本本质上是一种故事文学。

（二）绘本的“以图叙事性”

虽然绘本是使用图画语言和文字语言共同叙述故事内容，表达作者的意图，但是图画作为主要内容在每页中出现，并且对故事的完整叙述有着不可或缺的作用。在绘本中，画面能够为情节发展营造氛围，烘托人物情感，进而感动读者。正如方卫平所指出的，图画书中的图画“将文字叙述中的情绪氛围转化为了充满这个空间的一种可以触摸的生活感觉”。可以说，没有这些图画所营造的氛围，绘本的情感就无法得以饱满、充实地呈现。

（三）绘本的“语言辅助性”

文字语言承担着讲述的任务，而图画语言则占据了表达更多故事内容的地位，由于在绘本中图画占据主体，文字语言就需要压缩，但却是不可或缺的。文字语言在绘本中发挥着重要的作用。一方面，文字能表现图画难以形容的内容，如时间、对话、惊叹词、拟声词、心理描写。另一方面，文字的存在，为绘本增添了节奏与趣味、风格与情调，对绘本故事有着独特的价值和意义，使绘本故事的性状及阅读效果更加完善。从这个角度来说，文字不仅构成故事，有助于图画的解读，也拓宽了图画的内涵。简单地说，文字的短处就是图画的长处，而文字的长处恰恰是图画的短处。

总之，绘本简明的文字与鲜明的图画让幼儿产生浓厚的兴趣，也激发了幼儿无限的想象力与创造力。由于绘本的主要阅读对象是年幼的小读者，他们大多不具备阅读文字的能力，所以需要成人读或讲给他们听，需要成人将绘本图文所表达的内容用口头语言的形式讲述给孩子听。这也便是松居直指出的绘本阅读的一个原则：“绘本不是让孩子自己阅读的书，而是大人读给孩子听的书。”读绘本给幼儿听，这是最大限度发挥绘本力量的方法。家人、幼儿园老师都应该不断地开展这项活动。对保育师来说，采取恰当的方法，讲述绘本故事给幼儿听，是必须具备的一项能力。在讲述绘本故事时，不能将内容平铺直叙，需要结合幼儿年龄特点及阅读水平，运用一定的方法将绘本故事讲述开展得丰富、有效。

三、绘本与幼儿发展

（一）绘本与幼儿的语言发展

儿童文学学者朱自强先生指出，绘本阅读能够促进儿童语言发展。阅读绘本是一种具有建构意义的心理活动，幼儿能够从阅读中学会最容易理解也最容易学会的语言。

（二）绘本与幼儿的思维发展

绘本阅读能够促进幼儿思维发展。绘本故事中有分类学、逻辑学知识，幼儿在阅读绘本的过程中，懂得了分类，训练了逻辑思维；绘本还能培养幼儿的思考能力，如推理能力和判断力。

（三）绘本与幼儿的想象力发展

绘本阅读能促进幼儿想象力的发展，尤其是超现实想象力的发展。

（四）绘本与幼儿的价值观发展

在早期阅读中，绘本还能在潜移默化中培养幼儿正确的价值观。

总之，绘本具有多种多样的教育功能。它像其他的儿童文学作品一样，具有帮助幼儿成长，发展幼儿的语言、思维、情感以及想象力等作用。

四、绘本故事讲述指导策略

讲述绘本故事需要通过正确选择绘本，准确理解绘本故事，同时结合细致的观察和丰富的想象，运用讲故事技巧把绘本故事内容以幼儿故事的形式绘声绘色地展现出来，这是保育师应该具备的一项教学能力。在幼儿不具备自我阅读能力或理解能力尚且不足的阶段，保育师要尽可能用直观、形象、生动的方式来呈现作品，从而帮助幼儿了解故事，学习知识，懂得道理，获得发展。

（一）做好绘本故事讲述前的准备

1. 正确选择绘本

第一，根据幼儿的年龄选择。不同年龄的幼儿认知能力发展水平不同，因此在绘本的选择方面也要有所区别。针对三岁以下的婴幼儿，应该选择低幼绘本进行讲述，因为低幼绘本趣味性更强。对于幼儿来说，越是年幼，越是以快乐为原则，并遵循快乐原则而生存。好的低幼绘本，往往能带来丰富的阅读感受。比如，绘本《蚂蚁和西瓜》、“小小一步”系列绘本、《乒乒和乓乓钓大鱼》等就是经典的低幼绘本。

第二，看绘本所获奖项。绘本所获奖项越高，往往代表质量越好。比如，“凯迪克奖”（美国最具权威的图画书奖，被认为是绘本界的“奥斯卡”）“国际安徒生奖”“英国凯特·格林纳威奖”以及“德国绘本大奖”都是权威性很高的绘本奖项。国内的绘本奖项主要有“丰子恺儿童图画书奖”等。

第三，绘本内容的选择应符合幼儿生活经验，选择讲述幼儿生活中熟悉的事物的绘本更容易让幼儿理解，并产生共鸣。不要选择训诫味道太浓、画风呆板、毫无个性的绘本。

2. 细心观察绘本，理解绘本故事的构成形式

讲述者要想正确讲述绘本故事，在讲述前要对绘本进行细致观察，理解绘本故事的构成形式。一般来说，封面、环衬、扉页、版权页、正文、封底是一本绘本的基本组成部分。首先，封面画提供了与绘本内容相关的信息，预示了绘本绘画风格、故事基调、基本的情绪氛围等特征。讲述者可以通过封面对绘本角色、主题情节、绘画风格、情绪氛围等进行最初的感知与把握。比如《荷花镇的早市》的封面，通过浑然一体的绘画风格展示了忙碌、热闹的水乡早市景象，读者在翻开绘本前就领略到扑面而来的浓郁生活气息。这是讲述者要首先捕捉到的绘本故事的整体氛围，以防后续的讲述背离绘本的主题，给幼儿造成错误的引导。

其次，注意环衬的颜色。绘本中环衬的颜色往往贴近故事的主题和氛围，给读者营造阅读情绪，提供心理暗示。环衬有时候也是对故事内容的提示、补充或呼应。比如《吃掉你的豌豆》的前后环衬，《好饿的小蛇》的前后环衬。这些细节是幼儿经常忽略的，却又是绘本不可或缺的一部分。因此，讲述者在讲述前要全面了解绘本的主题、氛围，细致、深入地对绘本进行剖析，讲述时才能更准确地把握故事所要传递的知识或道理。

再次，读懂扉页。作者有时在扉页就开始设置悬念，引发读者往下翻页的兴趣，比如《小黑鱼》的扉页。绘本故事有时也会从扉页开始，比如《别让鸽子开巴士》的扉页。

讲述者在读懂了扉页后，在讲述过程中可以引导幼儿有意识地关注扉页内容，加深幼儿对整个故事的理解。

另外，绘本正文是绘本的主体，是故事讲述的主体，也是我们关注的焦点所在，其重要性毋庸置疑，应重点阐述。

最后，封底是与封面相对应、共同相连的一页，是我们结束一本绘本阅读的地方。封底有时重复封面的画面，提示绘本的结束，比如《鲨鱼》的封底，讲述者可以顺其自然结束绘本故事的讲述。封底有时是对故事内容的延续或补充，给读者想象和思考的空间。比如,《托比的降落伞》将故事延续到了封底上，讲述者不能遗漏。否则会破坏故事的完整性，影响故事讲述的整体效果。

3. 把握绘本故事的图文关系

虽然绘本是使用图画语言和文字语言共同叙述故事内容，表达作者意图，但是图画作为主要内容在每页中出现，并且对故事的完整叙述有着不可或缺的作用。在绘本中，图画能够为情节发展营造氛围，烘托人物情感，进而感动读者。

画面造型为符合儿童视觉的感知特点，一般会通过形象比例失调、形象整体滚圆、动作表情夸张等来表现童趣，这些符合幼儿的审美需求，有助于故事内容的表达。

绘本故事通过图画的色彩、造型等为情节发展营造氛围，烘托人物情感，进而感动读者。比如，暖色让人感觉到温暖，冷色让人联想到严肃、心情低落或悲伤。绘本《奶奶的红披风》中，当“我”披着奶奶送的红披风去发现城市生活美好的一面时，画面变成了暖色。绘本《大猩猩》的开端，爸爸忙于工作，没有时间和女孩交流。画面中餐厅的色彩就是冷色的，显示了父女之间关系的冷漠。

不同的造型可以展现不同风格的人物，比如《大卫，不可以》《大卫，上学去》《大卫惹麻烦》等绘本中，画家以富有拙趣意味的造型，展现了大卫在生活中种种搞笑的行为。讲述者需要结合绘本的图文关系，准备把握图画蕴含的意境和情感色彩；会读并且读懂创作者想要通过图文告诉幼儿的道理，以便在讲述过程中有的放矢地引导幼儿理解绘本故事表达的含义。同时，在讲述过程中，注意引导幼儿观察图画内容。通过图文结合的形式，幼儿可以同时接受听觉和视觉的故事信息，有助于他们更全面地理解绘本故事内容。

（二）布置任务，制造期待

正式进入故事前，可以给幼儿布置一些任务，例如一些简单的小问题，对主要情节的掌握等。让幼儿带着任务听故事，而不仅仅是凭着自己的兴趣，有利于培养幼儿的专注力。讲绘本故事前，也可以让幼儿看看封面，问他们觉得故事会是什么，或者巧妙设置问题：“故事要开始了！仔细听好咯，看看小老鼠到底遇到了什么问题，小老鼠又会怎么做呢？”引导幼儿进行思考，调动他们思考的积极性。问题难度要适中，让幼儿能够依据已有知识和经验，简单思考后作出回答。

（三）充分利用想象，深入挖掘绘本故事的隐喻含义

由于绘本故事是以图为主的文学形式，图画在表达意义方面具有暧昧性，幼儿受认知水平的限制，有时不能读出绘本的内涵。这就需要讲述者对绘本图画的暧昧性加以利用，挖掘绘本故事的隐喻性含义，从而深化绘本的艺术内涵，使故事讲述更加丰富饱满。比如安东尼·布朗的《大猩猩》讲述了小女孩安娜希望得到父爱的故事。在其中一幅图上，安娜坐在房间的一角，电视机的光把她照亮了。这个画面就需要讲述者挖掘出图画背后的隐喻性含义，将电视机的光衬托出安娜的孤独用直白且口语化的语言讲述给幼儿。

幼儿处于受教育的初级阶段，在他们的眼中，不仅能与人进行交流，也可以与植物和动物进行交流，甚至石头都是有生命、有情绪的。幼儿在故事欣赏中习惯把自己想象为其中某个角色，所以，在使用拟人化手法时，要多选择美好的形象，供幼儿进行代入和扮演。

同时，对绘本故事的讲述要符合幼儿兴趣、接受水平，符合绘本故事要求。讲述时，要注意主题明确化、脉络清晰化、语言生动化。细节扩展宜丰富化、有趣化，为幼儿提供想象空间，拓展原有作品的内涵，使其变得更加丰满。

1. 预测故事

在阅读前，充分利用封面，根据封面引导幼儿对故事进行猜测，激发幼儿强烈的阅读欲望，比如绘本《神秘的大衣》。

绘本故事《神秘的大衣》的封面里，主人公仿佛胖得无边无际，从大衣领子处露出长颈鹿的脑袋、火烈鸟的长脖子、兔子的耳朵，衣襟里探出蜥蜴来，挎包里有两只怪模怪样的鹅，背上停着一只乌鸦，新奇而特别的画面完全能够吸引幼儿的眼球。保育师可以引导幼儿通过封面猜测故事里究竟讲的是什么样的情节，经过讨论后，再讲述故事内容，效果更突出。通过适当遮盖画面内容，引发幼儿想象和思考，建立故事前后的联系。

2. 设疑想象

设疑想象能够促进培养幼儿主动学习的能力，引导他们猜想预测、大胆质疑的同时，帮助我们了解幼儿已有的生活经验和认知水平。问题是发展思维的起点，讲述绘本故事的过程中，要鼓励、引导幼儿提问。同时，要认真回答幼儿提出的问题，而不是一味地向幼儿提出问题。故事讲完后，幼儿可能会追问："后来呢？"可以借此机会，让幼儿展开想象的翅膀，将故事续编下去。例如，在绘本故事《逃家小兔》中，作者将简单句式"如果你变成，我就变成……"作为穿起故事的"线"，使故事充满想象色彩。在讲述这个故事时，可以提问："如果你是兔妈妈，你会怎么变，让小兔子回家呢？"在幼儿饶有兴趣的猜测中，推进情节的发展，使幼儿逐步体会兔妈妈对小兔的爱。

3. 合理联想

对幼儿读图能力与想象能力的培养非常重要，这也是绘本故事的特性。讲述绘本故事时，可以选择富于想象、动人的图画，引导幼儿仔细欣赏、观察画面中的色彩、形象和细节，让幼儿通过想象和联想，感受故事中的情感和意蕴。例如，在讲述《蛤

蟆爷爷的秘诀》时提问："如果你遇见了这样的怪兽，你会怎么办？"这句话就可以引导幼儿思考画面以外的问题。在组织幼儿欣赏故事《我永远爱你》时，保育师要深情地为幼儿朗读，让幼儿在保育师的深情演绎中受到感染。在讲述绘本故事的过程中，保育师可以反复朗读重点内容，帮助幼儿把故事前后内容紧密联系起来，使他们更清楚地掌握故事发展的过程，进而理解故事的意义。

（四）游戏情境式探究讲述

绘本故事图文并茂，非常符合幼儿的认知水平。好的绘本绘画精美，构图合理，色彩明艳，可以帮助幼儿以更轻松的方式去认知世界。图与图之间的叙事关系和丰富的内涵，可以给人一种直抵心灵的温暖与感动。当引起幼儿强烈情感共鸣时，他们就会以角色扮演、身体动作或简短语言等方式进行回应。保育师可以创设简单的游戏，让幼儿根据故事情节，模仿动物叫声、风声、水声等，帮助他们感知事物的同时，丰富语言思维，加深对故事的理解。比如讲述绘本故事《狐狸爸爸鸭儿子》时，幼儿看到封面上狐狸爸爸顶着鸭蛋的可爱模样，就会十分感兴趣，进而产生疑问：狐狸鼻子上为什么会顶着鸭蛋呢？学习过程中，幼儿看到狐狸孵蛋时可爱、滑稽的样子会禁不住哈哈哈大笑并且模仿其动作。

（五）生活式感悟阅读

绘本故事中，虽然没有教条，却能满足幼儿的成长需要，没有说理，却能启发幼儿的思考，升华幼儿的情感。例如，在《我爸爸》《爷爷一定有办法》《猜猜我有多爱你》等绘本故事的欣赏中，幼儿可以充分感受父母亲朋的爱，丰富幼儿的情感，激发幼儿的爱心。在讲述绘本故事时，保育师要注意将故事情节与现实生活进行联系。幼儿学习了《哎呀，有情况》，就会注意小动物，如蟑螂、壁虎、飞蛾、蚊虫，并立马奔走相告"有情况，有情况"；学完《蜗牛在雨天里跳舞》，幼儿会在雨后从树丛中抓来好多蜗牛饲养和观察；学完《好高好高》，幼儿荡秋千时会说："妈妈，我像青蛙小妹一样好高好高。"

五、绘本故事讲述应注意的问题

（一）讲述前要全面理解绘本故事

"给别人一碗水，自己就要有一桶水。"绘本故事是儿童故事讲述的一部分，保育师在讲述绘本故事前除了需要掌握儿童故事讲述的基本要求外，还需要对绘本阅读的知识有较为全面的了解，如绘本的价值、绘本的构成形式、绘本的创作背景、绘本的作者。这样才能在故事讲述过程中准确把握绘本故事的内涵，确保讲述内容的科学性和准确性。

（二）根据幼儿身心发展特点，有针对性地讲述

幼儿正处于身心不断发展的阶段，不同年龄阶段的幼儿，认知水平存在差异。讲述者在讲述绘本故事时，要根据幼儿的特点，选择合适的绘本和讲述方式。比如，为小班幼儿选择绘本时不宜选取内容较为深奥、隐喻性较强，以及篇幅过长、文字过多的绘本。讲述时保育师应注意语言尽可能简洁、直白，利于幼儿理解。中、大班幼儿以具体形象思维为主，抽象逻辑思维开始萌芽，在绘本内容的选择上可以适当加深，以适应幼儿思维、想象等认知能力的发展。保育师在讲述时可以采用形象生动的语言，提高趣味性的同时，引发幼儿思考，调动他们参与的积极性。

（三）注意促进幼儿多方面发展

如上所述，绘本阅读能够促进幼儿语言、思维、想象等多方面的发展。讲述者在讲述时要通过不断重复文字内容，鼓励幼儿通过模仿动作语言、提问、文字表达与图画表征等多种形式不断拓展绘本故事的应用价值，促进幼儿多方面发展。

（四）注意与幼儿有效沟通

比如，《我的连衣裙》是很多幼儿喜欢的一本绘本，讲述者在讲述时可以巧用提问，引发幼儿思考，增加趣味性，调动幼儿参与的积极性。比如，小兔子穿着白色连衣裙经过花田时，保育师可以提问："你们猜，小兔子的连衣裙变成什么样了？""小兔子穿着花朵图案的连衣裙时，天空下起了雨，你们猜，小兔子的连衣裙又变成什么样了？……接下来，小鸟来了，又会发生什么呢？"通过前面的引导，画面有了可预测性。幼儿在保育师讲述的过程中，兴致高昂地参与到绘本故事的理解中来，锻炼了思维能力和想象力。保育师在提问时要注意避免在讲述过程中提一些不必要的问题。如果问题太多，反而会影响故事的整体效果，故事会被分解得支离破碎，幼儿的思维也会被多次打断，导致无法给幼儿带来良好的情感体验和共鸣。

（五）精心改编，让绘本故事更适合幼儿

讲述过程中，保育师可以根据不同绘本的内容和特点，进行适当改编，以使绘本故事讲述更加生动形象。比如，绘本《母鸡萝丝去散步》的文字非常少：母鸡萝丝出门去散步。她走过院子，绕过池塘，越过干草堆，经过磨坊，穿过篱笆，钻过蜜蜂房，按时回到家吃晚饭。针对这种字少的绘本，保育师在讲述时就可以根据画面内容进行改编，适当增加文字内容。比如，可以这样改编：一天，母鸡萝丝悠闲地大摇大摆地去散步。它没有发现一只贼眉鼠眼的狐狸悄悄地从后面跟了上来。萝丝走过院子，狐狸从后面猛扑上来，不承想，它一脚踩到了地上的钉耙，钉耙反弹狠狠地打在了狐狸的脸上。萝丝则继续大摇大摆地往前走，它绕过池塘，狐狸又猛地扑了上来，这下它却不小心一头栽进了池塘里……讲述时注意语言简明、形象，让幼儿能听懂、能理解。

（六）适当拓展，加深故事理解

绘本故事讲述的结束并不是教育的终止，而是教育的开始。保育师可以充分利用家长和社区资源，帮助幼儿进行绘本故事内容的拓展，从而巩固绘本故事讲述的效果，加深幼儿的印象。比如，讲述完绘本《好饿的小蛇》后，幼儿认识了不同的形状，可以给幼儿布置一些任务，例如在生活中寻找不同的形状，绘画不同性状的物体等。

任务示范

绘本故事《鳄鱼怕怕，牙医怕怕》的训练指导

《鳄鱼怕怕，牙医怕怕》是一本幽默的绘本故事，虽然人物形象是令人害怕的鳄鱼和牙医，却都画得憨态可爱，用夸张的表情和动作，阐释每个场景的心理状态，让

幼儿开心地找到看牙时的心理共鸣。同样的场景、不断重复的语言，让幼儿在欢乐中感受到鳄鱼和牙医的心理变化，同时还能培养幼儿的语言能力，引导幼儿养成良好的生活习惯。

1. 设计恰当的导语，引起学生的兴趣

导语可以以介绍故事的方式来进行，或对绘本封面进行简单的介绍，不要呈现全部的故事内容，留下一些伏笔，借此激发幼儿的学习动机，引导他们继续倾听。比如：小朋友们，今天我们来讲一个有意思的绘本故事，故事发生在鳄鱼和牙医之间，故事的名字叫《鳄鱼怕怕，牙医怕怕》。咦，鳄鱼怎么会和牙医在一起呢？他们为什么都“怕怕”呢？到底发生什么事情了呢？听完你就知道了。

2. 通过口语化的表达，讲述绘本内容

该绘本中只有角色语言，没有叙述语言。因此讲述时需要适当改编，增加描述性和叙述性语言。绘本中一共有15句台词，每一句都是鳄鱼先说，然后牙医再重复一遍，这种简洁的重复强化了幽默的效果。15句台词中有对话、有内心独白。根据这些特点，这个绘本故事适合分角色表演。如果是保育师一个人讲述绘本，则可以通过音色的处理，塑造鳄鱼和牙医的形象。鳄鱼的音色要比牙医的厚实、粗哑，也可以通过其他语言技巧的处理，把鳄鱼与牙医的形象加以区分。比如，保育师可以这样讲述。

鳄鱼的牙齿最近非常地疼，因为他平时在生活中一点也不知道保护自己的牙齿，每天不按时刷牙，吃饭后也不漱口，还吃很多甜的东西，他的牙齿蛀了一个大洞，所以，他不得不去看牙医。鳄鱼慢吞吞地走啊走啊，终于看到医院了，他停下了脚步，捂着牙疼的半边脸，难过地想：“我真的不想看到他，但是我的牙齿又真的很痛，我非看不可。”

咚咚咚，鳄鱼敲着牙医的门。其实啊，自从鳄鱼给牙医打了个电话告诉他要去看牙之后，牙医就开始紧张了，因为他害怕鳄鱼大大的嘴巴、尖尖的牙齿，听到鳄鱼来了，牙医心里害怕极了：“我真的不想看到他，但是我是医生，我非看不可。”

牙医打开了门，鳄鱼看到牙医左手拿着牙钻，右手拿着牙钳，吓得后退了一步，害怕地大喊了声：“啊！”当然了，牙医看到鳄鱼那又大又尖的牙齿，他也害怕地缩着脖子后退了一步，大喊了声：“啊！”

退到墙角的鳄鱼，看着前面的椅子想：“我一定得去吗？”

而退到椅子后面的牙医，看着前面的鳄鱼想：“我一定得去吗？”

就这样，鳄鱼一步一步地挪到了椅子上躺下来，牙医一步一步地走过去，整理需要用的工具。

此刻的鳄鱼右手捂着腮帮，左手捂着胸口，心里说着：“我好害怕！”

此刻的牙医呢，想着鳄鱼那大大的嘴巴、尖尖的牙齿，就不由得深吸了口气，拍了拍胸口，心里也说：“我好害怕！”

没有办法，鳄鱼要看牙，牙医是医生，他俩都得勇敢啊。

鳄鱼两只手使劲地攥着椅子把手，紧紧地闭着眼睛，一边把嘴巴张大，一边想：“我一定要勇敢，不就是检查牙齿嘛，忍一忍就过去了。我做好最坏的打算了，大不了就是疼一下。”

牙医呢，深深呼出一口气，快速地挽起袖子，拿起牙锥，打开鳄鱼头顶的灯，一边走过去，一边想：“我一定要勇敢，因为我是牙医，忍一忍就过去了。我做好最坏的打算了，大不了就是被咬一口。”

牙医看了看鳄鱼坏掉的牙齿，决定要先给他清理牙洞再补牙。当牙医清理牙齿时，鳄鱼突然感觉很不舒服，大叫了一声：“哎哟！”鳄鱼皱起眉头，右手捂着被牙医弄得不舒服的牙，左手指着牙医，好像要吃了牙医似的。就在这个时候，牙医也大叫了一声：“哎哟！”牙医怎么了呢？原来，他真的被疼得大叫的鳄鱼不小心咬了一口。他捂着被鳄鱼咬疼的胳膊，看到鳄鱼生气的眼神，赶紧后退了一步。当然牙医也很生气，因为鳄鱼不但咬了他，还把他的补牙工具给咬坏了。

任务训练

请根据所学，模拟讲述绘本故事《母鸡萝丝去散步》。

任务评价

任务学习情况评价表

教学评价							
评价维度	评价标准	赋分	评价主体				得分
			自评 20%	师评 40%	互评 20%	平台 20%	
专业知识	1. 了解绘本的定义与特征（10分） 2. 了解绘本对幼儿发展的价值（10分） 3. 理解绘本故事讲述指导策略（10分）	30					
专业能力	1. 认识到掌握绘本故事讲述能力对保育师工作的重要性（20分） 2. 能够正确把握讲述绘本故事的策略及应注意的问题（30分）	50					
专业素养	1. 树立正确的儿童观、发展观和教育观（10分） 2. 热爱保育师工作，履行职责，坚定职业理想（10分）	20					

项目五

保育师职业用语

项目导航

保育师职业用语是保育师进行一日生活保育工作的用语，除了用标准、规范的普通话表达，还要符合幼儿保教工作的要求。良好的语言修养是保育师必备的职业技能，是保育师职业能力结构的重要组成部分。一名保育师的价值观、文化素养、审美情趣等都会在保育过程中，通过其特有的语言表达形式对幼儿产生潜移默化的影响。

本项目要求正确把握保育师语言的职业特点，运用教学口语技能和教育语言规律，面对不同对象、针对不同语境组织保育活动，培养幼儿良好的行为习惯和思想品质。

学习目标

◎了解保育师职业用语特点及要求。

◎掌握保育师职业用语的表达技巧。

◎能在幼儿保育工作情境中，熟练运用保育师职业用语与不同对象沟通交流，有效开展保育工作。

◎认识到保育师职业用语对幼儿成长的重要性，增强职业责任感和认同感。

知识导图

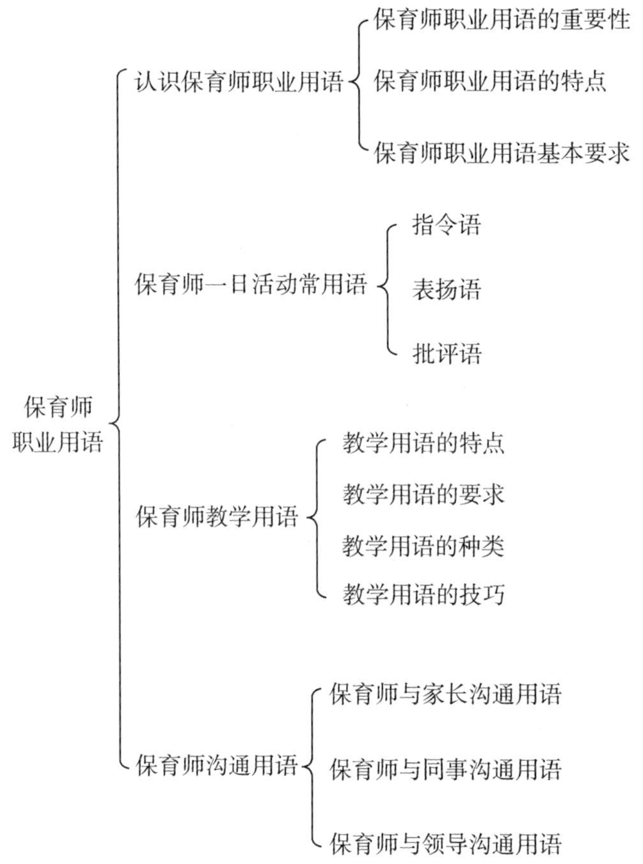

任务一　认识保育师职业用语

学习目标

◎了解保育师职业用语的特点。

◎掌握保育师职业用语表达技巧。

◎重视保育师职业用语对幼儿成长的重要性。

案例导航

午睡时，大多数幼儿已经进入梦乡，突然王老师听到朵朵在床上哭泣，王老师马上抱起朵朵问："朵朵，你为什么哭呀？告诉王老师好不好？看看我能帮你做点什么？"朵朵噘着小嘴抹着眼泪说："我的姐姐去上学了，我想和她一起玩。"王老师轻声安慰道："姐姐肯定也很想你呀，但是她去学知识、长本领去了，等放假了再回来和你一起玩。"朵朵抹了抹眼泪说："那我好好吃饭、好好睡觉，乖乖等她。"王老师用安慰的话语和轻柔的语调，让朵朵感受到保育师的温暖和关爱。

分析：很多时候，保育师一句赞扬、鼓励、肯定、安慰的话，就能稳定幼儿的情绪，激发幼儿积极的情感，让幼儿感受到尊重、关爱。

知识链接

一、保育师职业用语的重要性

苏霍姆林斯基说："美的语言能带给人们愉悦、幸福和享受，是人类不可缺少的精神生活资料。"教师的语言"是一种什么也代替不了的影响学生心灵的工具"，是一种强有力的教育手段。保育师职业用语的重要性体现在以下几个方面。

（一）对幼儿自我概念的形成有重要作用

认同感是指人对自我及周围环境的有用或有价值的判断和评估。经常被表扬、夸奖、肯定的幼儿，会有较强的自我认同感；经常被批评、否定的幼儿，会有更多的失落感，会出现过多的"我没有用""我没有价值"的判断和评估，缺少自我认同，自尊感低。

保育师职业用语对幼儿自我意识的形成具有重要作用，保育师积极的职业用语容易调动起幼儿的积极情绪，有助于培养幼儿的自尊心和自信，可以刺激幼儿的愉快体验，维持行为，影响幼儿主动做事的动机，帮助幼儿塑造坚持做某事及其做好某事的信念。保育师消极的职业用语，比如嘲讽侮辱性语言、抱怨性语言、无视冷漠性语言，容易导致幼儿消极地评价自己，对自己缺少信心，个人成就感低，自我效能感弱，对学习的意义和价值的评价下降。

（二）对幼儿积极情绪的产生有促进作用

德国著名教育家第斯多惠说过："教育的艺术不在于传授本领，而在于激励、唤醒、鼓舞。"富于情感的保育师职业用语是情感教育的重要手段，也是保育师发挥榜样作用的重要方式。保育师充满情感的职业用语不仅能够稳定幼儿情绪，化解幼儿心中的郁结，而且可以激发幼儿的积极情感，为幼儿的情感发展奠定坚实的心理基础，促进幼儿思维活动更加敏锐。

（三）影响幼儿语言风格的形成和发展

处于语言敏感期的幼儿通过模仿重要他人来形成自己的说话方式、语言习惯等语言风格。保育师作为幼儿朝夕相处的重要一员，是他们首要模仿的对象。因此保育师在日常生活中应当特别注意语言的规范性和表达的得体性。在和幼儿交流时，尽量避免使用方言和网络流行语，说话时做到普通话发音清晰、表达准确。保育师要合理地运用文明规范的语言教导幼儿，帮助他们养成规范使用语言的意识，培养准确使用语言表达的能力。

保育师要对幼儿的语言表达保持关注、支持和认可，并给予积极的回应，激发幼儿自我表达的欲望，让他们想说、爱说。如果保育师对幼儿的语言表达不闻不问，回应时态度冷漠、语言消极，就会让幼儿渐渐失去语言表达的兴趣，在一定程度上阻碍和制约幼儿语言能力的发展。

二、保育师职业用语的特点

（一）科学规范，逻辑清晰

保育师是幼儿生活中的重要他人和言语模仿对象，抑扬顿挫的声音、自然亲切的谈吐，会吸引幼儿主动关注保育师的语言面貌和语言行为，从而产生浓厚的语言兴趣，爱听、爱说。幼儿逻辑思维发展尚处于初级阶段，他们理解和掌握的多是与日常生活相关的概念，对科学概念的理解有一定的困难。为此，保育师在说话时要注意内容的科学性和表述的逻辑性，促进幼儿逻辑思维的发展。

保育师语言表达的规范性也十分重要。保育师使用的语言要符合普通话语音、语法等规范，掌握普通话语音的声母、韵母、声调、轻声、儿化、变调等，做到发音标准、吐字清晰、语调正确、快慢适中、停连得当。同时，语义内容表达要准确规范，不使用方言、网络用语等，避免句子成分残缺、搭配不当、语序失调等不规范现象，表述严谨，有逻辑性。

保育师的职业用语还要受各种社会规范的制约。从大的方面讲，保育师职业用语受国家政策、法令法规、道德标准、教育方针的制约；从小的方面讲，保育师职业用语受教学内容、教学目的的制约。保育师职业特点决定了保育师职业用语有严格的规范性，要根据《幼儿园工作规程》中的教学目标、教学内容，有针对性地选择、组织和使用语言。保育师的职业用语要有明确的目的，要为教学任务和目的服务。保育师使用的语言要有声、有色、有形、有情，能够唤起幼儿对具体事物的真切感知，调动他们的五感去看听闻摸尝，去感知、想象、行动，从而体验如闻其声、如见其人的情境感。

（二）通俗简洁，生动形象

幼儿的认知能力低，有意注意时间短，对于烦冗复杂的长句难以记忆和理解。保育师说的句子不宜太长，语法结构要简单，要让幼儿能够听懂、爱听，然后让幼儿学说、爱说、能说。比如，《小猪盖房子》的开头写道："猪妈妈有三个孩子，一只是小黑猪，一只是小白猪，还有一只小花猪。"这句话共有四个分句，后三个分句的结构相似，看似啰唆，却与第一个分句"猪妈妈有三个孩子"相照应，符合幼儿的认知特点。

幼儿以具体形象思维为主，他们通过直观感受具体形象的事物来认识世界。保育师的职业用语必须生动形象，多使用表示具体概念、动作的词，巧用比喻、夸张、拟人等修辞手法，妙用拟声词、叠词、语气词等。同时，保育师应创设一定的语言情境，利用面部表情、手势动作、身体姿势等帮助幼儿理解语言，充分运用眼神、微笑、手势等态势语，吸引幼儿的注意力，唤起幼儿的想象力，激发幼儿参与活动的兴趣。

（三）因材施教，灵活应变

每个幼儿的发展速度和发展水平不同，保育师应对幼儿发展过程中出现的差异性给予充分理解，支持和指引幼儿从原有的水平发展到更高的水平。保育师要善于把握不同年龄段幼儿的心理特点、个性品质，做到具体对象具体对待，具体问题具体分析，因材施教。

语言环境会影响幼儿的情绪，良好的教育环境有利于教育的成功，促使幼儿思想的转化。当幼儿犯了错误，保育师最好私下找其谈话，帮助其分析错误原因，鼓励其承认并改正错误。当幼儿做了好事，保育师应该在公众场合表扬其行为，这一点尤其适用于平时表现不佳的幼儿，当众表扬会起到巨大的激励作用，使该幼儿看到大家对他的信任，增强自信心。

三、保育师职业用语基本要求

保育师的道德素质为保育师职业用语提供了道德标准，文化素质决定了保育师职业用语的内容和质量，语言修养为保育师职业用语提供了能力基础。保育师只有具备了这三大素质，才能使其口语表达规范、科学、富有艺术技巧。

（一）高尚的师德

道德素质为保育师职业用语提供了道德标准，保育师使用语言时应尊重、关爱幼儿独立的个体，礼貌、平等、耐心地与幼儿交谈。

保育师职业用语的语言礼貌是尊重幼儿、热爱幼儿的职业道德决定的。首先，保育师在与幼儿交谈时要有礼貌，不能说脏话、粗话。其次，师生之间要平等交流，不能自己一个劲地说个不停，交谈时尊重对方表达的权利。最后，要关心和爱护幼儿，为幼儿着想，动之以情，用真诚、动人的话语感染幼儿。

心理学研究表明，环境对人心理状态的影响是巨大的。热烈的气氛会使人精神愉悦、情绪高涨、思维活跃；肃穆的气氛会使人感觉紧张、压抑，思维呆滞。因此，保育师说话时应该是热情洋溢的，营造一种热烈和谐的气氛，让幼儿在心情愉悦的状态下接受教育。

（二）良好的文化素质

良好的文化素质，包括精深的学科专业知识和广博的文化知识。作为一名保育师，要精通幼儿保育专业知识，还要知晓自然学科、社会学科等知识，做到博学多才，不仅要知道怎样教学，还要会用科学的理论指导教学。

较强的保育教育能力，包括良好的语言表达能力、较强的创新能力、较强的组织能力和研究能力。在幼儿园中，保育师主要是靠语言来传播和交流信息的，保育师使用的语言一定要精准、清晰，具有科学性、形象性等。另外，保育师还要有一定的创新能力，有一定的活动组织能力，以及有一定的科学研究能力。

（三）必备的语言修养

保育师必须加强语言基本功训练，包括语音的训练、态势语的训练等，举止大方、从容镇定。

1. 语速

幼儿的纯音听觉敏锐度和语音听觉敏锐度之间的差别，要比成人的差别大，而且年龄越小，这种差别越大。因此，保育师能否把握适当的语速对幼儿能否理解语意十分重要。语速要根据表达的内容、情感而定，不能随心所欲。一般来说，表现激动、兴奋、喜悦、愤怒时语速可以稍快，表现悲伤、沉郁、失落、思索时语速可以慢一些。歌颂英雄人物，铿锵有力；描绘战斗场面，慷慨激昂；倾诉失败与受辱，沉郁悲怆；叙述历史过程，疾徐得当。

例如，小班数学活动“学习手口一致地点数四以内的数”，如果保育师快速地边点边数“一、二、三、四”，让幼儿跟着学，则很可能变成唱数，无法达到“手口一致点数”的教学目的。再如，保育师在讲解折纸的折叠方法时，较慢的语速结合示范，能较好地帮助幼儿掌握折纸的的步骤和要求。

2. 音量

保育师应根据教育环境空间的大小、幼儿人数的多少、周边环境等外部条件，灵活调整音量的大小。力争做到前面的幼儿听得清晰不震耳朵，后面的幼儿听得清楚不费力。

音量的适度，决定于最适宜的发音区。通常，在一个八度左右的音域内讲话比较自然。保育师应了解自己最适宜的发音区，并根据教学空间的大小，有效地控制、调节讲话时的音量与音高，做到声声出口、句句入耳，前排听了不觉得震耳，后排听了不觉得吃力。

保育师在保育教育过程中，经常会通过变换音量的大小引起幼儿的注意力。总是保持一种音量，容易让幼儿产生听觉疲劳，保育师声音的强弱变化、高低起伏，会吸引幼儿的注意力，让幼儿更容易接受新知识，实现教育目的。

3. 语调

马卡连柯强调：“只有在学会用15种至20种声调来说‘到这里来！’的时候，只有学会在脸色、姿色和声音的运用上能做出20种风格韵调的时候，我就变成一个真正有技巧的人了。”保育师要根据表达内容和目的灵活调整语调，让幼儿身临其境，激发幼儿参与活动的兴趣。

4. 巧用语音修辞

重音、停顿、节奏等的使用，是语音修辞的重要组成部分。有经验的保育师可以根据教学内容的具体情境灵活运用重音、停顿、节奏等，吸引幼儿的注意力，取得良好的教育效果。

5. 语言表达的艺术性

夸美纽斯说过：“教育人是艺术中的艺术，教育人使用的语言是艺术的语言。”保育师要将教学内容巧妙地传授给幼儿。保育师的职业是培养人，培养人有其规律和技巧，只有懂得这些规律和技巧的人才能把它们应用于语言表达过程中，针对教育的规律和特点艺术地组织教学。

知识拓展

远离保育师语言暴力

语言暴力是指在保育教育过程中，保育师通过嘲笑、侮辱、歧视、恐吓、谩骂等不文明的语言，给幼儿身心造成损害的语言行为。

语言暴力主要表现为以下几种类型。

1. 有意识地辱骂

一些保育师把辱骂性质的语言当成了教育工具，常常因为一点小事对幼儿指责训斥、大发雷霆，容易导致幼儿处于内疚、自责中，畏手畏脚、自卑胆小。还有一些保育师通过语言行为给幼儿施加压力，希望他们在受到打击之后行为有所改观。例如："你怎么这么笨？""说了多少遍了，你是不是没长脑子？"

2. 无意识的口头禅

当幼儿在集体活动中表现得和其他人步调不一致或者落后时，保育师在劝说无效的情况下，有时会说出"你怎么每次吃饭都这么慢，跟个蜗牛似的""我和你说话你听见没有，哑巴啦"等带有个人情绪的话语。保育师并非有意伤害幼儿，而是在自己介入后却无能为力的情况下使用的语言暴力。

3. 过度批评

保育师对同一件事批评的次数过多，反复揭幼儿的短处，伤害幼儿的自尊心；过多采用否定方式进行评价，打击幼儿的自信心；批评时不基于客观事实，看不到幼儿发展的个体差异和进步空间；话说得太重，超过幼儿心理承受能力，例如："真是笨得没治了。""你再画也画不好。"

4. 反语代替正向表扬

保育师不认可幼儿的进步，未进行积极引导，对幼儿说出"就你这种水平还想上去表演""就你有能耐"等话语。这种语言暴力会导致幼儿心理失衡，降低生活热情和积极性。

5. 话语霸权

保育师利用自己身份的权威性，把控话语权，剥夺幼儿发言权。比如，用"你是老师还是我是老师""我说你错了，你就是错了""我说话时不准插嘴"等话语对敢于质疑自己的幼儿进行压制；用"不准讲话""光听我说"等话语剥夺幼儿的话语权力；用"好了，别说了""闭嘴"等话语打断幼儿的发言；无视幼儿提供的帮助，从不说"谢谢你的帮助""请出来吧"等。这种类型的语言暴力十分常见，也是最不易察觉的，但是会对幼儿造成不良影响。

保育师要提升教育知识素养，树立儿童本位的教育理念，建立民主、平等的师生关系，全面动态评价幼儿发展等，积极探求批评艺术，远离语言暴力，呵护幼儿成长。

任务训练

一、思考并回答下列问题

（1）保育师职业用语特点。

（2）如何提升保育师职业用语的魅力？

二、设计一段幼儿园组织进餐的活动用语

任务评价

任务学习情况评价表

<table>
<tr><th colspan="9">教学评价</th></tr>
<tr><th rowspan="2">评价维度</th><th rowspan="2">评价标准</th><th rowspan="2">赋分</th><th colspan="4">评价主体</th><th rowspan="2">得分</th></tr>
<tr><th>自评
20%</th><th>师评
40%</th><th>互评
20%</th><th>平台
20%</th></tr>
<tr><td>专业知识</td><td>1. 保育师职业用语的特点（10分）
2. 保育师职业用语基本要求（10分）
3. 保育师职业用语需要注意的问题（10分）</td><td>30</td><td></td><td></td><td></td><td></td><td></td></tr>
<tr><td>专业能力</td><td>1. 灵活运用保育师职业用语的特点，开展保育活动（20分）
2. 掌握保育师口语基本要求，提升保育教育能力（20分）
3. 掌握科学的职业用语表达方法，全面评价幼儿（10分）</td><td>50</td><td></td><td></td><td></td><td></td><td></td></tr>
<tr><td>专业素养</td><td>1. 尊重幼儿、认可幼儿，对保育工作有热情（10分）
2. 乐于学习幼儿语言、心理发展特点，更好地服务幼儿成长（10分）</td><td>20</td><td></td><td></td><td></td><td></td><td></td></tr>
</table>

任务二　保育师一日活动常用语

学习目标

◎理解保育师一日活动用语的特点及要求。

◎掌握保育师活动用语的不同类型及运用技巧。

◎能够恰当运用日常活动用语对幼儿进行保育，认识到积极语言对指导幼儿活动的重要性，树立积极的语言观。

案例导航

小班幼儿自理能力比较差，经常将鞋子穿反，在教幼儿穿鞋子分清左右脚时，保育师没有进行枯燥的说教，而是告诉幼儿："左边的鞋是鞋爸爸，右边的鞋是鞋妈妈，爸爸和妈妈是一对好朋友，永远不吵架。"

在教幼儿叠衣服时，保育师告诉幼儿：“扣子找扣眼，袖子找袖子，衣服弯弯腰，帽儿点点头。”这些节奏明快、朗朗上口的儿歌使幼儿在愉快的氛围中轻松地学会穿鞋子、叠衣服等本领。

分析：通过拟人化和儿歌的形式，保育师将枯燥的自理技能学习转化为有趣的游戏活动，激发了幼儿的学习兴趣和参与热情。用生动形象的语言将抽象的概念（如左右脚、衣服的折叠方法）转化为具体的形象，降低了幼儿理解的难度。

知识链接

一、指令语

（一）指令语的含义及要求

指令语是指幼儿园一日活动中，保育师为确保保育教育活动顺利开展，对幼儿发出的指示和命令。教学指令语能够引导幼儿逐步学习教学内容，掌握知识和技能，提高学习积极性。

生活活动中指令语的运用能让幼儿在短时间内明白该做什么事情，引导幼儿养成良好的生活习惯，让幼儿提高自理能力，掌握自我保护的方法。

游戏活动中指令语的运用能够调动幼儿参与游戏的积极性，便于游戏活动的顺利开展，促进游戏价值更好地实现，从而取得良好的游戏效果。

（二）指令语的类型

1. 命令指令

幼儿由于年龄较小，自我管理能力较差，保育师为维持秩序，规范其行为发出纪律类指令。相对于其他指令，保育师在发出该类指令时表情严肃，指令的强制性意味也更强。

命令指令是指运用指示性语言、带有命令口吻的指令，例如“上厕所”“洗手”“立正”“安静”。命令指令具有明确的指向性，语言简短，便于幼儿理解，贯穿于一日活动中。

保育师通过意义约定俗成、语速较快的口头语言发出命令指令，同时配合手部动作吸引幼儿的注意力。幼儿在听到命令指令与拍掌的声音时能迅速安静，将注意力转移到保育师身上，发挥了指令语约束幼儿行为的作用。

2. 童谣指令

幼儿自理能力弱，保育师可以指导幼儿边念儿歌边学习生活自理技巧。童谣指令浅显易懂、形象生动，很受幼儿喜欢。童谣指令能够使幼儿在轻松愉悦的氛围中理解指令，并按指令去做，让幼儿在无意识中掌握某种知识和技能以及某种社会规范。

案例：

叠衣服

小衣服，放放好，我来把你叠叠好，
左右小门关一关，两只小手抱一抱，我们一起弯弯腰。

3. 隐喻指令（游戏化指令）

保育师为了维持活动纪律，不直接表达指令的意图，而是引导幼儿模仿熟悉、喜爱的动物姿态来实现快速安静的目的，便于活动的继续进行。例如在活动中提醒幼儿“小猫走路”，引导幼儿走路脚步要轻。

案例：

午饭后散步往回走，幼儿在走廊里吵吵闹闹。为了让幼儿马上安静下来，为午睡做好准备，我对他们说道：“我看哪位小朋友能像小猫一样悄悄地走到休息室。”

幼儿马上安静下来，像小猫一样猫着腰，悄悄返回休息室。

（三）指令语的艺术运用方法

1. 语言指令借助非语言指令

非语言指令包括音乐指令、动作指令、标志指令等。

音乐指令是指借助节奏、旋律、律动等发出的指令。幼儿思维具有具体、形象的特点，保育师的语言指令辅以音乐指令，不仅能让幼儿按照指令意图做事，还能为幼儿创设轻松、愉悦的环境。

动作指令是指保育师通过肢体动作发出的指令，如拍手、跺脚、抬手。

标志指令是指借助图形、线条、数字等发出的指令。比如在活动场地，保育师可以在地面上粘贴小圆点，让幼儿根据小圆点站好位置。这样做为保育师的工作省去了很多麻烦，具有非常大的便利性。

比起单一的语言指令，形式丰富的指令更能刺激幼儿的视觉、听觉等器官，幼儿更容易执行。

2. 指令游戏化

幼儿思维的具体形象性决定了他们更容易理解和接受直观、形象、生动的事物，可以运用游戏化的方式帮助幼儿理解和感知各种抽象概念和事物。采用适宜的教育策略，使指令游戏化，充满趣味性，赋予指令以游戏的性质，赋予儿童以角色的意识，更容易使指令得到幼儿的响应。

3. 指令目标明确具体，具有针对性

保育师的指令语要有明确的目标、方向，要让幼儿明确要做的事情和怎么做。保育师应根据不同的学习环境，对不同年龄的幼儿运用不同的指令，指令要因人而异，因学习环境而异，因时间变化而变化。

二、表扬语

（一）表扬语的含义及要求

表扬语是指在幼儿园保育活动中，保育师对幼儿个体或群体所表现出来的良好思想品质、行为习惯给予的肯定性评价。

苏霍姆林斯基说过：“教师无意间的一句话，可以造就一个天才，也可以毁灭一个天才。”他强调说：“你在任何时候都不要给学生打不及格的分数，请记住，成功的欢乐是一种巨大的情绪力量，它可以促进学生好好学习，让我们用真诚、爱心对学生多几分赞美，少一些批评、指责，在他们人生路上，为了他们的进步、进取，教师要学会赞美学生。”由此看出，表扬话语具有赞美性、指引性、真挚亲切性和振奋人心的特点。

（二）表扬语的类型

按照不同的维度，可以将保育师对幼儿的表扬分为不同的类型。

1. 按照表达形式划分

按照表达形式划分，可以分为口头表扬、肢体语言表扬、书面表扬。

（1）口头表扬。

口头表扬是指保育师面对面口头说出赞赏性的话语对幼儿进行肯定、表扬。保育师直接表达对幼儿某种行为的赞许，幼儿能够直接感受到保育师对他（她）的肯定。

（2）肢体动作表扬。

肢体动作表扬是指保育师用竖大拇指、鼓掌、拥抱等肢体动作表达对幼儿的肯定。幼儿通过亲密动作感受到保育师对自己的爱，进而获得满足感。

（3）书面表扬。

书面表扬是指保育师借助书面语言对幼儿进行表扬。例如，在幼儿成长档案中，保育师对幼儿一日生活中行为习惯的进步进行文字性描述，表达肯定；或者借助聊天工具及时向家长反馈幼儿在幼儿园的积极表现。

2. 按照场合划分

按照表扬发生场合的不同，可以分为当众表扬和私下表扬。保育师应选择恰当的教育时机进行表扬。

（1）公开表扬。

公开表扬是指保育师对幼儿在进餐、盥洗等一日活动中表现出来的良好行为习惯进行当众表扬，当着全班幼儿的面表扬幼儿良好的行为表现，引导其他幼儿向被夸奖者学习。

（2）私下表扬。

私下表扬是指保育师在极少数人参与的环境下对幼儿的语言和行为表达赞赏。通常是在幼儿的行为相比之前有很大进步时，保育师在班级其他教师、家长等面前对幼儿作出肯定性评价。

（三）表扬语的艺术运用方法

1. 表扬内容具体化

幼儿思维具有具体形象化、直接性等特点，所以保育师在对幼儿进行表扬时一定要具体，指出表扬的具体行为、表扬的原因、受表扬的过程和细节，不能只使用“不错”“很好”这种笼统的评价。

2. 适时、适度表扬

当一件先进的事例发生时，保育师应立即作出积极反应，及时给予肯定和表扬。表扬时要准确，以事实为依据；要讲究分寸，不夸大其词，也不吝啬夸奖。

3. 表扬多元化

表扬幼儿时，要因人、因地、因时采用不同的表扬方式。除了在全体幼儿面前公开表扬，保育师也可以私下表扬幼儿。表扬要多元化，要有层次性、差异性。不同的幼儿有不同的个性，针对不同的幼儿就要采用不同的表扬模式。

表扬方式要多样化。除了口头表扬外，还可以给幼儿一个赞许的微笑、肯定的手势、热情的拥抱等，让幼儿感受到保育师对自己的肯定与关爱。

选择适合年龄特点的表扬方式。表扬小班的幼儿时，除了言语表扬，应更多选用物质奖励；表扬中班、大班的幼儿时，应逐渐从物质奖励向精神表扬过渡，提高幼儿的自主性。

三、批评语

（一）批评语的含义及要求

批评语是指保育师在保育活动中，对幼儿个体或者群体表现出来的错误思想和不良行为进行否定和指责的语言行为，旨在使被批评的幼儿意识到自己的错误并加以改正，同时教育其他幼儿，防止同类问题再次发生。

批评法是对幼儿的否定，处理不好，容易引起幼儿产生自卑甚至反感，所以批评法的实施要比表扬法复杂得多。保育师应从爱护幼儿、关心幼儿的角度去批评，批评不是目的，只是教育的手段，不能为批评而批评，批评要公正、合理、恰当。

（二）批评语的类型

1. 直接式批评语

直接式批评语是指保育师发现幼儿的错误后，从正面入手，直奔主题，开门见山地指出幼儿的错误所在，并提出相关改正要求的批评语。这是一种措辞尖锐、语调激烈、态度严肃的正面批评方式，适用于批评错误性质严重、影响面大的事情。对惰性较强、有侥幸心理的幼儿采用此方法，能够起到警示作用。

案例：

阳阳是个争强好胜的孩子，在幼儿园经常与其他小朋友争抢玩具，还常常动手打人。一次，因为争抢积木，阳阳动手打了甜甜，甜甜大哭起来，阳阳还吵着说：“我想要这块积木，谁叫你不给我！”保育师看到了，严厉地批评了阳阳。

2. 迂回式批评

迂回式批评是指通过举例子、讲故事、打比方等迂回的方式，让幼儿认识到自己的错误并加以改正的批评语。不直接陈述幼儿的缺点和错误，而是用委婉、暗示等技巧进行批评，是一种柔性批评，可以收到比直接批评更好的效果。迂回式批评有以下几种具体方法。

（1）榜样法。这是一种正面引导的方法，通过表扬那些做得好的幼儿或者保育师用行动示范，为幼儿树立榜样，从而间接地批评幼儿错误的言行，促进幼儿自我纠正。

（2）暗示法。这是一种旁敲侧击的方法。在不伤害当事人自尊心的情况下，把批评意见委婉地说出来，比如借用历史典故、别人的教训或者批评其他类似现象，以引起幼儿联想、悔悟。这种方法适用于悟性较高的幼儿。

（3）幽默法。不直接表明意思，而是用风趣、诙谐而意味深长的言语使人领会其意。这种方式既可以避免直接针对幼儿错误而产生负面影响，也能使被批评的幼儿在轻松、愉悦的氛围中接受批评，完成心理沟通，不伤害幼儿的自尊心。

（4）宽容法。不当场批评幼儿所犯的错误，而是采取宽容的态度，理解和原谅幼儿的缺点和错误，等待时机再进行帮助，或者冷却淡化处理，促进其自我觉醒、自觉纠正。

案例：

区角活动时，明明总喜欢把画笔含在嘴里，保育师看见后在午睡前给幼儿讲了一个故事，故事是这样的："有一个孩子叫可可，她特别不讲卫生，什么东西都喜欢往嘴巴里放，画画时也总爱咬铅笔玩。有一次可可肚子疼得厉害，妈妈带她去医院做检查，医生说她肚子里面太多铅啦，要给她打针输液治疗，可可害怕极了，后来她再也不敢咬着铅笔玩了。"

3. 肯定式批评语

肯定式批评语是指在批评中伴随着肯定性评价，让幼儿认识到自己的错误和差距，又能看到自己优点的批评语。

（三）批评语的艺术运用方法

1. 就事论事、有理有据地批评

批评最重要的前提是掌握准确的事实。在批评之前，保育师应通过观察、倾听获得事件相关的各种信息，切忌未经过调查偏听偏信，冷静查明原因，准确掌握问题或错误的责任、性质、影响，事情发生的过程及细枝末节，以及犯错误幼儿当时的心理状态和一贯表现，有的放矢，在证据确凿、过程清楚的基础上，坚持说服与批评相结合，使幼儿心服口服。

保育师批评幼儿时，应就事论事，不要翻旧账，针对幼儿实际进行批评，不要将幼儿以前所有做错的事都一一列举，伤害幼儿的进取心。不要把若干个问题累计在一起，如果保育师屡次提起幼儿犯的错误，会打击其自信心，幼儿会觉得保育师在揭他的短处，甚至产生抵触情绪，很难心甘情愿接受批评。任何批评，即使是最温柔的批评，也是对幼儿的否定性评价，都有可能会让幼儿产生自卑、沮丧等情绪。

2. 把握恰当时机，批评要因人而异

批评的方式有很多，要根据幼儿错误的性质、造成的影响和幼儿个性差异选取恰当的方式。

保育师应遵循"一把钥匙开一把锁"的原则批评教育幼儿，不能采用千篇一律的方式，应根据幼儿的性格特点，采取不同的批评方式。对于性格内向的幼儿，保育师应采用温和含蓄的方式，让他们逐步接受；对于自尊心强的幼儿，保育师可以采用间接提醒或者暗示的方法，点到为止；对于个性要强的幼儿，保育师要全面地指出问题，耐心听取幼儿的辩解。

批评要把握恰当的时机。当幼儿错误性质比较严重、对其他幼儿的危害也很大时，保育师容易冲动。因此要选好时机，否则会因为情感因素影响批评的公正、合理、恰当。幼儿已经意识到自己的错误，或者偶然无意识做错事时，不宜公开对其进行批评。保育师在没有弄清事情原因、过程时不宜贸然批评幼儿，该批评时要及时批评，不该批评时而批评，容易让人觉得小题大做，故意为难。

3. 客观评价事实，控制情绪

保育师要控制好自己的情绪，不能因个人情绪问题说过激的话，不能讥讽、谩骂幼儿。保育师在进行口头批评时要注意措辞、语气、语调等因素，若声音太刺耳，语调太夸张，表情过于丰富，会招致幼儿的反感。要做到言语得当，字词、语音、语法等符合职业规范，辅助的态势语恰当得体，选择恰当的语言表达方式和技巧，实现批评教育的目的。保育师要细心体会、用心观察，根据语言环境的变化，正确判断幼儿对自己语言信息的反馈，做到从容面对、随机应变、因势利导。

批评的目的不是为了体现保育师至高无上的权威，也不是使幼儿受到各种惩罚，而是为了促进幼儿认知、情感等各方面的发展，避免类似的错误行为再次发生。所以对幼儿进行批评时，要以当前的事件为契机引导幼儿明辨是非、发展人格、培养习惯等。

4. 适当运用态势语，增强批评效果

保育师在对幼儿进行口头批评时，可以辅以恰当的态势语，提升批评的效果。幼儿有被批评后不再被爱的恐惧，所以保育师在对幼儿进行批评时，可以轻轻地抚摸幼儿的头部或肩部，让幼儿感受到虽然保育师在批评他错误的行为，但是并不代表对他的爱减少了。例如，当幼儿不遵守集体活动规则和秩序时，保育师可以用眼神提醒或者走到幼儿身边拍一拍他，示意幼儿停下不恰当的行为，遵守规则。除此之外，态势语的运用要与语境一致，保育师对幼儿进行严厉的言语批评时，不能面带微笑，这种矛盾的表现形式，会让幼儿不明白自己刚才的行为是错的。

5. 倾听幼儿心声，学会换位思考

保育师在批评教育时要给予幼儿说话和倾诉的机会，幼儿就能感受到尊重、接纳和鼓励，也更容易敞开心扉，把事情的前因后果说出来，有利于保育师找到错误的症结并顺势进行说服教育。保育师要注意，倾听时不能随便打断幼儿说话，而要精神饱满、目光专注、注意力集中，不时用点头、摇头、微笑、注视等态势语和“是吗”“对”“能说具体点吗”等话语，表示保育师在认真听和思考，以激发幼儿表达的积极性。保育师要有同理心，幼儿才会接纳保育师，感受到保育师的理解、关爱，才能乐于接受批评。

知识拓展

处理偶发事件的语言要求

保育师针对教育过程中的偶发事件，根据幼儿接受能力和教学双边活动实际情况进行适当调整变化的语言，是保育师教学机智和语言机智的综合运用。

偶发事件是指在幼儿园保育教育过程中，出乎人的意料之外的突发事件，具有意外性、突发性和危害性特征，保育师需要运用自己的智慧灵活应变，因势利导，妥善处理。处理偶发事件要讲究教育策略和讲话技巧，具体要求如下。

（1）快速反应、遏制事态。

（2）控制情绪、沉着冷静。

（3）分析说理，立足疏导。

任务训练

1. 请根据下列情境，设计一段合适的批评语

（1）活动结束后，保育师让幼儿把自己的椅子放回原位，而小明用力地拖拽椅子，发出刺耳的声音。

（2）三个小朋友在玩搭积木时，无意中推倒了另一个小朋友的作品，他们三个赶紧跑到保育师面前告状推卸责任："不是我，是他，是他。"

2. 口语表达

在你成长的道路上，他人的哪些话语给你带来了重要影响，可以是正面的例子（比如帮助你渡过难关，促使你变得坚强），也可以是负面的例子（比如让你变得自卑、无地自容）。当时，你的心情是怎样的？你当时希望他人对你说什么，当时他人的话语对你有哪些影响，结合自身经历谈一下表扬语和批评语的运用。

任务评价

任务学习情况评价表

<table>
<tr><th colspan="8">教学评价</th></tr>
<tr><th rowspan="2">评价维度</th><th rowspan="2">评价标准</th><th rowspan="2">赋分</th><th colspan="4">评价主体</th><th rowspan="2">得分</th></tr>
<tr><th>自评
20%</th><th>师评
40%</th><th>互评
20%</th><th>平台
20%</th></tr>
<tr><td>专业知识</td><td>1. 理解指令语、表扬语、批评语的定义与特点（10分）
2. 掌握指令语、表扬语、批评语运用要点（10分）
3. 掌握保育师一日生活用语应注意的问题（10分）</td><td>30</td><td></td><td></td><td></td><td></td><td></td></tr>
<tr><td>专业能力</td><td>1. 选择恰当的批评方式对幼儿进行恰当的教育（20分）
2. 选择适合年龄特点的表扬方式对幼儿良好的行为习惯进行肯定（20分）
3. 运用清晰、明确的指令帮助幼儿更好地掌握生活技能（10分）</td><td>50</td><td></td><td></td><td></td><td></td><td></td></tr>
<tr><td>专业素养</td><td>1. 尊重幼儿的个性发展差异，选用恰当的教育方式促进幼儿成长（10分）
2. 善于观察幼儿，全面了解幼儿，努力提升综合素养（10分）</td><td>20</td><td></td><td></td><td></td><td></td><td></td></tr>
</table>

任务三　保育师教学用语

学习目标

◎认识保育师教学用语的特点和要求。
◎教育环节规范，熟练使用保育师教学用语。
◎规范用语，培养学生的专业素养和工匠精神。

案例导航

一名实习学生有这样的困扰：亲爱的老师，我很喜欢在幼儿园工作，但是在组织幼儿开展教学和游戏活动时，常常力不从心。明明我和幼儿园的指导老师说的是一个意思，明明我的声音更大，但是幼儿好像听不懂一样，更容易被指导老师的话吸引，他们组织教学活动也更有效率。老师，是不是和幼儿交流有特别的话术呀？怎样讲话才能迅速吸引幼儿的注意，让幼儿更好地明白我的意思呢？

分析：

有效组织幼儿园教育教学活动的语言有什么特点？
为什么幼儿能够听从有经验的保育师的组织引导？
如何有效地进行教学用语训练？

知识链接

一、教学用语的特点

在幼儿保育领域，恰当地使用教学用语对幼儿的成长发展至关重要。保育师教学用语除了具有语言本身的规律外，还具备区别于其他职业用语的特点。

（一）科学性

教学用语是指在幼教课堂教学中，根据幼儿具体特点和教育活动组织的需要，以传授知识、表达交流为目的而使用的一种工作语言。教学用语的科学性是指教学语言要做到逻辑严密、含义准确、选词用句恰当、语法规范。保育师在教学活动的组织过程中，应做到传递的价值观端正，传授的知识点正确，语言表达规范清晰，具有严密的逻辑性。在与幼儿交流的过程中，保育师不得使用不恰当的词语，比如“吃饭饭”“穿裤裤”“上班班”。活动指令明确，不要使用指义不明、语序不当的词句，比如“请坐起来”“你走先”。

（二）启发性

教学用语的启发性是指保育师根据所授知识的内容与幼儿生理、心理发展特点，引导幼儿进行思考并有所领悟，给幼儿以启迪、开导、点拨，调动幼儿观察、想象、思维、表达的积极性。

幼儿的思维以具象思维为主，求知欲强，爱思考，爱模仿。因此，在教学的过程中，保育师应该通过巧妙地设计问题，适当地加以点拨，调动幼儿学习的积极性，引发幼儿探索的兴趣，并引导幼儿思维的走向，帮助幼儿寻找解决问题的途径。

（三）教育性

教书育人是教育的根本目标，幼儿园时期是幼儿受教育最初的起点，保育师教学用语的教育性是教育行业和教师岗位的必然要求。保育师承担着幼儿的知识学习、情感熏陶、习惯养成、能力培养和价值观塑造等教育任务，要激发幼儿的好奇心和求知欲，引导幼儿形成良好的道德观念和行为习惯，语言是最直接、最基本的教育工具。

教学用语的教育性不仅体现在语言内容蕴含着积极的思想教育和健康的情感滋润上，而且体现在语言本身的教育作用上。在教育教学活动中，教学用语所承载的知识内容具有很强的思想性，对幼儿的人格、理想、信念和情操等有着潜移默化的影响。因此，保育师在与幼儿进行口语交际时，无论是语言表达的形式还是内容，都应该适合幼儿的身心发展特点，要以高尚文明、积极向上的语言引导幼儿、教育幼儿。

（四）审美性

审美性是教学用语的一个重要特征，教师的语言不同于一般的职业语言，它承载着传承优秀传统文化的神圣使命。汉语不仅是中华优秀传统文化的载体，同时也是中华优秀传统文化一个重要组成部分。幼儿期是语言迅速发展的关键时期，模仿是他们学习的主要手段。保育师应该充分运用自己的言语实践，向幼儿全面展示母语的形象与魅力：语音美、语调美、节奏美。

保育师教学用语的这些特点，对保育师组织各类教育教学活动，提出了相应的实践要求。

二、教学用语的要求

教育活动组织示例：饭前洗手。

小朋友们，吃饭之前我们应该先干什么？（听小朋友回应）对，要先把手洗干净，大家会洗手吗？（小朋友回应“会”或“不会”）说不会的小朋友看老师的示范，说会的小朋友观察老师洗手的动作和你洗手的动作是否一样，好吗？那大家一起来看看老师是怎么洗手的：我先把手放到水龙头下打湿，然后关上水龙头，打上滑溜溜的肥皂（洗手液），现在看我搓手——手心搓搓，手背搓搓，手指交叉搓一搓，握住大拇指搓一搓，弯曲关节搓一搓，指尖在手心里搓一搓，手臂、手腕搓一搓，交替搓，用力搓，满手泡沫真快乐。现在可以冲水啦，泡泡冲掉不滑了，注意最后不能甩水，拿起毛巾擦一擦，擦完以后要把毛巾送回家。好，小朋友们，大家都学会洗手了吗？我来看看，大家洗得真干净。记住每次吃东西之前一定要洗手呀，讲卫生才能少生病。

根据以上示例，我们可以总结出教学用语的基本要求。

（一）规范准确，简明易懂

幼儿的认知特点和心理发展水平，决定了保育师教学用语要有较高的规范性和准确性。同时，幼儿认知能力有限，保育师要指导幼儿养成习惯、培养能力，教学用语就应该简明易懂。这就需要保育师做到以下几点。

（1）使用标准规范的普通话，为幼儿提供良好的语言示范。在活动和交流中，能及时纠正幼儿错误的发音，为幼儿讲好普通话打下良好基础。

（2）教学语言必须要做到用词恰当、含义准确、逻辑严密、语法规范。不能使用方言，不能模棱两可。例如以上洗手的过程中，“手心”“手腕”“关节”等名词要规范，指示要准确，让幼儿从小养成规范用语的习惯。

（3）使用幼儿能接受、能听懂的词语，选择简短句式，重点突出，条理清晰。

（二）形象生动，通顺流畅

幼儿以形象思维为主，保育师要引导幼儿通过视觉形象、听觉形象以及其他感官形象来认知事物，通顺流畅地传达信息和指令。

（1）动作示范。示例中，保育师借助动作示范让幼儿跟着学习洗手，现场模仿动作，容易领会。保育师在说话时可以选用一些态势语辅助，增强表达的感染力。

（2）语言生动。教学用语要尽量贴近幼儿生活，示例中反复使用“搓一搓”，让语言带有节奏感，可以让教育活动轻松有趣。“把毛巾送回家”使用了拟人的修辞，生动形象，幼儿更容易接受。必要的时候，还可以通过模拟不同人物、动物等的声音，变换不同的语调，表现热情、快乐、紧张、悲伤、生气等情绪，让幼儿有角色扮演意识，身临其境，快速领悟教学内容。

（3）内容精选。在组织教育教学活动的过程中，保育师要精选幼儿感兴趣的内容，表现幼儿的情感，使道理故事化、生活游戏化、学习娱乐化。

（4）表达流畅。保育师应尽可能克服一些不好的表达习惯，比如“嗯”“啊”“那么”等口头禅，以免给幼儿语言发展造成不良影响。

（5）语调温和。保育师说话时的语调要平和、温柔，体现对幼儿的关爱，给幼儿营造文明优雅、健康友善的氛围，滋养幼儿的心灵与性情。

（三）启发教育，随时呼应

幼儿天性活泼，好奇心重，注意力不能长时间集中。保育师组织教育教学活动时要激发兴趣、启发思考、增加互动，及时回应幼儿的表现。

（1）多提问。保育师应经常提问，随时创造机会，引导幼儿思考，跟上课堂节奏。

（2）用道具。比如，戴个小红帽，让幼儿展开想象去和大灰狼斗智斗勇；准备一个魔法棒，让幼儿沉浸式表演。还可以设计区角场景、实地活动等，激发幼儿参与的兴趣，让幼儿主动代入情境。

（3）勤回应。及时回应幼儿，让幼儿感受到被关注，保持注意力相对较长时间的集中。“大家会洗手吗？哦，不会呀……”——及时互动可以让幼儿和保育师保持在同一个语境。“大家学会洗手了吗？哦，佳佳学会了，妞妞也学会了，做得真好！”——

幼儿热情展示自己时被保育师看到并评点尤其是表扬，可以非常有效地激发幼儿的荣誉感和参与热情。

（四）面向全体，照顾差异

幼儿成长较快，差异较大，保育师要掌握不同年龄、不同个性幼儿的特点，用恰当的词语、句式、语气、语调与之交流，以达到良好的教育效果。

（1）与低龄幼儿交流要注意词语简单易懂，多用动词、名词，多用单句、短句。表扬或批评的内容应具体，幼儿越低龄，表达的感情色彩应越突出。态势语丰富，语气相对夸张，语言拟人化，语速慢，多重复。随着幼儿年龄段的提升，保育师使用的句式要逐渐多样化，语言表达的内容更丰富，提问更宽泛，多采用开放式问题，语言重复次数减少。面对5岁以上的幼儿，保育师应多使用一些表示概念的词，复句增加，语言更简洁。

（2）对外向型的幼儿，说话要明确具体，语气肯定，加强语势；对内向型的幼儿，要多用鼓励的话语和肯定性的评价，语调要柔和，语气要亲切，鼓励他们树立自信心。

三、教学用语的种类

根据适用的教育环节不同，可以将教学用语分为导入语、讲授语、提问语、过渡语、总结语。

（一）导入语

导入语的作用是吸引幼儿的注意力，激发幼儿的学习兴趣，承上启下，沟通“旧知”和“新知”，引出学习任务和目的。优秀的导入语设计要新颖有趣，内容符合幼儿认知水平，创设幼儿能够理解的教育情境。

根据教育活动需要，导入语可以分为多种类型，常见的有语言导入、教具导入、游戏导入、多媒体导入等，也可以综合使用多种导入方式。语言导入主要有如下几种方式。

1. 故事导入

通过讲故事的方式，借助生动有趣或者幼儿熟悉的内容引入新课的内容，解决教学中的问题。比如科学课程“认识‘雨’”，可以通过《小水滴旅行记》的故事引导幼儿形象认知课程学习的内容，轻松进入学习状态。

2. 谜语导入

根据教育活动内容，选择或者编写谜语，通过猜谜激发幼儿的好奇心和思考意识，活跃课堂气氛，丰富幼儿的语言表达。比如“认识动物”这一课，可以用谜语“年纪不算大，胡子一大把，不管见到谁，总爱喊妈妈”导入，让幼儿对山羊的外部特征和声音特点形成深刻的印象，激发幼儿继续学习的兴趣。

3. 提问导入

通过提问，引导幼儿对所学的知识产生兴趣，并引发幼儿思考，进入教学内容。比如学习“前后、左右、上下”时，保育师可以这样导入：“有个小朋友蒙上眼睛走迷宫，在小鸟朋友的指挥下，他顺利走出了迷宫。你知道小朋友是怎么做到的吗？你知道小鸟朋友是怎样指挥的吗？”让幼儿在思考中进入教学内容。

4. 谈话导入

保育师在讲解新的教学内容前，通过和幼儿交谈、讨论，导入主题。

5. 游戏导入

用游戏将幼儿带入奇妙的童话世界或者生活场景、模拟场景，创设情境，寓教于乐，自然进入学习状态。

（二）讲授语

讲授语也称“讲解语”，是保育师讲述教学内容，阐释教学活动的教学语言，也是主要的教学用语，用来传授知识、解释疑惑、启发思维、提高认知、培养能力、养成习惯。讲授语主要有以下几种形式。

1. 独白式讲授语

保育师用叙述、描述、解说、评述等方式，采取讲特征、作比较、列数字、举例子等方法，根据幼儿认知能力，准确、清晰、简明、生动地讲述教学内容。

2. 对话式讲授语

保育师在幼儿已有知识的范围内提出问题，引导幼儿思考，在对话的过程中让幼儿获得知识。比如，引导幼儿认识蝴蝶。

师：“蝴蝶是什么样子的？”

幼儿：“有两个翅膀。”

师：“蝴蝶还有什么？”

幼儿分别回答：嘴巴、眼睛、身体……

师：“蝴蝶和很多动物一样，有嘴巴、眼睛、身体，还有什么特别的地方？”

幼儿：“头上还有两条细细长长的东西。”

师：“小朋友观察得真仔细，蝴蝶头上两条细细长长的东西有个专门的名字，叫作触角。大家知道触角有什么作用吗？”

……

对话中有问有答，在问答中启发思维、鼓励参与、解决问题。

3. 讨论式讲授语

这种讲授语有利于调动幼儿思考，引导幼儿发表见解，既适用于师幼之间，也适用于幼幼之间的互动。通过双方或者集体讨论，发表意见，互相启发，从而更深刻地理解和掌握知识。

4. 总结式讲授语

保育师用简洁、精确的语言总结归纳一个问题，使幼儿明确中心思想。

讲授语形式多样，保育师可以根据教学需要交叉使用。不论使用哪种讲授语，都要求自然、有趣，深浅适度，具有启发性。

（三）提问语

提问语是十分常用的教学用语，是指教学活动中，保育师根据活动目标和活动内容，结合幼儿的认知水平和年龄特点而设置的一系列问题。目的是引发幼儿思考，使幼儿集中注意力，训练幼儿的思维和表达能力。保育师提问的问题要具体明确，语言简洁，围绕主题。提问语要有启发性，要以能引起幼儿注意、启发思考的描述性、概括性语言为主，在简单的“是什么”的基础上，推进到“为什么”“怎么样”等问题，由浅入深，层层递进。

（四）过渡语

幼儿教学中的过渡语是指在教学过程中为使教学环节自然过渡而设计的教学用语。过渡语要简洁，可以是一个词，也可以是一个句子，可以直接过渡，也可以归纳式过渡、设疑式过渡……借助灵活的过渡语，可以使整个教学活动连贯而具有逻辑性，起到承上启下的作用。

（五）结束语

结束语简称结语，是教学活动结束时，教师对幼儿所学知识和技能进行及时总结、巩固、评价和拓展迁移时所用的教学用语。结束语要让幼儿清楚需要掌握的知识技能，加深感受，增强记忆，开启幼儿智慧，激发进一步探索的兴趣。结束语要简洁明了，表达清晰，语气肯定，可以加入评价，以正面教育为主。

四、教学用语的技巧

（一）修辞

因为幼儿以具象思维为主，保育师要合理运用各种修辞手法，让口语表达更加生动形象，便于幼儿认知，为幼儿的语言发展创造良好的氛围，有助于提高幼儿的语言表达能力。

常用的修辞手法有比喻、拟人、夸张、排比等，使用这些修辞手法有助于让幼儿乐于参与教育活动，实现教育效果。比如，“蘑菇像把伞”“大地像妈妈，让所有小动物在她怀里自由自在地玩耍”“雨滴像珠帘”……这样的表达可以激发幼儿丰富的想象力。“巨人站起来，把天空顶破了”“贪吃先生能吃100个鸡蛋”……这样的表述可以让幼儿理解“巨人的巨大”“贪吃先生的能吃”，形象具体。

（二）语音

语音方面的教学用语技巧包括音量、音色、语调等。

保育师说话时要音量适中，以中音区发音为主，声音高而不噪，低而不虚，吐字归音清晰，根据表达需要，高低起伏，强弱分明，才能有效集中幼儿的注意力。保育师要从发声训练开始，以情运气、以气托声、以声传情，学会发出大小、强弱、高低不同的声音，根据表达内容灵活调整，使自己的语言表达丰富多彩。

保育师说话时音色要清晰、圆润、悦耳，并且能够根据表达的需要变换不同的声音来体现不同人物不同的情感。保育师要学会熟练控制共鸣腔的形状、位置，掌握不同的发音效果，自然表现音色的变化。

语调对语言表达的效果有很大的影响，比如，升调可以表示疑问、惊异、命令等，降调可以表示肯定、祈使、感叹等。同样，用不同的语气说话也可以体现不同的含义。比如，可以用着急、欢喜、愤怒、悲伤等不同的语气表达同一句话：“宁宁，你去哪了？”

由此可见，语调和语气是表达各种情绪和丰富情感的主要载体，保育师可以练习轻重音处理、语速控制、节奏变化等来表现起伏变化的语调，更好地吸引幼儿的注意力。

（三）态势语

态势语是有效传递信息的无声语言。在仪容仪表方面，保育师的服饰要端庄大方，有活力，既能让幼儿感受到整洁美好、舒服亲切，也要便于弯腰下蹲，方便开展户外活动。保育师不能化浓妆，表情要柔和，精神饱满，和蔼可亲。这样更容易营造轻松愉快、气氛活跃的教育环境。

在体姿和动作方面，保育师的站姿、坐姿、走姿等都要努力追求优雅得体。和幼儿交流时，有时态势语的效果要优于直接的语言表达。比如，和幼儿交流时，可以摸摸头，拍拍肩膀，传达亲近的信息。幼儿淘气犯错时，保育师用目光示意，轻轻摇头，表示“不要继续”。教育活动中，比如介绍小白兔：长长的耳朵随意摇，红红的眼睛眯眯笑，身穿白白的小皮袄，天天蹦蹦又跳跳……可以一边介绍，一边做相应的动作，让教学内容更加生动形象。

保育师可以通过练习逐渐掌握这些态势语，比如，对镜训练、互相监督训练、组织集体比赛训练等。

知识拓展

一、知识链接

根据《中华人民共和国教师法》制定的《幼儿园教师专业标准（试行）》，对幼儿教师职业用语提出了相应的要求。其中，“幼儿保育和教育的态度与行为”方面提到，幼儿园教师要“重视自身日常态度言行对幼儿发展的重要影响与作用”；“个人修养与行为”方面提出，幼儿园教师要“衣着整洁得体，语言规范健康，举止文明礼貌”；“幼儿保育和教育知识”方面提到，幼儿园教师要“掌握观察、谈话、记录等了解幼儿的基本方法”。

二、保育师教学用语常见的问题

（1）模仿幼儿用语。

（2）语音含混不清。

（3）语调单一。

（4）语速失调。

（5）语意重复。

三、保育师教学用语应有的特征

（1）准确表达，语言规范。

（2）生动有趣，引人入胜。

（3）情感真诚，关爱心灵。

（4）体态优雅，举止端庄。

任务评价

任务学习情况评价表

教学评价							
评价维度	评价标准	赋分	评价主体				得分
			自评 20%	师评 40%	互评 20%	平台 20%	
专业知识	1. 认识保育师教学用语的特点（10分） 2. 熟知保育师教学用语的要求（20分）	30					
专业能力	1. 灵活使用比喻、拟人、夸张、对比等修辞手法设计教学用语（20分） 2. 熟练控制音量、语调和音色等，表现丰富的人物或者动物形象（20分） 3. 合理设计能够实现教学效果的口语表达方式（10分）	50					
专业素养	1. 价值观端正，立德树人目标明确（10分） 2. 根据幼儿的认知和心理特点，运用科学的教育方法，恰当使用口语工具，完成教育目标（10分）	20					

任务四　保育师沟通用语

学习目标

◎了解并熟练使用保育师与家长沟通用语。

◎了解并熟练使用保育师与同事沟通用语。

◎了解并熟练使用保育师与领导沟通用语。

案例导航

一名刚入职的保育师有这样一个苦恼：原本我十分有信心做名优秀的保育师，但让我苦恼的是，一和家长打交道我就紧张。每个家长都有各自的要求和问题，都想要和我交流，根本顾不过来。可减少沟通又不利于工作，我不知道该怎么办了。

分析：

怎样引导家长客观看待保育师工作？

如何建立家长对保育师的信任？

保育师与家长等成人群体沟通有哪些语言技巧？

知识链接

成人之间的沟通需要语言技巧，前提是了解人际交往的原则，明确沟通的目标，围绕目标选择有效的沟通方式。

一、保育师与家长沟通用语

保育师面对的是低龄幼儿的家长，他们对幼儿的关注度高，对保育师的依赖性强，还可能存在不同程度的焦虑心理。在这种背景下，保育师要和家长建立和谐的关系，增强信任，有效沟通就显得尤为重要。

（一）保育师与家长沟通的原则和要求

1. 关系：平等，彼此尊重

在幼儿保育活动中，保育师与家长承担的任务各有侧重，双方要互相尊重，才能建立积极、健康的合作关系。保育师要切实树立为家长服务、为幼儿成长服务的观念，真心实意做家长的朋友，耐心倾听家长的意见，利用专业知识帮助家长解决困惑，让家长感受到保育师确实是为了妥善处理问题和幼儿的健康成长而与家长沟通的。

在保育工作的全过程，保育师要引导家长明确平等的关系定位，共建互相尊重、协作共赢的家校关系。

2. 态度：主动，积极沟通

保育师要主动与家长进行沟通，可通过开放日活动、亲子活动、家长会、家访、网络平台、电话等形式，多渠道与家长沟通。保育师要认真聆听家长的意见和建议，及时回应疑问，对参与感弱的家长要多鼓励带动，积极争取家长的支持。

示例：

下午接孩子，家长问保育师：今天孩子表现得怎么样？

A保育师：挺好的。

B保育师：非常好，早上按时到校，在活动区搭建了一座很壮观的大桥，回去让孩子讲给你听。中午吃饭说不爱吃青菜，听到老师说想要身体健康，营养就要均衡，也坚持吃掉了，能接纳合理建议呢。

从以上示例可以看出，A保育师很容易给人敷衍的感觉，B保育师则给家长传达了更多的信息，表现了对孩子的细心观察和教育，无疑让家长更为信任。

3. 情感：关爱，有同理心

保育师工作的对象是低龄幼儿，其工作有保教结合的特点。保育师要关注每一个幼儿，熟悉每一个幼儿，把他们的衣食冷暖放在心上，把他们的情绪状态看在眼里。遇到问题时，保育师要多站在家长的立场，从关爱幼儿的角度思考，保持同理心，才能妥善解决问题。

示例：两个幼儿在户外活动时不小心受了点伤，两个家长分别找到幼儿所在班级的保育师，两个保育师不同的反应直接决定了问题解决的不同结果。

A保育师：（充满关爱、心疼地摸摸幼儿的肩膀）来，老师看看，都磕红了，老师知道你肯定很疼，但是忍着只哭了一小会儿，宝贝真的很勇敢。我们这几天可得好好吃饭，争取快点长好。（面向家长）××妈妈，宝贝磕伤，真让人心疼。不过，有了这次经历，也许他以后就能学会规避这种风险了，性格、能力都会获得成长呢。

结果：家长虽然心疼幼儿，但保育师的同理心给了她温暖，保育师对事情的理性解释，让家长觉得这只是一次意外，最后对保育师表示了感谢，一起关照孩子情绪，事情妥善解决。

B保育师：（态度有点轻描淡写，也可能怕担责任）孩子磕磕碰碰很正常，老师要照顾全班孩子，也不能一直寸步不离地跟着哪个孩子，是不是？

结果：家长由心疼变成恼怒。“那我孩子受伤就是应该的了？我的孩子是不是班级的一员？不是你的孩子你不心疼……”双方各执己见，家长一怒之下给孩子换了家幼儿园。

4. 目标：协作，助力成长

保育师和家长沟通的目标是促进幼儿健康成长。所以，保育师要始终明确工作目标，围绕目标进行有效沟通。

首先，要了解家长。幼儿的家长性格各异，处事方式不一，保育师要尽量了解家长的大致类型，以便有针对性地进行沟通。

其次，因材施教。对于善解人意的家长，保育师可以坦率地将问题向家长如实反映，并主动倾听家长教育孩子的建议和意见，商量措施，共同做好幼儿的引导、教育工作。对于个别不太理解保育师工作的家长，保育师遇到情况要先让家长说话，帮助对方释放情绪，并及时表示对家长的理解，然后再耐心地跟家长解释事情的原因，分析事情的利弊和对错，以理服人，体现出保育师的专业能力和素养，赢得家长的好感，从而得到其对保育师工作的支持。

（二）保育师与家长沟通用语训练

一名专业性强、业务能力优秀的保育师能科学认识幼儿成长过程中种种现象的原因，既能解读幼儿成长中遇到的问题，更好地理解家长，也能应对家长对家庭教育问题的咨询，有针对性地为家长提供指导和帮助，让家长更加尊重与信任保育师，创造良好沟通的前提条件。

示例：

宁宁妈妈：老师，怎么没听到过孩子说你们上课的事，天天玩，你们只带孩子玩，不学知识吗？

保育师：宁宁妈妈，你发现孩子最近能自己穿衣服、系扣子了吗？我们根据孩子的成长阶段安排学习内容，这段时间在训练孩子的生活自理能力呢。系扣子表演、用勺子比赛等都是我们的课堂内容。

宁宁妈妈：原来这样，但孩子也不能不学知识呀。

保育师：你来看我们的活动区，这么复杂的纸杯搭建作品就是宁宁完成的。这个周活动区时间，宁宁都在这儿玩。在搭建的过程中，孩子理解了力的平衡、大小排序、颜色分类等知识，同时训练了手眼协调能力，激发了孩子的想象力，锻炼了孩子的合作能力……这些都是学习呀。

专业性强的保育师更容易让家长信任和尊敬。保育师与家长沟通时应做到以下几点。

1. 理解包容，正向引导家长思路

家长始终站在自己孩子的立场看问题，老师则要照顾全体，有时家长看问题可能会不客观、不全面，这时，保育师就要耐心地根据对幼儿的观察和了解，以理解、包容的心态，分析家长的疑惑，正向引导家长的思路，最终解决问题，赢得信任。

示例：

一天早上，轩轩的妈妈疑惑地对张老师说："轩轩回家总说饿，怎么回事儿呢？"张老师当时心里想：轩轩吃的饭比班里大部分小朋友都多，难道家长不放心，以为老师对轩轩照顾不周吗？

张老师迅速调整了情绪，温和地帮轩轩的妈妈分析了原因："轩轩在幼儿园吃饭胃口很好，昨天还多盛了一次菜呢。最近轩轩运动量挺大，个子也长高了不少，是不是身体长得快的原因？"轩轩的妈妈说："也可能是，春天刚买的衣服，现在已经穿不上了。"家长从老师的回答中了解到老师关注了孩子吃饭，还分析了孩子喊饿的原因，觉得自己的孩子受到了重视，接下来的交流也会友好地进行，老师会更加细心关注幼儿的用餐情况。

2. 肯定为主，欲抑先扬

家长表达观点时，保育师要有一定的控场能力，但是仍然要认真倾听。对幼儿以肯定为主，即使要指出一些问题，也尽量欲抑先扬：按照表扬、建议、希望的顺序，给幼儿和家长以信心。谈问题时，尽量就事论事，不要一概而论。不要一味指责幼儿，尽量使用多项肯定夹带一项批评的"三明治"式评价方式，帮助幼儿改正错误，获得进步。

示例：

张老师下午送孩子时和豆豆妈妈是这样沟通的："豆豆今天午餐播报非常出色，像个主持人一样，声音洪亮，表达流畅，小朋友都一起鼓掌呢。"家长一听，心里十分高兴：自己的孩子表现得好，老师和小朋友都很赞赏。随后张老师摸了摸豆豆的头说："不过今天豆豆有一件事情做得不太好。下午画画时，豆豆在妞妞的白裙子上涂颜色，弄脏了妞妞的裙子，妞妞难过地哭了。"妈妈说："这样可不好。""我和豆豆讨论过了，他知道错了。老师相信豆豆一定会改正，不会弄脏小朋友的衣服了。"家长这时就很容易接受老师的批评，教育了自己的孩子，带着豆豆找到妞妞道歉，并主动给妞妞洗裙子。

3. 照顾面子，尊重隐私

无论幼儿还是家长，都很重视自己的面子，这是自尊的表现。和他人沟通时，要尊重对方的隐私，这是尊重他人的表现。保育师在与家长沟通时，应该注意保护各个家庭的隐私，这样才能更好地与家长进行沟通。

保育师一般是在下午幼儿离园时向家长反映情况，这时家长和幼儿很多，如果不注意，反映的问题可能会被其他幼儿或家长听到，产生不好的影响。保育师如果要批评幼儿的某些行为，应该避开公众场合，避免伤害家长的自尊。因为不管保育师的批评多么温和，如果当着其他人的面进行，可能会让家长误以为是在让他当众出丑，产生不良的后果。有的家长还会迁怒于孩子，造成双方情绪上的对立。

照顾面子，尊重隐私，让家长和幼儿时刻感受到尊重和关爱，才能更好地解决问题，实现良好的沟通效果。

示例：

有一天，三岁的超超午睡时尿床了，妈妈来接他时，老师也不是很在意，就站在门口对超超的妈妈说："今天超超尿床了，我帮他换了条干净的裤子，这湿裤子你带回家洗洗吧。"这时刚好一位家长经过，他听到后说："三岁了还尿床呀。"旁边的小朋友哄笑起来。这时，超超的妈妈表情有点不悦，拉着超超走了。此后几天，超超都不和小朋友一起玩，对老师也不再像原来那么亲近。老师感觉到异常后询问了超超的妈妈，才得知超超的顾虑："我怕他们笑话我尿床。"为此，老师做了好多补救工作才让超超摆脱心理负担。

由此可见，老师向家长反映孩子问题时应单独谈话或找个安静的地方谈，这样顾及了家长和孩子的自尊，对方会更加积极配合老师的工作。

二、保育师与同事沟通用语

保育师与同事的沟通效果直接体现了其团队协作能力。保育师与同事的沟通用语要遵循以下几个原则。

（一）遵守规则，礼貌待人

一个运行良好的单位，必定有规范有序的制度规则。教育行业尤其如此，为人师表、遵守规则，是得到集体认可、融入团队的前提。

比如，一位年轻人刚入职，看到办公室一位老教师幽默风趣，平易近人，很多人喊她"老张"，甚至另一位年龄不大的女老师也这样喊。年轻人为了表示亲近、合群，不久后也跟着喊"老张"，老张有点感到意外，其他老师也觉得不妥。

新人刚入职在和同事们没有达到一定程度的亲密关系之前，要礼貌待人，这体现了个人的修养。所以，新人刚进入一个集体时要礼貌问候，称呼得体，对长者、前辈多用敬语。上例中的年轻人就是不了解人际关系的微妙，只看到表象，才做出不得体的行为。

（二）平等相处，尊重他人

同事之间是相互平等的，不管你是园长还是普通保育师，不管你是在幼儿园干了多年的老教师，还是表现优秀的年轻名师，都应摒弃不平等观念，避免与同事沟通时表现出高人一等的样子。同事之间由于经历、立场等方面的差异，对同一个问题往往会有不同的看法，产生一些争论，这很正常。客观上，人接受新观念需要一个过程；主观上，人们往往有好面子心理，彼此之间谁也难服谁。此时如果过度争论就会容易激化矛盾，影响团结。

但也不要一味刻意坚持"和为贵"，涉及原则问题，还是要坚持的。面对问题，要努力寻找共同点，求大同，存小异。不同意同事的意见，要阐述理由，正面论述；

而不要有情绪，讥讽挖苦，好为人师。比如，有的人说：“真奇怪，你怎么会有这样的想法？”这样的话往往会伤害彼此之间的感情，难以实现有效沟通。

同事之间需要协同完成某项工作时，既要大方表达自己的建议，也要主动征求他人的意见，遇事多商量，不自傲，不自卑。比如：“这个活动，您看先从哪方面着手干？”“大家看这样行不行？”“您经验多，帮我指导一下可以吗？”……另外积极认可别人的付出：“这项工作，幸亏有您的帮助，我才能顺利完成。”这样的话语会让人感受到平等尊重，更容易实现良好的沟通效果。

（三）注意场合，语言得体

保育师与同事的沟通还要注意场合。语言活动要根据不同的语境及时调整，在不同的场合要使用不同的方式，表达不同的内容。保育师在不同的场合，面对不同的对象，所扮演的角色是不同的，说话要得体，讲究分寸。要善于把握各类情况下自己的位置和说话的角度，及时调整说话时间的长短、内容的详略等。

比如，一位保育师牵头承担了一个工作项目，做到一定阶段后，领导请了一位专业人士过来考察，提一些完善的意见。在座的除了专家就是项目团队的人，结果这位保育师没有把握好会议重点和讲话时间，滔滔不绝地讲这个项目进展的过程，顺便对项目组的同事提了一些要求，结果轮到专家点评的时候，已经快到时间了，没有完成会议的目标。

（四）表达清晰，语义明确

保育师的职业特点要求其说话时必须发音清晰，语义明确。一字一词都不能含糊不清，力求做到字正腔圆。语言表达要让大家听清、听懂，便于理解。此外，保教工作还要求保育师的语言形象生动、富有感情、高雅文明。同事之间交流时也要积极营造这样的氛围。

（五）提高修养和认知，对人不妄议非议

提高个人修养，对他人不妄加评判既是同事之间语言沟通的要求，也是对团队成员个人修养的要求。一个团队中，各个成员的个性、修养、能力等都会有所不同。我们要严格要求自己，营造积极的工作氛围，获得更好的自我成长。具体而言，需要做到以下几点。

（1）不背后议论同事。有意见要当面交流，不讥讽，不嘲笑，不进行人身攻击，要坦诚相待，和睦相处。不要吝啬夸奖别人的优点，既表达了善意，也显示了你的善良和修养。

（2）不传播别人的隐私。不要一时兴起，随意传播别人的隐私，与别人交流时尽量不要涉及自己和对方的隐私。

（3）不要带着情绪沟通。保育师是教育工作者，要始终坚持理性、客观地解决问题。情绪激动时，先冷处理，等心平气和时再解决问题。

（4）对别人的错误多包容、多谅解。每个人的世界观、人生观、价值观不可能完全一样，有的人犯错误不一定是故意的，我们要学会换位思考，理性分析。有多余的时间和精力，要多做些有意义的事情，努力提升自己。

三、保育师与领导沟通用语

领导既是你的同事，又是你不可能完全设身处地了解的人。保育师与领导沟通交流时要做到以下几点。

（一）用词谦敬，谨慎得体

领导一般任职时间长，是团队中能力较强的人，是在工作中能够起到引领、指导决策作用的人。作为下级或者一线保育师，要用词谦敬，表达对领导应有的尊重。但尊敬不同于吹捧，保育师的语言要得体，让领导感受到真诚，而不是对领导阿谀奉承。领导的工作性质决定了他们不会太随意、随和，也会比较忙碌。所以，保育师与领导沟通时要讲究时机，沟通过程中要思路清晰，简洁明了，快速高效，不能含混不清，拖泥带水，浪费领导的精力和时间。

（二）主动沟通，态度坦诚

保育师日常要主动与领导沟通，即使地位不高，但只要有理有据，都可以发出自己的声音。在与领导沟通的过程中，可能会有误会、委屈，但不能消极应对，这样不仅于事无补，而且容易使问题扩大，影响工作。保育师要保持尊重领导的态度，主动和领导进行沟通，弄清产生误解的原因，解释自己的真实想法，就事论事，语言冷静，不固执己见，也不唯唯诺诺，这样不仅有利于开展工作，而且有助于建立信任。

（三）面带微笑，自信表达

微笑是一个人最美的名片，没有人会拒绝友善。与领导沟通，除了尊敬，也要有自信。有了自信，你的工作才会做得越来越好；有了自信，你的建议可能会发挥更好的作用……这种积极、阳光的心态会使人更有人格魅力，并赢得领导的信赖。

（四）因人而异，加强了解

领导的工作风格和性格不一样，沟通方式也会有各自的特点，可以在工作中加强彼此的了解，探索高效的沟通方式。领导了解你，安排工作会更加科学合理；保育师了解领导的意图，工作也会更有成效。

知识拓展

通过调查和总结，发现不同的家长对保教工作有不同的态度。

1. 不同性别的家长

女性家长会比男性家长更多地主动和教师交流，而且也会耐心听取教师的意见。而男性家长则很少主动和教师交流，更多的是当孩子出现了急需解决的问题时希望从教师那里获得帮助。

2. 不同年龄的家长

年纪大的家长，特别是隔代家长，更关注幼儿的身体、饮食等生活方面的情况，对孩子过于娇惯，而很少关注幼儿其他方面的表现。年轻的家长，也就是父母，他们更关注孩子的在园表现和能力培养。

3. 受教育程度不同的家长

家长受教育程度不同，对孩子的教育观念也不同。受教育程度较高的家长的教育观念往往会出现两个极端：一个是对孩子的要求过于严格，他们认为以后竞争十分激烈，所以，对孩子各个方面的表现提出了严格的要求；另一个是对孩子过于“尊重”，认为要发扬孩子的个性和自由，导致孩子不能融入集体生活。

任务评价

任务学习情况评价表

<table>
<tr><th colspan="8">教学评价</th></tr>
<tr><th rowspan="2">评价维度</th><th rowspan="2">评价标准</th><th rowspan="2">赋分</th><th colspan="4">评价主体</th><th rowspan="2">得分</th></tr>
<tr><th>自评
20%</th><th>师评
40%</th><th>互评
20%</th><th>平台
20%</th></tr>
<tr><td>专业知识</td><td>1. 认识保育师与家长语言沟通的原则和要求（20分）
2. 认识保育师与同事、领导语言沟通的原则和要求（10分）</td><td>30</td><td></td><td></td><td></td><td></td><td></td></tr>
<tr><td>专业能力</td><td>1. 领会训练技巧，学会与幼儿家长有效沟通（30分）
2. 掌握与同事有效沟通的语言技巧，建立和谐的工作关系（10）
3. 掌握与领导有效沟通的语言技巧，赢得领导的认可和信赖（10分）</td><td>50</td><td></td><td></td><td></td><td></td><td></td></tr>
<tr><td>专业素养</td><td>1. 提升沟通能力，提高保教水平（10分）
2. 学会换位思考，提升不同情境下与不同人群沟通的能力（10分）</td><td>20</td><td></td><td></td><td></td><td></td><td></td></tr>
</table>

参考文献

［1］朱自强.绘本为什么这么好？：全面升级你的绘本认知［M］. 广州：新世纪出版社，2021.

［2］彭懿. 世界儿童文学阅读与经典［M］. 南宁：接力出版社，2011.

［3］河合隼雄，松居直，柳田邦男. 绘本之力［M］. 朱自强，译. 2版. 贵阳：贵州人民出版社，2019.

［4］杜传坤，郑伟. 绘本赏析与阅读指导［M］. 上海：复旦大学出版社，2022.

［5］廖俐，吕凌，许理华. 幼儿教师口语［M］. 成都：西南交通大学出版社，2020.

［6］李莉. 幼儿教师口语训练［M］. 上海：华东师范大学出版社，2013.

［7］褚香. 幼儿教师口语［M］. 南京：南京师范大学出版社，2016.

［8］宋玮，李哲. 幼儿教师口语［M］. 上海：华东师范大学出版社，2014.

［9］崔元. 幼儿教师口语［M］. 北京：人民教育出版社，2013.

［10］苑望. 幼儿教师口语［M］. 北京：高等教育出版社，2022.

［11］陈虹. 教师积极语言在课堂中的运用［M］. 天津：天津教育出版社，2015.

［12］ 西奥多・戴蒙. 嗓音解剖：供歌手、声乐教练和言语治疗师使用的解剖图册［M］. 钱倩，陈臻，译. 北京：北京科学技术出版社，2021.

［13］吴弘毅. 实用播音教程：第一册，普通话语音和播音发声［M］. 北京：北京广播学院出版社，2002.

［14］买艳霞. 幼儿教师故事讲述训练［M］. 2版. 上海：华东师范大学出版社，2019.

［15］金波. 金波儿童诗选［M］. 北京：人民文学出版社，1983.

［16］樊发稼. 春雨的悄悄话［M］. 武汉：湖北少年儿童出版社，2006.

［17］王宜振. 21世纪校园朗诵诗［M］. 武汉：湖北少年儿童出版社，2002.

［18］朱自清. 朱自清散文［M］. 北京：人民文学出版社，2013.

［19］圣野. 欢迎小雨点［M］. 武汉：湖北少年儿童出版社，2006.

［20］艾青. 艾青诗选［M］. 北京：人民文学出版社，1979.

［21］谢尔・希尔弗斯坦. 阁楼上的光［M］. 叶硕，译. 海口：南海出版公司，2006.

［22］萧三. 革命烈士诗抄［M］. 北京：中国青年出版社，2004.

［23］老舍. 老舍散文［M］. 北京：人民文学出版社，2008.

［24］舒婷. 舒婷的诗［M］. 北京：人民文学出版社，1994.

［25］刘饶民. 儿歌一百首［M］. 天津：百花文艺出版社，1959.

［26］顾城. 顾城诗全集［M］. 南京：江苏文艺出版社，2010.

［27］冰心. 冰心散文［M］. 北京：人民文学出版社，2013.